In der Fremde daheim

Auf dem Silberweg nach Santiago

Norbert Kaczmarczyk

In der Fremde daheim

Auf dem Silberweg nach Santiago

Zeichnungen von Johannes Morten

Verlag U. Nink, Solingen

Gewidmet allen,
die krankheitshalber oder altersbedingt
den Pilgerweg nicht gehen können.

Verlag U. Nink, Lützowstr. 245, D-42653 Solingen
E-mail: ursula.nink@t-online.de
Gestaltung: wort- und tat-büro | Essen, Hubert Röser
ISBN 978-3-934159-40-2
Umschlagbild: Johannes Morten

*Möge dich dein Schutzengel auf allen Wegen begleiten
und dir dort, wo er dir nicht folgen kann,
einen deftigen Knotenstock in die Hand geben.*

Irischer Segenswunsch

*Die Fremde ist das Normale …
… in jeder Fremde können ein Platz, eine Ansicht, ein Haus, eine Haustür
als ein Stück Heimat einbrechen, das überraschend Vertraute im Unvertrauten.*

Peter Härtling, Der Wanderer

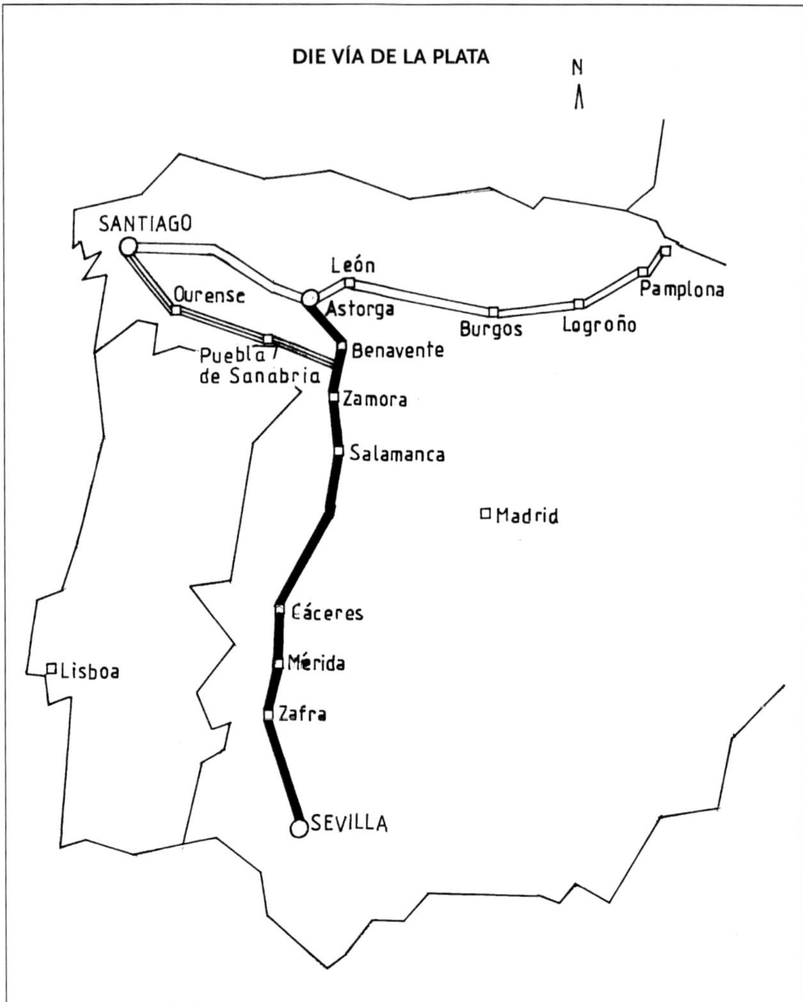
DIE VÍA DE LA PLATA
N
SANTIAGO
León
Ourense
Astorga
Pamplona
Burgos
Logroño
Benavente
Puebla /
de Sanabria
Zamora
Salamanca
Madrid
Cáceres
Lisboa
Mérida
Zafra
SEVILLA

Ein Weg – viele Namen

1. Tag: Dienstag, 31. Juli 2007
Von Paderborn über Sevilla nach Camas

Teil Spaniens, viel größer als das Ganze.

Fernando Herrera über Sevilla

Die Boeing der Fluggesellschaft Air Berlin, die um 5 Uhr starten sollte, hebt mit einer fünf viertel stündiger Verspätung in den verhangenen Himmel von Paderborn ab. Eine Wartung, die länger als geplant gedauert habe, sei für diese Unpünktlichkeit verantwortlich, lässt uns Passagiere der Pilot wissen. Mich berührt der Zeitverzug keineswegs, da ich ohnehin in Palma de Mallorca auf den Anschlussflug nach Sevilla zweieinhalb Stunden hätte warten müssen.

Von Sevilla aus habe ich vor, auf einem Weg zu pilgern, der viele Namen trägt. Einer davon lautet: **römische Straße** (*Calzada romana*). Als im dritten vorchristlichen Jahrhundert die Iberische Halbinsel römische Provinz wurde, wurden hier wie überall im Römischen Reich Straßen gebaut. Eine wichtige, teils gepflastert, teils aus gestampfter Erde bestehend, verlief von Süden nach Norden und verband die Stadt Mérida (Emerita Augusta), das Verwaltungszentrum der Provinz, mit Astorga (Asturica Augusta), der nördlichen Bastion gegen die Barbaren. In folgenden Jahrhunderten wurde die Straße noch von den Römern sowohl nach Norden bis zum Kantabrischen Meer als auch nach Süden bis Sevilla und später bis zum Iberischen Meer verlängert. Entlang der Straße entstanden große, an Wunder gleichende Bauten: Brücken von mehreren hundert Metern und Aquädukte von mehreren Kilometern Länge. Auf der Straße wurden neben vielem Anderen auch wertvolle Edelmetalle, wie Gold aus den Minen von Astorga, nach Sevilla transportiert und von dort weiter auf dem Schiff nach Rom.

Ein anderer Name für die gleiche Straße lautet: **Silberweg** (*Vía de la Plata*). Das poetische, ja märchenhaft klingende Wort – kann es doch leicht mit Silbermond oder Silbersee verknüpft werden – sollte einer früheren Meinung zufolge die recht prosaische Tatsache, den Transport des Silbers (spanisch: *plata*) auf der römischen Straße, wiedergeben. Diese Deutung beruht indes auf einem Irrtum, der in der Aussprache begründet ist. Die Mauren[1] benutzten, während sie Anfang des 8. Jahrhunderts die Iberische Halbinsel eroberten, die römische Straße und nannten sie »*ba la ta*«, was soviel wie gepflasterte Straße heißt. Aus »*ba la ta*« wurde als Folge einer lautbildnerischen Entwicklung »*plata*«, und schon war die *Vía de la Plata*, der Silberweg, geboren.

Mir ist ein anderer Name ans Herz gewachsen: **mozarabischer Weg** (*Camino mozárabe*). Christen, die im Maurenreich gelebt und sowohl die arabische Sprache als auch die Lebensweise der Araber angenommen hatten, aber ihrem alten Glauben treu geblieben waren, wurden Mozaraber (Scheinaraber oder Möchtegern-Araber) genannt. Wenn Mozaraber nach Santiago de Compostela zum Grab des Apostels Jakobus pilgerten, gingen sie auf der alten römischen Straße. Folglich wird sie auch als mozarabischer Weg bezeichnet. Ich habe gleichfalls vor, auf diesem Weg zu pilgern, deshalb meine Vorliebe für den Namen mozarabischer Weg.

Der Weg wird auch als **Jakobsweg des Südens** (*Camino de Santiago del Sur*) bezeichnet, um ihn von dem Pilgerweg, der von Ost nach West, von den Pyrenäen nach Santiago de Compostela verläuft und *Camino de Santiago* heißt, zu unterscheiden.

1 Die Römer nannten ihre afrikanische Provinz Mauretanien. Die Berberstämme, die Spanien erobert hatten, kamen aus Mauretanien, weshalb sie Mauren genannt wurden.

In unserer bilderarmen und abkürzungsreichen Zeit wird die Straße kurz **N-630** genannt, was Nationalstraße Nummer 630 heißt. Die Autostraße folgt in ihrem Verlauf der alten römischen Straße; streckenweise sind beide deckungsgleich.

Römische Straße, Silberweg, mozarabischer Weg, Jakobsweg des Südens, N-630: viele Namen für ein und denselben Weg.

Der Weg ist indes viel älter als die Straße, welche die Römer erbaut hatten. Eingetaucht in das Dunkel der Vorgeschichte, bleibt er jedoch **namenlos**. Allein Dolmen, vor achttausend Jahren entlang der Route aufgestellt, sind steinerne Zeugen für diesen Weg.

Im Flughafen von Palma de Mallorca schwitze ich über alle Maßen. Wie heiß wird es erst in Sevilla werden! Auf dem Weiterflug entnehme ich dem Kalender, dass heute, dem 31. Juli, der Tagesheilige Ignatius von Loyola heißt. Mag der heilige Ignatius auch nicht der größte Schutzpatron sein, den Spanien hervorgebracht, so ist er doch wegen seiner Tapferkeit und Radikalität der bezeichnendste Zeuge für die Strenge des spanischen Katholizismus.

Im Flughafen von Sevilla zeigt mir ein freundlicher Polizist der Guardia Civil auf einem Stadtplan, den er mir später schenkt, wo die Cardenal-Spinola-Straße liegt. In dieser Straße soll das Kloster der heiligen Rosalia stehen, in dessen Gästehaus ich heute zu übernachten beabsichtige. Sicherheitshalber rufe ich dort an. Leider gibt es kein freies Zimmer mehr. Auch andere Pensionen, deren Adressen ich mir zu Hause besorgt hatte, sind ausgebucht. Da ich auf keinen Fall in einem Hotel übernachten möchte, beschließe ich, bereits heute bis Camas zu pilgern. Vorsorglich melde ich mich im Hostal Guadalquivir telefonisch an.

»Bevor ich weggehe«, heißt es in einem französischen Pilger lied, »muss ich an mich denken. Ich werde die Mauer durchbrechen, die mich in mir zurückhält.« Bevor ich meinen Pilgerweg beginne, möchte ich in der Kathedrale beten. Mit dem Bus fahre ich vom Flughafen zum Busbahnhof. Dort, wo die

Sonnenstrahlen ihr Opfer finden, ist es unbarmherzig heiß. So wähle ich den Weg durch die üppigen, von Palmen und Orangenbäumen, von Zedern und Zypressen prunkenden Parks von San Sebastián und Catalina de Ribero sowie die nicht weniger paradiesischen Murillo- und Alcázar-Gärten. Auch die schmalen, winkeligen Gassen des alten Stadtviertels Santa Cruz beschenken mich mit kostbarem Schatten. Die Kathedrale ist leicht zu finden. Ihr Glockenturm Giralda, ein Minarett der abgerissenen gigantischen Almohaden-Moschee, überragt mit 93 Metern Höhe alles. Wenn ein Caballero seiner angebeteten Dulzinea schmeicheln will, so sagt er ihr als Kompliment: Sie sei schön und elegant wie die Giralda.

Die Nachmittagsmesse in der Kathedrale fällt wegen zu großer Hitze aus. Ich komme mir vor wie ein Tourist, denn ich muss Eintritt zahlen, statt sieben Euro jedoch nur zwei, da ich zu der bevorzugten Kaste der Senioren gehöre. In der Kathedrale ist alles groß, angefangen mit der gut drei Meter hohen Monstranz, über den mit 23 Metern Höhe und 20 Metern Breite größten gotischen Altar der Welt bis hin zu den Riesenausmaßen des Baues selbst. Mit 160 Metern Länge, 76 Metern Breite und 56 Metern Kuppelhöhe ist die Kathedrale nach dem Petersdom das größte kirchliche Bauwerk Europas. Der bekannte Kunsthistoriker Théophile Gautier schrieb über sie: »Im Mittelschiff von schwindelerregender Höhe könnte Notre Dame von Paris hocherhobenen Hauptes spazierengehen.« Überdimensional hoch türmt sich auch der Sarkophag von Christoph Kolumbus, dessen sterbliche Hülle von Valladolid nach Sevilla und weiter nach Santo Domingo und Havanna reisen musste, bis sie erneut in Sevilla ankam.

Ich zwinge meine Augen, sich von der Jagd nach Großem und Großartigem zu befreien, und knie vor dem Hochaltar nieder. Obwohl von dem blendenden, alles beherrschenden Altargold betört, gelingt es mir dennoch, mein Augenmerk auf die kleine, aus Zypressenholz geschnitzte Figur zu richten: »Muttergottes, beschütze mich auf dem Pilgerweg!«

Binnen Kurzem soll die Kathedrale geschlossen werden. Schnell werfe ich in einer Seitenkapelle einen Blick auf Murillos Meisterwerk »Vision des heiligen Antonius« und im Kapitelsaal auf sein nicht minder meisterliches Gemälde der »unbefleckten Empfängnis Mariens«. Wie schaffte es der geniale Maler, in den so natürlichen, so überaus menschlichen Darstellungen das Übernatürliche, Göttliche aufleuchten zu lassen?

Auf dem Weg stadtauswärts hänge ich einem wohlbekannten Gedanken nach: Oft stellt sich etwas erst hinterher als segensreich heraus, das anfänglich als misslich beurteilt wurde. Ein Beispiel aus Sevillas Geschichte vergegenständlicht abermals diesen Gedankengang. In Sevilla wurde Cervantes verhaftet. Für den Dichter zunächst ein mehr als unerfreulicher Vorfall. Im Nachhinein eine Sternstunde! Im Kerker begann Cervantes aus Langeweile den »Don Quijote« zu schreiben, einen Roman, der unbestritten als der schönste der Weltliteratur gilt.

Buntglasierte, Fenster- und Türrahmen schmückende Keramikfliesen, teils durch pflanzliche Mustern, teils durch geometrische Dekors beeindruckend, ziehen meine Aufmerksamkeit auf sich. Sie leuchten überwiegend kobaltblau; seltener sind sie schwarz oder orange verziert.

Zweimal muss ich den Fluss Guadalquivir überqueren. Wie träge fließt das Wasser, dabei könnte es höchstbewegte Geschichten erzählen, Geschichten von Krieg und Frieden, von Hass und Liebe. Vor der Versandung des Deltas reichten die Gezeiten flussaufwärts bis Sevilla. Aber es gab nicht nur Gezeiten des Meeres, sondern auch Gezeiten der Geschichte: Völker fluteten an Land und ebbten ab; Kulturen erblühten und erloschen.

Am Gestade des Guadalquivir trat Spanien vor dreieinhalb tausend Jahren aus dem Dunkel der Vorzeit in das Licht der Geschichte ein, als Phönizier, die wagemutigsten Seefahrer aller Zeiten, hier landeten. Auf kielverstärkten, mit Pech wasserdicht gemachten Barken segelten sie von ihrer Heimat, dem »Land des roten Purpurs«, bis ans äußerste Ende der Welt, ja, bis hinter die Herkulessäulen hinaus, dorthin, wo jenseits der

Meerenge das versunkene Reich Atlantis und das Tor zur Unterwelt vermutet wurden. An der Mündung des Guadalquivir errichteten sie, einer Tradition folgend, eine Stele und bekundeten mit diesem symbolischen Akt, dass der Landstrich von nun an ihnen gehöre. Hier gründeten sie Gadir, die älteste Stadt nicht nur Spaniens, sondern Europas. Einstmals hieß die phönizische Gründung »fernstes Ende der Welt«, heute heißt die Stadt Cádiz. Dank der Phönizier wurden die Tartessier, der wohl älteste Volksstamm auf iberischem Boden, zivilisiert. Die Phönizier brachten mit sich etwas, was weder von Barbaren geraubt, noch durch Kriege zerstört werden konnte: die Schrift. Keine beliebige, sondern die alphabetische. Phönizier hatten die geniale Idee, Sprachlauten Zeichen zuzuordnen. Dank der Möglichkeit, Zeichen miteinander zu kombinieren, kam die alphabetische Schrift mit wenigen Zeichen aus und war der älteren Keilschrift der Sumerer weit überlegen.

Außer der Schrift hinterließen die Phönizier noch etwas, was sich im Laufe der Zeiten ebenfalls als segensreich erweisen sollte: den Brauch, allem und allen Namen zu geben, Bezeichnungen, die der Sache her entsprachen. Wieder etwas, was weder geraubt noch zerstört werden konnte. Der Halbinsel gaben sie den Namen »verstecktes Land«, weil diese gleichsam am Ende der Welt versteckt lag. »*Spania*« ist von dem phönizischen Wort »*span*« (versteckt) hergeleitet. Auch Sevilla ist eine phönizische Siedlung. Sie wurde »*Spalis*« benannt, was soviel wie Niederung bedeutet. Die Sevillaner hingegen behaupten, dass nicht Phönizier, sondern Herkules der Stadtgründer gewesen sei.

Nachdem die erste Hochtide, die Zeit der Phönizier, verebbt war, brandete eine neue auf: die Kultur der Griechen. Auch die Hellenen hinterließen etwas Unzerstörbares. Da sie in Spanien von einem Fluss namens Iber[2] an Land gingen, nannten sie das Gefilde Iberia und ihre Bewohner Iberer. Noch heute ist es der

2 Ebro

Sammelname für alle Volksstämme, die in Spanien gesiedelt hatten, bevor die Kelten kamen.

Wie ein roter Faden zieht sich dieses Phänomen durch die spanische Geschichte: Völker und Kulturen kamen und verschwanden, Namen sind geblieben. An Karthager, die vom Guadalquivir aus in Spanien eindrangen, erinnert der Stadtname Cartagena. Unzählige Namen hinterließen die Römer. Den phönizischen Namen Spalis änderten sie in *Hispalis*. An die Zeit der Vandalen erinnert der Name Andalusien. Vandalen nannten ihr Land *Vandalusia*, das die Araber später in *Al-Andaluz* umformten. Gleicherweise erinnert der Name Katalonien (Land der Goten) an die Herrschaft der Westgoten. Mit fast achthundert Jahren herrschten Mauren am längsten auf der Iberischen Halbinsel. Die Hauptstadt ihres Almohadenreiches nannten sie *Isbiliya*, worin unschwer das römische *Hispalis* entdeckt werden kann. Dem von den Römern Baetis genannten Fluss gaben sie den Namen Guadalquivir.

Von der Isabellabrücke aus, die den Guadalquivir elegant überspannt, bewundere ich den in der Almohadenzeit erbauten **Goldturm** (*Torre del Oro*). Im Turmnamen ist das **Gold** geblieben, die goldenen Ziegel dagegen, welche einst die Kuppel bedeckten, sind längst abhanden gekommen. Das den Inkas und Azteken geraubte, mit Karavellen und Galeonen hierher gebrachte Gold, wurde im Goldturm gelagert. Sevilla, bevorrechtet durch das Monopol für den Handel mit Amerika, wurde das »Tor zur Neuen Welt«[3]. Das Gold verschwendeten spanische Könige für die Finanzierung ihrer kostspieligen Kriege, das Handelsmonopol wurde später der Stadt Cádiz zugesprochen, der Name »Tor zur Neuen Welt« ist geblieben.

Die vorabendliche Hitze lähmt meine Schritte stärker als die mittägliche. Ein Gewirr von Autobahnen und Nationalstraßen, ein Knäuel von Überführungen und Unterführungen, von Brücken und Treppen, ein Gemisch aus Autoabgasen, Lärm und

---

3 Puerto y Puerta de las Indias (Hafen und Tor nach Westindien)

Torre del Oro (Goldturm) von Sevilla

Staub: Soll das der beschauliche Jakobsweg sein? Obwohl ich nur fünf Kilometer zurückgelegt habe, bin ich durchgeschwitzt, müde, erschöpft. Ich giere nach einem Bier, mehr noch nach einer Dusche. Angesprochene Passanten wissen nicht, wo das Hostal Guadalquivir liegt. In der ersten Bar in Camas trinke ich ein Glas Bier in einem Zug aus. Dann frage ich den Kellner nach dem Hostal.

»Hostal Guadalquivir? Nie gehört. In welcher Straße soll es liegen?«

»Calle García de Vinuesa.«

»Diese Straße ist in Sevilla, *la Maravilla*[4].«

4 Sevilla, die Wundervolle

Da haben wir die Bescherung. Ich habe die Hostaladresse im Wegführer der Freunde des Silberweges der falschen Stadt zugeordnet. Leider wird es nicht bei dem einen Interpretationsfehler bleiben. Der Kellner nennt mir die Adresse eines Hostals, das sich auf jeden Fall in Camas befindet.

In dem Hostal El Cruce, das einem Labyrinth aus Gängen und Treppen gleicht, sind noch Zimmer mit Dusche und Klimaanlage frei. Die außerhalb der Zimmer angebrachten Aggregate der Klimaanlage surren laut. Wasser tropft daraus auf die Gänge.

Duschen, dann Wäsche waschen, zum Schluss ein Anruf daheim. Vergeblich suche ich meine Telefonkarte. Vermutlich flattert diese irgendwo auf dem Flughafen von Sevilla herum. Die gewonnene Lehre: Bei der herrschenden Hitze sollte alles ruhiger und mit viel Überlegung gemacht werden. Glücklicherweise schluckt der Telefonapparat auch Metall. Obwohl Radio, Fernseher und Stimmengewirr der Barbesucher das Gebrüll Dutzender Löwen übertönen würden, erfährt meine bessere Hälfte dennoch von der geglückten Ankunft der minderen Hälfte in Spanien und kann beruhigt schlafen gehen.

Halb elf; die Hitze ist abgeklungen; angenehm der aufkommende Wind. Die Stadt lebt auf. Jetzt kann man sogar draußen sitzen und essen.

Eine Nacht unterm Stern der Phönizier

2. Tag: Mittwoch, 1. August 2007
Von Camas über Itálica nach Guillena

Wer Schmetterlinge lachen hört,
der weiß, wie Wolken schmecken.
Der wird im Mondschein,
ungestört von Furcht, die Nacht entdecken.
Novalis

Um nicht in der mörderischen Hitze wandern zu müssen, stehe ich vor fünf Uhr auf. Zu dieser frühen Zeit ist bereits Leben in der Bar. LKW-Fahrer, am Tresen stehend oder hockend, trinken Kaffee, schreien aus voller Kehle und werden doch vom ohrenbetäubenden Fernsehen übertönt. Spartanisches Frühstück: Milchkaffee im Schnapsgläschen, angebranntes Toastbrot, ein Glas halbvoll gefüllt mit Erdbeermarmelade und in einer übergroßen, fast leeren Schachtel Margarine. Was das Frühstück dennoch zum Genuss macht, ist der frisch gepresste Orangensaft.

Draußen ist es dunkel. Ich wage mich trotzdem auf den Weg, weil nach Auskunft des Kellners die Straße bis nach Santiponce immer geradeaus verläuft. Doch nach zwei Kilometern bereits mündet die vierspurige Straße in einem Kreisverkehr. Ginge ich geradeaus weiter, käme ich auf die Autobahn. Nach einem dreiviertel Kreisumlauf hat eine Straße Richtung Industriegebiet ihren Anfang. Vergeblich suche ich mit meinem dritten Auge nach gelben Pfeilen. Verunsichert gehe ich auf dieser Straße, die keinen Bürgersteig kennt. Lastautos donnern vorbei. Immer wieder schalte ich mein drittes Auge ein in der Hoffnung, dass mich die Autofahrer rechtzeitig bemerken. Schmutz und Hässlichkeit der Fabriken und Gewerbebetriebe nagen an meinem Gemüt. Der Gedanke, dass der Weg nicht noch hässlicher werden könne, tröstet mich nicht. Erleichterung bei einer geöffneten Tankstelle: Der Tankwart bestätigt, dass die Straße nach Santiponce führe.

In der aufkommenden Dämmerung werden am Ortseingang die Umrisse des Klosters San Isidoro sichtbar. Der heilige Isidor, Erzbischof von Sevilla und letzter abendländischer Kirchenvater, galt zu Beginn des siebten Jahrhunderts als großer Gelehrter. Tausend Jahre vor den französischen Enzyklopädisten schrieb er in einem zwanzigbändigen Werk das gesamte Wissen seiner Zeit nieder. Das erste Lehrbuch der Dogmatik und der Moral, lateinisch geschrieben, stammt gleichfalls aus seiner Feder. Ein Kirchenlehrer mit kolossalem Wissen. Der Legende nach habe er seine Weisheit aus einem noch heute im Gebrauch seienden Brunnen geschöpft. Wäre es nicht wunderbar, so mühelos Wissen und Weisheit zu trinken? Leider trifft die gegenteilige Ansicht, wie sie der Schamane Igjugerjuk vertritt, eher zu: »Alle wahre Weisheit … wird nur durch Leiden erworben.«

Der Stifter des Klosters, Alonso Pérez de Guzmán, könnte als Aushängeschild für Rigorosität und Königstreue der spanischen Granden dienen. Folgende »Heldentat« ging in die Geschichte ein. Guzmán verteidigte die Stadt Tarifa. Die Belagerer forderten von ihm die Übergabe und drohten andernfalls, seinen Sohn, den sie gefangen hielten, zu töten. Guzmán ließ sich nicht erpressen.«Lieber sehe ich meinen Sohn und fünf weitere, sofern ich sie hätte, sterben, als dass ich die Stadt meines Königs dem Feind überlasse«, soll er gesagt haben. Als Kind hätte mich diese Antwort in Begeisterung versetzt, als Vater dreier Kinder stößt mich ihre Unmenschlichkeit ab.

Die Dämmerung geht flugs in Tageshelle über. Auf der Hauptstraße von Santiponce finden sich jetzt, da ich mir des Weges sicher bin, die ersten gelben Pfeile. Womöglich gab es sie schon im Industriegebiet, doch habe ich sie wegen der Dunkelheit nicht gesehen. Auf der linken Straßenseite stehen auf ansteigendem Terrain schmucke Häuser mit gepflegten Vorgärten. Am Ortsausgang erstreckt sich das Ausgrabungsgelände von Itálica. Ins Auge stechen die Größe des Areals und die exponierte Lage auf einem langgestreckten Hügel. Das Stichwort »Zweiter Punischer Krieg«, im Wegführer aufgeschnappt, erweckt in mir Erinnerungen an die Schulzeit. In der Schulbank eingezwängt, an den Lippen des Geschichtslehrers hängend, berausche ich mich an Hannibals Siegeszug von Afrika über Spanien bis Rom. Am meisten bin ich wie alle Jungen davon beeindruckt, dass die Karthager die verschneiten Alpen auf Elefanten überquerten. Das allein ist in meinem Gedächtnis hängen geblieben. Ein Beweis für die These der Lernpsychologen: Was uns interessiert, vergessen wir nicht so schnell. Daran, dass sich das Kriegsglück gewendet und der geniale römische Feldherr Scipio die Karthager am Guadalquivir geschlagen hatte, werde ich jetzt erinnert. Die Überlebenden der Schlacht siedelte Scipio im Jahre 206 vor Christus hier an und nannte die Veteranensiedlung in Anlehnung an Italien Itálica.

Was vor mir liegt, sind die Ruinen der ersten römischen Siedlung auf iberischem Boden. Selbst die Ruinen imponieren noch durch ihre Größe: Theater und Thermen, Forum und am stärksten das mächtige, 25000 Zuschauer fassende Amphitheater, dessen Oval mit 157 und 134 Metern Ausdehnung zu den größten seiner Art gehörte. Trajan, der erste aus den Provinzen stammende römische Kaiser, ist in Itálica geboren, wie auch sein Nachfolger, Kaiser Hadrian, der nicht nur in Germanien den Limes und in England den Hadrianswall, sondern auch in seiner Heimatstadt bis zu 16 Metern breite Straßen bauen ließ.

Gegenüber dem Ausgrabungsgelände liegen etliche Bars und Restaurants. Ich betrete ein recht vornehmes Restaurant, bestelle einen großen Milchkaffee, wobei ich die Betonung auf das Wort *grande* lege, und bekomme einen fast schwarzen Kaffee im Schnapsglas serviert. Welche Enttäuschung! Wie freute ich mich im Voraus auf den Milchkaffee, so wie ich ihn auf dem *camino* des Öfteren genossen habe, ob in Navarra oder Rioja, ob in Kastilien oder Galicien. Welchen Genuss hat der in großen Schalen servierte, stark milchige Kaffee nach einer langen Pilgeretappe meiner ausgetrockneten Kehle bereitet! In Andalusien scheinen leider andere Gewohnheiten, was das Kaffeetrinken betrifft, zu herrschen: Selbst der große Milchkaffee ist hier klein und schwarz.

Der Jakobsweg, jetzt mit vielen gelben Pfeilen markiert, verläuft wiederum auf einer Asphaltstraße. Die schmale Fahrbahn zwingt mich, wenn Autos vorbeifahren, in den Straßengraben auszuweichen. Diese Straße ist aber kein Jagdrevier von Autos. Lastautos und Baufahrzeuge verringern meistens ihre Geschwindigkeit. Mögen Engel auch weiterhin die Fahrer davor bewahren, am Bleifuß zu erkranken! Und sollte einmal ein Fahrer am Lenkrad einzuschlafen drohen, so möge ihn sein Schutzengel mit Flügeln wachschlagen!

An einer Gruppe von Eukalyptusbäumen weisen vergilbte Pfeile auf einen Feldweg hin. Endlich, endlich gehe ich auf einem Wanderweg, der den Namen Pilgerweg verdient. Der schnurgerade verlaufende Feldweg steigt zwischendurch an, um sofort wieder abzufallen. Links und rechts des Weges dehnen sich abgeerntete Kornfelder aus, unterbrochen von Streifen mit Sonnenblumen, deren Blätter wie verkohlt aussehen, so schwarz sind sie.

Kein Auto, kein Fahrrad, kein Mensch, geschweige denn ein Pilger. Ich gehe allein Stunde um Stunde. Um mich herum nur Land, über mir nur Himmel und Sonne, vor mir nur mein Schatten und in meinem Herzen Freude: Ja wahrhaftig, ich pilgere auf dem Jakobsweg!

Im Schatten eines Baumes suche ich Schutz vor den Sonnenstrahlen, die für den Gast aus dem kühlen Nordlande kein Mitleid zeigen und ihm Haut und Haupt zu verbrennen drohen. Ich lege mich aufs trockene Gras, trinke Wasser, und obwohl das Wasser nicht mehr kalt ist, bereitet es mir ebenso wie der auf der Haut zu spürende Schatten einen Hochgenuss. Sieht so die Seligkeit im Himmel aus?

Als ich aufstehe, entdecke ich auf Socken und Beinhaaren unzählige kleine Fanghäkchen. Mühsam zupfe ich eins nach dem anderen heraus. So verlockend das auch sein mag, das nächste Mal lege ich mich nicht mehr direkt aufs Gras, sondern breite zuvor die Luftmatratze aus. Wozu schleppe ich sie denn sonst mit mir herum?

Auf dem Weg ein toter Hase, von einer dichten Fliegenschar übersät. Am Horizont dunkle Erhebungen. Sollten es Wälder sein, so gibt es morgen berechtigte Hoffnung auf Schatten. Die Landschaft hat sich verändert. Olivenhaine säumen den Weg. Die Ölbäume stehen in geraden, zum Weg parallel verlaufenden Linien. Ich wechsle vom Feldweg in die erste Reihe der Ölbäume, um mich von deren Schatten beschenken zu lassen. Zwischen den fahlgrünen, schmalspitzigen Blättern hängen erstaunlich viele Oliven, klein wie Stachelbeeren und dicht wie Johannisbeeren.

Vor Guillena ändert sich das Landschaftsbild abermals: Maisfelder, Orangenhaine, ein mehrere Hektar großer, wohl als Golfplatz gedachter Rasen vom satten, wahrhaft englischen Grün. Dieses Paradies auf Erden ist dank intensiver Bewässerung möglich. Mauren haben Andalusien, das von Römern kultiviert und von Vandalen zerstört wurde, mit flächendeckender Bewässerung in einen Garten Eden verwandelt, und so paradiesisch ist das Land bis auf den heutigen Tag geblieben. Als Schlesier dürfte ich die Vandalen nicht verteufeln, stammten sie doch ursprünglich aus dem Oderland. Von dort wurden sie während der Völkerwanderung von den Hunnen nach Westen verdrängt. Aber auf ihrem langen Weg von der oberen Oder über Spanien, Nordafrika, Sizilien bis nach Italien raubten und mordeten sie, und davor darf ich auch als Schlesier die Augen nicht verschließen, und das brauche ich auch nicht. Hat doch ein anderer germanischer Volksstamm, der in Schlesien beheimatet und gleichfalls von den Hunnen verdrängt worden war, im Gegensatz zu den Vandalen im Westen eine hohe Kultur hinterlassen: die Burgunder.

Tief in den Geschichtsbrunnen hinabsteigend, erreiche ich Guillena. Im Rathaus erbitte ich am Empfangsschalter einen Stempel für meinen Pilgerpass. Ein junger, für andalusische Verhältnisse blass aussehender Mann bedauert es, den entsprechenden Stempel nicht zu haben. Er nennt mir nicht nur das in Frage kommende Büro, sondern begleitet mich dorthin. Eine gleichfalls mit vornehmer Blässe geadelte Sekretärin stempelt mein »*credencial*« ab und drückt ihre Bewunderung darüber aus, dass ich als Deutscher zu dieser Jahreszeit pilgere.

»Meinem Wegführer zufolge, der allerdings acht Jahre alt ist, müsste es in Guillena eine Unterkunft für Pilger geben. Ist das noch aktuell?«, will ich von der Sekretärin wissen.

»Ja, es gibt eine einfache Unterkunft am Sportplatz, in der Nähe des Freibads. Den Schlüssel erhalten sie bei der Polizei.«

Auch sie belässt es nicht bei der Information, sondern begleitet mich zu der in Rathausnähe befindlichen Polizei. Das Polizeigebäude ist geschlossen. »Kein Problem«, sagt die Sekretärin. »Der Polizist ist auf Streife. Warten sie hier, bis er zurückkommt!«

Ein Vorübergehender, der alles mitgehört hat, mischt sich ein: »Sie brauchen nicht auf den Polizisten zu warten. Am Freibad ist eine Bar. Dort bekommen sie auch den Schlüssel.«

Alles trifft so zu, wie es der Passant gesagt hat. Ein Kellner öffnet, nachdem er sich meinen Pilgerpass hat zeigen lassen, einen fast leeren Raum. Immerhin liegen auf dem Fußboden vier ramponierte Matten. Sosehr ich mich über die Dusche freue, sosehr bin ich von dem Ungeziefer, das in Ritzen herumkrabbelt, schockiert. Hier soll ich schlafen? Lieber würde ich im Freien übernachten. Indes hindert mich daran ein Versprechen. Meine bessere Hälfte, die sich vor Hunden, Pferden und anderen vierbeinigen Viehern ängstigt, hat, sich um das Heil der schlechteren Hälfte sorgend, mir dieses Versprechen abgerungen. Nur im äußersten Notfall, wenn ich völlig erschöpft das nächste Dorf nicht mehr erreichen könnte, dürfte ich unter freiem Himmel mein Lager aufschlagen. Dieser Notfall liegt nicht vor. Die Hitze in dem Raum und die Vorstellung, dass die niedlichen kleinen Tierchen in meinem Schlafsack herumspazieren könnten, führen dazu, dass ich hier keine Siesta mache.

Die Bar am Freibad wird in der heiligen Siesta-Zeit geschlossen, so gehe ich in den Ort, hoffend, dort eine geöffnete Bar mit Klimaanlage zu finden: Die einzige Möglichkeit, der Hitze zu entfliehen. Alle Bars und Geschäfte, alle Haustüren und Fenster sind verrammelt. Auf den Straßen kein Laut, kein Windhauch, keine lebende Seele. Zu dieser Stunde sieht man nur Hunde, und auch diese schlafen im Schatten der Häuser. Ich traue meinen eigenen Augen nicht, als ein wahrhaft lebendes Wesen, ein Polizist, mir entgegen kommt. Von ihm erfahre ich, dass es tatsächlich am Ortsausgang eine geöffnete Bar gibt.

Die Bar ist proppenvoll. Alte Männer sitzen in einer langen Reihe gegenüber der Eingangstür und beäugen die Eintretenden. Frauen und Männer drängen sich an der Theke und um kleine Tischchen herum. Sie reden nicht nur viel und laut, sie mampfen auch andauernd Tapas oder kauen irgendetwas. Ich bestelle einen großen Milchkaffee und beschreibe ausführlich, wie der Blümchenkaffee aussehen sollte: ganz, ganz wenig Kaffee, ganz, ganz viel Milch in einer ganz, ganz großen Tasse. Der Kellner lacht und – es ist nicht zu fassen! – serviert mir tatsächlich in einem großen Wasserglas einen Milchkaffe, der genauso wunderbar schmeckt wie einst auf dem *camino*. Nun weiß ich, wie ich in den nächsten Tagen einen guten, meinem Gaumen schmeichelnden Kaffee bekomme.

Im Tagebuch halte ich die Eindrücke der zwei ersten Pilgertage ausführlich fest. Dann studiere ich im Wegführer den Verlauf der morgigen Etappe. Die Sevillaner Freunde des Silberweges haben sich bei der Beschreibung der Routen viel Mühe gemacht und sogar Karten erstellt. Leider sind die Wegskizzen nicht maßstabsgetreu.

Zurück in meiner einfachen Unterkunft. Die Luft ist im Zimmer wärmer als draußen. Es gibt keine Möglichkeit, Durchzug zu machen. Ein Pilger kommt: Peter, ein junger Däne. Während

Peter sich duscht, gehe ich zur Plaza Mayor, um in einem Lokal, das mehr einer Bar denn einem Restaurant gleicht, zu Abend zu essen. Eingehend studiere ich, mein Wörterbuch zu Hilfe nehmend, die Menükarte und bestelle schließlich einen großen Thunfischsalat. Nach einer Weile kommt der Wirt zurück und erklärt in einer Marathonrede, dass er den Thunfischsalat nicht servieren könne. Den Grund hierfür verstehe ich wegen meiner mangelhaften Sprachkenntnisse nicht. Statt Thunfisch empfiehlt er mir Schwertfisch. Ich willige ein, bestelle aber zusätzlich einen gemischten Salat. Sollte der Fisch – einen Schwertfisch habe ich noch nie gegessen – mir nicht schmecken, könnte ich meinen Hunger mit Brot und Salat stillen. Das Gegenteil trifft zu. Das weiße Fleisch des Schwertfisches ist eine Delikatesse und schmeckt besser als die sonst von mir bevorzugte Seezunge; den versalzenen Salat hingegen lasse ich stehen.

Elf Uhr ist vorbei, dennoch verspüre ich keine Lust, die Null-Sterne-Unterkunft aufzusuchen. Auf einer Bank sitzend, nehme ich die Plaza Mayor und das Leben ringsherum in Augenschein. Der rechteckige Platz ist mit Steinplatten gepflastert; an seinen Ecken wachsen hohe Palmen. Überall wird Fußball gespielt. Am oberen Platzende kicken kleine Mädchen mit einem Matchboxauto, am unteren Jugendliche mit einem echten Lederball. Mütter achten darauf, dass ihre Kleinsten den Ballspielern nicht in die Quere kommen. Ein paar größere Mädchen tauchen auf, und den Jugendlichen vergeht plötzlich die Lust an ihrem Fußballspiel.

Gegen Mitternacht kehre ich zu meiner Unterkunft zurück. Nach wie vor hält die Hitze den Raum fest im Griff. Peter liegt zwar auf einer Matte, schläft jedoch nicht. Ich setze mich draußen auf eine Bank und versuche, mir die Nacht um die Ohren zu schlagen. Weder auf dem Tennisplatz noch auf dem Bolzplatz spielt jemand, nichtsdestoweniger ist die Flutlichtanlage im Betrieb.

Vier Radpilger, eine Frau und drei Männer, kommen an. Anscheinend kennen sie sich hier gut aus. Sie schieben ihre

Räder in den Schlafraum, rollen draußen auf dem Betonboden Isomatten und Schlafsäcke aus und legen sich aufs Ohr. Das wirkt auf mich wie ein Zaubertrank und liefert mir zugleich eine Rechtfertigung vor dem eigenen Gewissen. Flugs hole ich meinen Schlafsack und die selbstaufblasbare Luftmatratze und schlage gleichfalls mein Nachtlager im Freien auf, allerdings nicht vor dem Schlafraum, wo das grelle Licht der Flutlichtanlage blendet, sondern etliche Meter weiter bei Mutter Grün. Ein ausgezeichnetes Schlaflager, begrenzt auf einer Seite durch Oleandersträucher und auf der anderen, zum Freibad hin, durch Pinien und Akazien.

Windhauch. Oleanderduft. Stille. Mit allen Sinnen koste ich den Frieden dieser Nacht aus: den mich liebkosenden Friedenshauch der Erde, den mich umhüllenden Friedensduft der Luft, die friedensschwangere, in meine Seele einsinkende Stille.

Über mir wenige schwach schimmernde Sterne. Den »Jakobsstab« im Sternbild des Orion suche ich vergeblich. Nachdem sich meine Augen an die Dunkelheit gewöhnt haben, kann ich den Polarstern ausmachen. Es waren Phönizier, die herausfanden, dass dieser Fixstern stets im Norden leuchtet. Dank dieser Entdeckung konnten sie selbst des Nachts auf den Meeren navigieren. War das der Grund dafür, dass das Mittelmeer zu einem phönizischen Meer wurde?

Nach und nach verwandelt sich mein Nachtlager in eine noble Viel-Sterne-Herberge. Neben anderen Sternbildern funkelt über mir der Kleine Bär. Die Griechen nannten ihn Stern der Phönizier. Im Halbschlaf frage ich mich, weshalb in den Schulen soviel über die alten Griechen und Römer gelehrt werde und nichts über Phönizier, die nicht minder große Kulturleistungen vollbracht hatten. In Morpheus' Armen ruhend, höre ich keine Antwort mehr.

Steineichen oder Gottes unendliche Phantasie

3. Tag: Donnerstag, 2. August 2007
Von Guillena nach Castilblanco de los Arroyos

Bäume zeigen dem Menschen, wo er ist,
sie treffen ihn in seiner Existenz.
Sie stellen ihm das Verwurzeltsein,
das Wachsen und Blühen,
das Fruchtbringen und das Welken
seines Lebens vor Augen.
Josef Sudbrack

Aus Morpheus' Armen reißt mich schlagartig Licht heraus. Der Mond hat auf seinem nächtlichen Pilgerweg über mir ein Loch zwischen den Pinien gefunden. Noch tagt es nicht.

In mir tobt ein Kampf. Die Psychologen würden eine andere Deskription wählen. Die Eierköpfe hätten gesagt, dass ich einen Motivationskonflikt erleide, und würden diesen unter die Vermeidungs-Vermeidungs-Konflikte subsumieren. Was so hochtrabend wissenschaftlich klingt, will nichts anderes besagen, als dass ich mich für eine von zwei möglichen Optionen entscheiden müsse, obwohl beide durch negative Folgen abschreckend wirken. Entweder breche ich sofort auf und riskiere dabei, mich im Dunkeln zu verirren, oder ich belausche weiterhin die Matratze, mache mich erst beim Sonnenaufgang auf die Socken und werde später von der mittäglichen Treibhaushitze malträtiert. Ich entscheide mich für das erste Übel.

Ein paar hundert Schritt hinter dem Sportplatz weist ein gelber Pfeil, auf einer Straßenlaterne gemalt, nach rechts. Ein Wäldchen, eine Müllkippe, eine Brücke über den Fluss Rivera de Huelva. Dahinter zweigt sich der Weg auf. Soll ich den linken oder den rechten Zweig wählen? Nach der Skizze im Führer der Sevillaner Freunde des Silberweges müsste der Weg nach links abbiegen. Soll das schon hier sein? Mit meinem dritten Auge, das leider kein drittes Buddha Auge ist, suche ich vergeblich nach gelben Pfeilen. Um auf Nummer sicher zu gehen, schaue ich in meinem zweiten Wegführer[5] nach. Hiernach soll der Weg am anderen Flussufer zunächst links, dann rechts verlaufen und bald die Straße nach Burguillos kreuzen. Also wähle ich die linke Variante. Nach ein paar hundert Metern versiegt der Weg in einer Böschung. Das erwartete Übel ist eingetroffen: ein Holzweg. Also, zurück und die andere Variante erkundet.

Obwohl eine halbe Stunde vergangen ist, ist von der Straße weder was zu sehen noch zu hören. Unruhe bemächtigt sich meiner. Jetzt marschiere ich bereits eine Stunde. Nach wie vor keine gelben Pfeile, keine Straße. Je länger ich gehe, desto unsicherer werde ich. War die erste Variante vielleicht doch richtig? Hätte ich über die Böschung klettern müssen? Zu dieser Unsicherheit auf dem Wanderweg gibt es Entsprechungen in meinem Lebensweg. Immer dann, wenn in meinem Leben eindeutige Orientierungspunkte fehlten, durchlitt ich mal längere, mal kürzere Phasen der Unbehütetheit. Die Ungewissheit auf dem Wanderweg ist indes bei weitem nicht so quälend wie eine innere Ungesichertheit.

Endlich die Erlösung: Die Landstraße kommt in Sicht. Eine Kreuzung, ein Gasthaus, ein Industriegebiet. Es beginnt zu dämmern.

»Pilger«, ruft jemand hinter mir, »du gehst falsch. Der Jakobsweg verläuft weiter rechts.«

Ich drehe mich um. Mir ist, als ob die Stimme aus einer offenen Halle gekommen sei. Niemand ist zu sehen. Engel sind bekanntlich unsichtbar!

---

5 Alison Raju, Camino Mozárabe

An Häusern und auf Straßen tauchen viele gelbe Pfeile auf. Hinter dem Industriegebiet steigt der schnurgerade Weg steil an. Links des Weges breiten sich Olivenhaine aus. Ein junger Bauer fährt auf seinem Moped um die Olivenbäume herum und überzeugt sich, dass die Wasserschläuche nicht verstopft sind. Rechts des Weges werden Orangenbäume gewässert. Sie bekommen, verglichen mit den Olivenbäumen, mehr Wasser zugeteilt. Wahrscheinlich hatten die Araber, die die Zitruspflanze nach Andalusien brachten, diese in den Oasen mit viel zu viel Wasser verwöhnt. Olivenbäume, von Griechen in Spanien eingeführt, müssen genügsamer sein.

Außer Orangen brachten die Araber noch viele andere Kulturpflanzen mit: Reis und Zuckerrohr, Granatapfel, Dattelpalme und Mandeln. Mutamid von Sevilla ließ ganze Hügel mit Mandelbäumen bepflanzen, um mit dem Schnee der Blütenblätter seine Herzdame zu beglücken.

Dass es gelang, diese Pflanzen im trockenen Andalusien erfolgreich anzubauen, dass aus Brachland blühende Gärten wurden, war einzig und allein der hohen, von Mauren beherrschten Kunst des Wasserbaus zu verdanken. Zwar konnten Araber eine Hinterlassenschaft der Römer, die Aquädukte, nutzen, doch das Wichtigste, das Schöpfrad, brachten sie aus Asien mit. Die Schaufeln des Schöpfrades wurden von der natürlichen Strömung der Flüsse angetrieben. Am höchsten Punkt des Schöpfrades ergoss sich das Wasser aus Fördereimern in das Aquädukt. Über unzählige offene Bewässerungsgräben gelangte schließlich das kostbare Nass zu jedem Orangenbaum und zu jeder Dattelpalme. Dort, wo es an Flüssen mangelte, sorgte eine andere Erfindung für den Antrieb der Schöpfanlagen: Esel, im Kreise trabend, hielten ein Göpelwerk im Betrieb. Ibn Jafaya[6], bedeutender Dichter der Almoraviden-Zeit, schrieb über die Blume Al-Andalus: »Oh ihr Bewohner von Al-Andalus, welche

6 spanisch-arabischer Dichter (1058-1138), lebte in Valencia

Wonne ist Euer! Wasser besitzt ihr, Schatten, Flüsse und Bäume; nirgends anders ist das ewige Paradies als in eurer Wohnstatt ...«

Immer noch verläuft der Weg schnurgerade, immer noch steigt er steil an. Wegen der langen regenlosen Zeit ist der Boden steinhart und an vielen Stellen aufgeplatzt. Die Linien am Boden erinnern an zersprungene Keramik.

Gestern habe ich diesen Höhenzug fälschlicherweise für einen schattenspendenden Wald gehalten. Von den Oliven- und Orangenbäumen fällt indes auch nicht ein einziger Zentimeter Schatten auf den Weg. Die Sonnenstrahlen gewinnen an Stärke. Schweißperlen fließen von meinem Gesicht herab und tröpfeln auf den Weg. Der Boden müsste mir für das seit Monaten erste Nass dankbar sein.

Um mich von der Mühsal des Anstiegs abzulenken, steige ich im Geiste tief in die Maurenzeit hinab. Die Mauren mühten sich über alle Maßen um Wissen, dabei waren sie den sinnlichen Genüssen keineswegs abhold, wie es die prachtvollen Gärten offenbaren. Leib und Geist sollten eine Einheit bilden, und deshalb bauten die Mauren Bäder und Bibliotheken.

Dass Kunst und Wissenschaft unter dem Halbmond innerhalb von wenigen Jahrzehnten erblüht sind, verdanken die Araber ihrer Leidenschaft für Bücher. Sie verehrten, ja liebten Bücher über alles. Von den besiegten oströmischen Patriarchen forderten sie nicht Gold und auch nicht Geld, sondern Bücher. Welches Land sie auch immer auf ihren Siegeszügen erobert hatten, ob in Asien, Afrika oder Europa, stets übersetzten sie deren Bücher sofort ins Arabische. Hinzu kamen Frische des jungen Islam und Offenheit gegenüber fremden Kulturen. In kürzester Zeit eigneten sie sich handwerkliche Fähigkeiten und vor allem das Wissen der unterworfenen und der benachbarten Völker an: von Indern Zahlenlehre, von Türkstämmen Webkunst, von Byzantinern die Kunst, Kuppeln zu bauen, von Hellenen Philosophie und Geografie, von Ägyptern Wasserbau und Vermessungskunde, das Allermeiste aber von Persern: Heilkunde und Sternkunde, Liebesdichtung und Miniaturmalerei.

Einerseits nahm der junge Islam, aus vielen Quellen trinkend, ungeheuer viel Wissen auf, andererseits gewann er, eine eigens zu diesem Zweck gewählte Methode anwendend, aus sich selbst heraus neue Erkenntnisse: Während man im Abendland die Lehrmeinungen der Meister immer und immer wieder wiederholte, bevorzugte man im Morgenland das Experimentieren und Beobachten.

Vom Orient wanderte die Wissenschaft über Andalusien zum Okzident. Aristoteles' Werk kam nach Italien in der Sprache Mohammeds.

Wie herrlich erblühte unterm Halbmond die Wissenschaft! Wie herrlich die Kunst!

In der Algebra! War es nicht genial, mit abstrakten Zeichen und mit Buchstaben als Platzhalter für Zahlen zu rechnen und allgemeingültige Algorithmen aufzustellen?

In der Medizin! War es nicht eine durch und durch moderne Auffassung, die Gesundheit als Harmonie zwischen verschiedenen Organen und vielfältigen seelischen Zuständen zu verstehen und die Nahrungsmittel als Elemente aufzufassen, die im Körper in verschiedene Gemütszustände umgesetzt werden? Wurde nicht das medizinische Schrifttum des Universalgelehrten Ibn Sina[7] als Grundlage an den Hochschulen bis weit in die Neuzeit gelehrt?

In der Astronomie! Perfektionierte nicht Al-Indrisi[8] das Astrolabium, ein antikes Messgerät zur Sternhöhenbestimmung? Gelang ihm nicht, mit einem anderen Instrument, der Armilla, als erster die Bahnen der Himmelskörper räumlich darzustellen? Entwickelten nicht die Araber sphärische und parabolische Spiegel?

In der Geografie! Wurde nicht der Umfang der Erde, die man bereits als Kugel ansah, mit erstaunlicher Genauigkeit er

7 Arzt und Philosoph, im Abendland bekannt unter dem Namen Avicenna, geboren um 980, gestorben 1037

8 arabischer Schriftsteller und Gelehrter, geboren 1100 in Ceuta, gestorben 1166

rechnet und ihre Oberfläche in Längen- und Breitengrade aufgeteilt? Entdeckte nicht als Folge der arabischen Weltvorstellung Kolumbus die Neue Welt? Da alle Araber ohne Ausnahme zugleich Poeten sind, so stellten sie auch die Erde in ihrer blumigen Sprache bildlich als Vogel dar: Asien war der Kopf, die Länder nördlich und südlich des Mittelländischen Meeres die Flügel und Andalusien der Schwanz. Landläufig gilt der Schwanz als der unbedeutendste Teil. In diesem Bild jedoch war er der bedeutendste und schönste, handelte es sich doch bei dem Vogel um einen Pfau.

In der Technik! Hatten nicht die Araber trotz ihrer Vorliebe für Poesie den Sinn fürs Praktische schlechthin? Erfanden sie nicht eine Art Beton, eine Mischung aus Kalk, Sand, Ton und Kies? Beherrschten sie nicht den Chimismus von Bleikarbonat und die Herstellung von Stahl? Ersetzten sie nicht Pergament durch das handlichere Papier? Im Gegensatz zu den Chinesen, die dieses grundlegende Kulturgut viel früher schon aus Seidenkokons gefertigt hatten, stellten es die Araber aus Baumwolle her.

In der Architektur! Was kann den Vergleich aushalten mit der Alhambra[9], dieser Musik aus Stein? Wo findet sich nochmals so viel Verspieltheit, so viel farbenfrohes Stalaktitenwerk, so viele sich endlos wiederholende Arabesken wie im Mudejarstil?

In der Dichtung! Erlernten wir nicht den Endreim von den Arabern? Gestand nicht Ali seine Liebe zu Suleika in kunstvoll geschmiedeten Versen? Wurden nicht sogar mathematische Werke in Versen geschrieben? Und wen hat nicht das Märchenhafte der arabischen Fabeln, das Traumhafte der Tausendundeinen Nacht verzaubert?

Wahrhaftig, welch Blüte der Kultur!

---

9 *al hamrah*, arabisch: die Rote; Palast oberhalb von Granada, erbaut von den maurischen Emiren im 13. und 14. Jahrhundert

Ich sammle für mein Leben gern Bücher. Der Wohnzimmerschrank birst vor Romanen, die Regale im Arbeitszimmer und Hobbykeller quellen über vor Sachbüchern. Wollte ich all diese Bücher lesen, müsste mir Gott mehrere Leben schenken. Dennoch ist das Sammeln von Büchern für mich keine Leidenschaft – ich leide ja nicht darunter –, vielmehr eine Freudenschaft, schaffen mir doch Bücher eine nicht für Geld und Gold zu erlangende Freude!

Mag auch arabische Wissenschaft der abendländischen überlegen gewesen sein, mag auch arabische Kunst im frühen Mittelalter eine unvergleichbare Höhe erreicht haben, so gab es doch etwas Anderes im Maurenreich, das ich für ungleich wertvoller erachte: die religiöse Toleranz. Zumindest in den ersten Jahrhunderten der Omaijadenherrschaft in Andalusien durften Andersgläubige nicht nur ihre Religion ohne Repressalien ausüben, sie hatten auch weitgehende Selbstverwaltungsrechte. Zwar fand man überall, in Palästen und Moscheen, in Schulen und Gerichten, die Koran-Inschrift: »*La illaha illa Allah Mohammed rasul Allah*«[10], dennoch konnten sich Juden frei in Synagogen versammeln, durften Christen unbehindert auf dem Weg, auf dem ich heute pilgere, nach Santiago de Compostela wallfahren.

Traurigkeit überkommt mich. Wie konnte diese hochentwickelte islamische Zivilisation, die offen war für unterschiedliche Kulturen und tolerant für alle Religionen und in der Christen, Juden und Muslime friedlich zusammengelebt hatten, in das abgleiten, was sie heute in ihren radikalen Ausprägungen kennzeichnet: in Fanatismus und Fundamentalismus, in Intoleranz und Terrorismus? Haben nicht Araber das von Vandalen verwüstete Andalusien in ein Paradies verwandelt? Wollen sie das Rad der Geschichte zurückdrehen und selber Vandalen werden?

Ich bin oben angekommen. Vierhundert Höhenmeter liegen hinter mir. Die Landschaft ändert sich schlagartig. So weit

10 Es gibt keinen Gott außer Allah, und Mohammed ist sein Prophet.

das Auge reicht, wachsen Steineichen. Der Weg verläuft nicht mehr geradlinig, sondern schlängelt sich hin und her. Mal fällt er, mal steigt er. Ab und zu springt ein Hase hinüber. Die Wegbeschaffenheit ist eine Symphonie für Füße: Sand wechselt ab mit Erde, Eicheln und Eichenblätter mit Schiefer und anderem Gestein. Weit und breit Hügel und Berge: die Sierra Norte.

Steineichen ziehen mich in ihren Bann. Jeder Baum sieht anders aus: der eine verdrillt, der andere knorrig, mal mit weitausladenden Ästen, mal bizarre Formen bildend. Einige krümmen sich unter der Last ihres Alters, andere strotzen vor jugendlicher Kraft. Jede Steineiche könnte, wenn ich die Baumsprache verstünde, mir eine spannende Geschichte erzählen. Und wenn ich auch unfähig bin, einzelne Geschichten zu verstehen, so glaube ich doch, dass sie allesamt ein Hohes Lied auf die unendliche Phantasie ihres Schöpfers sängen. Die Steineichen gehorchen fürwahr dem Psalmisten, der sie mit den Worten auffordert: »Jubeln sollen alle Bäume des Waldes vor dem Herrn!«

Hier und da versperren primitive Gatter, bestehend aus Stöcken und Stacheldraht, den Weg. In der Ferne wird eine Finca sichtbar. Das Weiß ihrer Wände kontrastiert hart mit dem Grün der Weiden und Wälder. Von nahem erscheint mir der Bauernhof wie eine Kirche. Die Fassade ähnelt der schmalen Glockenwand, wie sie für viele spanische Dorfkirchen typisch ist. An der höchsten Stelle glänzt ein Metallkreuz. Ob der heutige Besitzer der Finca auch noch so fromm ist wie deren Erbauer? In einem Pferch weiden Stiere, in einer Koppel grasen Pferde.

Seid mehr als vier Stunden wandere ich. Zeit für eine Verschnaufpause. Eine breitschattende Steineiche lädt nachgerade dazu ein. Die gestrige Erfahrung beherzigend, rolle ich zuerst meine selbstaufblasbare Luftmatratze aus. Die Steineiche verlangt für das köstliche Elixier, den neue Kraft und neue Wanderlust in mir erweckenden Schatten, keinen Cent, und auch der spanische Staat zieht hierfür keine Steuern ein. Wie lange wohl noch?

Peter geht schnellen Schritts vorbei. Von weitem winken wir uns zu.

Ein Polizist, Karabiner auf dem Rücken, rattert auf einem Motorrad heran. Was bewacht er? Hier gibt es doch nichts Wertvolles. Ich muss mich berichtigen. Es gibt hier wohl sehr viel Wertvolles, das aber – Gott sei Dank – nicht gestohlen werden kann: Weite und Stille. Andalusien ist wahrlich ein Land der Gegensätze: höllischer Lärm in den Bars und himmlische Ruhe in der Sierra. Erneut wird eine alte Erfahrung bestätigt. Der Weg durch die Eichenwälder der Sierra Norte würde mir nicht so still und paradiesisch erscheinen, hätte ich nicht zuvor das laute, schmutzige, geisttötende Industriegebiet durchlitten. Wenn uns etwas leicht in den Schoß fällt, dann spüren wir bei weitem nicht eine so große Beglückung, als wenn wir es hart erarbeiten oder erkämpfen müssen.

Die letzten vier Kilometer muss ich auf einer vielbefahrenen Straße zurücklegen. Je mehr es auf Mittag zugeht, desto höllischer brennt die Sonne. Von Schritt zu Schritt wird der Rucksack schwerer, schneiden seine Riemen stärker meine Arme ein. Je heftiger meine kleinen Zehen über Druckstellen jammern, desto lauter singe ich dagegen an. Auch die Blasen schmerzen immer mehr. All das sind die bekannten Schwierigkeiten der ersten Pilgertage. Sie wollen durchgestanden, ja durchlitten sein. Erfreulich allein sind die uralten, Schatten spendenden Eukaliptusbäume am Straßenrand und die mir entgegenkommenden Autos, da die Windstöße mir jedesmal eine willkommene Erfrischung schenken.

Am Ortseingang von Castilblanco de los Arroyos grüßt oben am Hang die Pilgerherberge mit strahlendem Weiß. Ein neues Haus mit drei Schlafzimmern und vielen richtigen Betten. Der einzige Gast, Peter, hält Siesta. Im Bad erfreut mich die Dusche mit kaltem und warmem Wasser. Auf dem über hundert Quadratmeter großen Balkon hänge ich Wäsche zum Trocknen auf. Der Blick von hier oben auf die talwärts abfallende Stadt bestätigt, dass Castilblanco zu recht diesen Namen trägt: Alle Häuser leuchten blütenweiß in der Sonne. Die weißgetünchten, verschachtelten, kubischen Bauten mit ihren Flachdächern und Terrassen erinnern an Städte des Maghreb.

Die ausgiebige Siesta macht nicht nur den viel zu kurzen Schlaf der vergangenen Nacht wett, sie verdrängt auch die Strapazen der heutigen Etappe und lässt mich obendrein auf den neuen Pilgertag freuen.

Nach Siesta und Einkauf möchte ich in der Bar Isidoro nachtmahlen. Leider wird zu so früher Stunde noch nichts Warmes serviert. Ich setze mich trotzdem draußen an einen von der Straße abgezäunten Tisch hin und bestelle Milchkaffee. Die Zauberworte »ganz, ganz viel Milch und ganz, ganz wenig Kaffee« führen auch diesmal zum Erfolg.

Irgendwie habe ich das Gefühl, dass hier Weihnachten gefeiert werde. Bald entdecke ich die Ursache hierfür: Girlanden zwischen den Häusern und Glitzerzeug erinnern an geschmückte Straßen in der Adventszeit.

Andalusierinnen in langen Kleidern oder bunten Röcken – keine trägt Hosen – flanieren auf der Straße. Viele, auch die jungen, sind untersetzt und haben lachende Gesichter. Nicht alle gleichen einer rassigen, schwarzhaarigen Carmen. Einige sind sogar blond und weißhäutig. Wahrscheinlich fließt in ihren Adern noch das Blut der Westgoten oder Vandalen. Wo immer Kinder auftauchen, stehen sie im Mittelpunkt.

Eine mit Blumen und Fahnen geschmückte Kutsche fährt vorbei. Darin eine Königin mit ihrem Hofstaat. Wie bei den Schützenfesten, nur geht in Deutschland das gefeierte Königspaar zu Fuß.

»Mein Däne« schlendert vorbei. Ich lade ihn an mein Tischchen ein. Der Blondschopf ist recht jung, keine dreißig Lenze alt. Er spricht ein gepflegtes Spanisch und Englisch, Deutsch weniger gut, obwohl er es fünf Jahre lang in der Schule büffeln musste. Ihm fehle, so sagt er, die Praxis. Peter arbeitet in der Computerbranche und ist gerade dabei, die Firma zu wechseln. Die Zwischenzeit nutzt er, um auf dem Silberweg zu wandern.

Den französischen Jakobsweg ist er bereits einmal gegangen. Er ist, wie ich, in Sevilla gestartet und plant, ebenfalls wie ich, bis Astorga zu pilgern.

Um halb zehn ist es endlich so weit. Wir bestellen *lenguados a la española*[11] und sind beide gespannt, was der Zusatz konkret bedeutet. Bald wissen wir es: Nach spanischer Art heißt in diesem Fall mit Paprika, Pilzen und Tomaten.

Peter macht mich darauf aufmerksam, wie unkompliziert Andalusier seien. Am Nachbartisch essen zwei Männer Salat, indem beide mit ihren Gabeln in einer großen Schüssel herumstochern. Der Däne schaut häufig auf sein Handy. Er erwartet von seiner Freundin eine SMS. Wir vergewissern uns gegenseitig, dass wir für morgen eine ausreichende Menge Mineralwasser eingekauft haben. Auf der neunundzwanzig Kilometer langen Etappe gibt es kein Dorf und somit auch keine Möglichkeit, Wasser zu bekommen.

Gemeinsam steigen wir den Weg zurück zur Pilgerherberge. Peter plant, genau wie ich, morgen früh gegen fünf Uhr aufzustehen.

Auf dem Platz vor der Pilgerherberge drängelt sich viel junges Volk, lachend und singend, trinkend und grölend. Eine Fiesta wird gefeiert.

11 Seezunge nach spanischer Art

Flamenco oder Ein Lob des Temperaments

4. Tag: Freitag, 3. August 2007
Von Castilblanco de los Arroyos nach Almadén de la Plata

Ich weiß nicht, wohin wir gehen,
aber ich weiß eines –
wohin es auch immer sein wird,
wir werden uns verirren.
Sagasta

Mitternacht ist vorüber, doch ans Einschlafen ist bei diesem Stimmenwirrwarr nicht zu denken. Mir ist, als ob das Fortissimo der elektronischen Musik meinen Körper schüttelte und das Sforzato der Bässe in meinem Kopf herumhämmerte. Aus leidvoller Erfahrung weiß ich, diese Feria wird über den hellen Morgen hinaus gefeiert werden.

Ich ziehe mich an und mache mich auf den Weg. Die Entscheidung fällt mir leicht, weil der Weg auf der Landstraße verläuft und mir nicht bange sein muss, mich zu verirren.

Auf Straßen und Plätzen wird lautstark gefeiert. Hochbetagte Menschen sitzen auf Korbstühlchen vor ihren Häusern und reden mit Nachbarn über Tod und Teufel, sogar über die breite Straße hinweg. An einer Kreuzung hocken vor einem Auto ein paar Halbstarke im Schneidersitz auf der Straße. Der Kassettenrecorder läuft auf Hochtouren. Die Rotweinflasche kreist von Hand zu Hand. Den Motor haben sie nicht abgestellt. Oh ihr Andalusier! Kostet denn bei euch der Sprit nichts? Und selbst wenn dem so wäre, sorgt ihr euch nicht um die Umwelt?

Außerhalb der Stadt tauchen in der Dunkelheit vereinzelt Fincas auf. Die Abstände zwischen den mal reicheren, mal ärmeren Höfen werden größer. Hundegebell begleitet mich. Die Kläffer melden mein Kommen, knurrend oder winselnd oder heulend, von Finca zu Finca weiter. So ähnlich werden im tiefsten Afrika von Dorf zu Dorf Nachrichten übermittelt, dort allerdings mit Buschtrommeln. Das Gebell der schwarzen Ungeheuer hört sich grauenhaft an. Nur gut, dass die Höfe von Gittern und Drahtverhauen umzäunt sind. Noch habe ich diesen Gedanken nicht zu Ende gedacht, da läuft von hinten mit großen Sprüngen ein Riesenschnauzer auf mich zu. Nirgendwo eine Stelle, um mich in Sicherheit zu bringen. Keine Zeit, um den Wanderstock vom Rucksack abzuschnallen. Zur Verteidigung bleiben mir allein die Wanderschuhe an den Füßen. Doch der Riesenschnauzer stoppt in einer Entfernung von vier, fünf Sprüngen ab und kläfft markerschütternd. Wie gut, dass sich das Sprichwort bestätigte: Hunde, die bellen, beißen nicht. Oder hat mein Schutzengel mit seinen mächtigen, aber unsichtbaren Flügeln dem Hund den Weg versperrt?

Während ich weitergehe, läuft der Kläffer im gleich bleibenden Abstand hinter mir her. Bei der nächsten Finca liefert er sich mit dem Hofhund ein ohrenbetäubendes Duell, das mich noch viele hundert Meter begleitet.

Die Asphaltstraße geht in eine Schotterstraße über. Bei dem spärlichen Mondlicht ist der Straßenrand nicht zu erkennen. Ich versuche, auf der Straßenmitte zu gehen, doch gleite ich immer wieder nach links ab. Meine Taschenlampe, zwischendurch kurz eingeschaltet, bewahrt mich davor, in den Straßengraben abzustürzen. Ein Auto fährt im Schrittempo an mir vorbei und wirbelt trotzdem eine Menge Staub auf. Gezwungenermaßen bleibe ich stehen. Die Nachtwanderung erweist sich als Volltreffer. Tagsüber, bei stärkerem Autoverkehr, hätte ich in den Staubwolken kaum atmen können.

Nun gehe ich schon längere Zeit, ohne irgendeine Veränderung wahrgenommen zu haben. Keine Finca ist mehr zu sehen, kein Auto fährt mehr vorbei. Nur das Knirschen der Schottersteine und das Scheuern der Rucksackriemen sind hörbar. Ich bleibe stehen. Absolute Stille. Als ob die Zeit stehen geblieben wäre.

Beim Weitergehen frage ich mich, ob denn die Zeit stehen bleiben könne. Was ist das eigentlich, die Zeit? Die Wirtschaftsbosse setzen sie mit Geld gleich. Die alten griechischen Philosophen verknüpften sie mit der Bewegung. Die Physiker hingegen verbinden Bewegung mit Wärme. Ihnen zufolge hört, wenn Bewegung vollständig zum Stillstand kommt, nicht die Zeit auf. Vielmehr sinkt dann die Temperatur auf den absoluten Nullpunkt. Was die Zeit selbst ist, verraten uns die Physiker nicht. Stattdessen teilen sie die Zeit in Stunden und Sekunden und messen sie extrem genau. Aber stimmt denn das? Ist in unserem Bewusstsein eine Stunde der anderen gleich?

Anders sehen es die Dichter. Von Angelus Silesius stammt das Wort:

»Man sagt, die Zeit ist schnell.
Doch bleibt sie unverrückt
im Weltall steh'n.«

Auch der weise Kohelet sagt nicht, was die Zeit ist, sondern, dass jeglich Ding unter der Sonne seine Zeit habe. Und so gibt es Zeit zum Pflanzen und Ernten, zum Lieben und Hassen, zum Schweigen und Reden. Was wir gläubig erahnen können, ist, dass Gott die Zeit schuf und sie uns schenkte. Was sie letztlich ist, werden wir genau so wenig erforschen, wie den Sachverhalt, was Wahrheit oder was Leben ist. Worauf es ankommt, ist, was wir mit der Zeit machen.

Wenn wir so daherreden, dass wir keine Zeit hätten, so lügen wir. Einem jeden von uns wird Zeit geschenkt, genau genommen Tag für Tag vierundzwanzig Stunden. Statt zu sagen: »Ich habe keine Zeit, um dich zu besuchen«, müsste es heißen: »Ich nehme mir keine Zeit, um dich zu besuchen« oder gar: »Ich nehme mir statt dessen Zeit, um Geld zu scheffeln.«

Am schlimmsten ist die Doppellüge: »Es tut mir leid, aber ich habe heute keine Zeit, um dich zu besuchen.« Denn in

Wirklichkeit freuen wir uns, in dieser Zeit etwas anderes zu tun. Doch wer traut sich schon, es wahrheitsgetreu etwa so auszudrücken: »Ich besuche dich nicht. Ich freuen mich, mir heute Zeit zum Fernsehen zu nehmen.«

Für uns alle trifft mehr oder weniger das Wort des römischen Philosophen Seneca zu: »Es ist nicht wenig Zeit, die wir zur Verfügung haben, sondern es ist viel Zeit, die wir nicht nutzen.«

Das Philosophieren strengt an. Nicht so der Rosenkranz. Das Beten mit Lippen und Füßen schafft Einklang von Leib und Seele.

Ein geschlossenes hohes Tor, nicht etwa seitlich des Weges, sondern quer über die Straße stehend, versperrt mir den Weg. Auf einem Täfelchen lese ich dank meines dritten Auges: »Ermita de San Benito«[12]. Mit kleineren Buchstaben steht noch geschrieben: »Besuchszeit von 8 bis 23 Uhr«.

Jählings ist der Einklang von Leib und Seele zerstört. Habe ich mich verlaufen? Das ist nicht möglich! Die Straße hat sich doch nirgendwo aufgezweigt!

Es ist fünf Uhr. Ich rolle meine Luftmatratze aus und lege mich hin. Trotz Müdigkeit kann ich nicht sofort einschlafen. Wahrscheinlich gehört das Sich-Verirren zum Pilgern dazu. Auch die Einsamkeit auf dem Silberweg will ausgehalten sein.

Durch Äste hindurch zittert fahles Mondlicht. Von Sternen, geschweige denn von der Milchstraße keine Spur. Wie sollte auch die Milchstraße auf dem mozarabischen Weg scheinen! Weist sie nicht den Jakobspilgern den Weg von Ost nach West, wie einst Kaiser Karl dem Großen im Traum? Ein wohliges Gefühl durchströmt meinen Körper von den Füßen bis zum Kopf. Wie angenehm, ohne Schuhe zu liegen und ohne Socken! Es dauert nicht lange, und ich schlafe ein.

Als ich aufwache, ist acht Uhr vorbei. Das Tor der Einsiedelei steht offen. In der Kapelle hat sich die Hitze bereits aus-

12 Einsiedelei Sankt Benedikt

gebreitet. Auf einem Andachtsbildchen mit dem Konterfei des jungen Benedikt steht ein kleines, mich berührendes Gebet: »Gott, wir bitten Dich, dass wir durch Beispiel und Fürbitte des heiligen Benedikt den Weg zu Dir finden und am Ende des Weges uns alle um Christus herum in der Himmelseremitage versammeln.«

Draußen begegne ich einem jungen Mann.

»Wo geht bitte die Straße nach Almadén de la Plata?«

»Pilger, du hast dich verlaufen. Du musst den gleichen Weg, den du gekommen bist, zurückgehen.«

Stünde ich nicht auf heiligem Boden, hätte sicherlich ein Fluch meinen Mund verlassen.

»Das ist nicht möglich! Die Straße hat sich nirgendwo verzweigt!«

»Du hättest in Castilblanco die zweite Straße nehmen müssen. Die erste, nach Nordost verlaufende, endet hier. Die zweite, Richtung Nordwest gehende, führt nach Almadén de la Plata.«

»Kann ich nicht von hier aus querfeldein nach Westen gehen?«

»Leider nicht. Das wären zwölf Kilometer durch Weiden, die von Zäunen begrenzt und von Stieren unsicher gemacht werden. Ich fahre heute mit dem Auto in die Stadt. Wenn du Zeit hast und wartest, nehme ich dich mit.«

Von dem jungen Mann erfahre ich, dass er aus Burgos stamme und die von Mönchen des Klosters Silos erbaute Einsiedelei bewirtschafte. Es gebe eine schriftliche Erwähnung aus dem 14. Jahrhundert über eine Wallfahrt hierher. Wahrscheinlich sei aber die Eremitage älter.

Die Frau des Kastilianers schenkt mir zum Abschied ein Dutzend Andachtsbildchen mit der Bitte, diese an Freunde und Bekannte zu verteilen.

Während der Fahrt rät mir der Kastilianer, heute nicht mehr zu pilgern, sondern in Castilblanco zu übernachten und morgen auf der richtigen Straße nach Almadén de la Plata zu wandern. Als ich jedoch erfahre, dass die Feria bis Sonntag dauern werde, beschließe ich, noch heute mit dem Bus oder per Anhalter nach Almadén zu fahren.

Der Bus fährt erst um 16.50 Uhr, und so nutze ich die verbleibende Zeit für eine ausgiebige Siesta.

Die Busfahrt, immerhin dreißig Kilometer, kostet weniger als zwei Euro. Auch in Almadén de la Plata gibt es eine neue Pilgerherberge. Peter ist da, aber angeschlagen von Sonne und Straßenstaub. Noch ein zweiter Pilger, ein Deutscher namens Wolfgang, ist da. Er hat einen Sonnenstich erlitten und bedeckt ständig seinen Kopf mit feuchten Umschlägen.

Da ich mich während der Siesta bestens erholt habe, gehe ich heute zur Abendmesse. Die Iglesia de Sta. Maria de Gracia, von Frauen und kleinen Kindern bis auf den letzten Platz besetzt, surrt vor Hitze. Frauen fächeln sich gegenseitig Luft zu, wovon auch ich profitiere. Eine übergroße Marienfigur, in ein Brautkleid gehüllt, verdeckt den Altar.

Wieder draußen, schnappe ich buchstäblich nach Luft. Zu dieser Abendstunde lassen sich in dem Städtchen drei Gruppen deutlich unterscheiden: Frauen und Kinder beten in der Kirche, Jugendliche spielen auf Plätzen Fußball oder Volleyball und Männer sitzen vor oder in den Bars.

In der Casa Concha esse ich, am Tresen hockend, eine *tortilla española*[13], trinke Rotwein und beobachte, wie der Barkeeper in immer gleichen, exakt durchgeführten Bewegungen Getränke zubereitet. Mit der rechten Hand dreht er den Verschluß einer Ginflasche auf und entnimmt mit der linken blindlings ein Glas aus dem Regal. Während er mit einer Hand Gin ins Glas eingießt, öffnet er zugleich mit der anderen den im Rücken stehenden Kühlschrank und holt eine Colaflasche heraus. Dann öffnet er die Colaflasche und wirft zugleich mit dem Fuß die Kühlschranktür sachte zu. Zum Schluss stellt er neben Ginglas und Colaflasche ein Schälchen mit Tapas hin. Sofort beginnt die gleiche Prozedur von neuem und das unzählige Male.

13 Omelett mit Eiern, Wurst, Zwiebeln und Kartoffeln

Zwei grauhaarige Frauen torkeln in die Bar herein. Eine geht bis zum Tresen, die andere bleibt auf halbem Wege stehen, pendelt ein paarmal hin und her, fällt plötzlich, steif wie ein Stück Holz, um und schlägt mit dem Hinterkopf auf den Steinboden. Sofort eilen Gäste ihr zu Hilfe, ruft der Barkeeper den Notarzt an. Nach wenigen Minuten kommt der Unfallwagen an und transportiert die bewusstlose Frau ab.

Aufgewühlt gehe ich zur Pilgerherberge zurück. Tag für Tag werden unzählige Kinder in Kriegen getötet. Stunde für Stunde verlieren viele Unschuldige ihr Leben bei Verkehrsunfällen. Das nehmen wir distanziert, mehr oder weniger statistisch wahr. Ein Unglück, als Augenzeuge erlebt, geht uns aber unter die Haut.

Vor der Pilgerherberge breitet sich ein kleiner, gepflasterter Platz aus. Um zur Ruhe zu kommen, setze ich mich auf ein den Platz begrenzendes Mäuerchen. Aus einem baufälligen Haus kommt ein Mann. In der rechten Hand hält er eine Gitarre, in der linken ein kleines Mädchen. Vater und Töchterchen lassen sich unweit von mir nieder. Kurze Zeit danach erscheint die Mutter mit einem noch nicht schulreifen Knaben. Eine Carmen wie von der Opernbühne. Das silberbestickte schwarze Kleid, eng anliegend, betont ihre Fülle. Sie geht nicht, sie wiegt sich in den Hüften. Der Bube himmelt seine Mutter, das Mädel ihren Vater an. Schließlich kommt noch der Großvater und bringt Trommel und Schellen mit.

Nachdem die Gitarre gestimmt worden ist, spielt und singt die Familie Flamencos. Nein, sie spielen nicht, sie zelebrieren den Zigeunergesang mit Inbrunst. Die Mutter steppt, klatscht und singt zugleich mit einer tiefen, vibrierenden, rauchigen Stimme. Jede Strophe beginnt sie mit einem Aufschrei: Ay, ay! Jedes Lied beendet sie, Kopf und Hände ruckartig hochstoßend, indem sie abrupt stehen bleibt. Ein Lob der Schönheit, der Anmut, des Temperaments.

Frauen und Männer gesellen sich dazu, auch Mädchen und Jungen. Nachbarn, auf den Balkonen der umliegenden Häuser stehend, klatschen im Rhythmus der Siguirillas und Sevillanas. Ein Auto hält an. Der Fahrer, ein Caballero im Streifenanzug und weißen Lackschuhen, steigt aus, setzt sich zu den Singenden, klatscht mit. Diese Menschen gestalten ihren Feierabend wahrlich kreativ. Und was machen wir zu Hause? Wir schauen Abend für Abend in die Glotze und erzählen am nächsten Tag den Arbeitskollegen brühwarm das, was sie selbst bei Schmidt und Gottschalk gesehen und gehört haben.

Flamenco, dieser dunkle, schwermütige, geheimnisvolle Gesang muss in der Nacht gesungen werden. Immer handelt er von Liebe und Tod. Die Melodie weint, wie die Verse weinen. Bald fließen die Lieder im zarten melodischen Fluss dahin, bald kommen sie im harten Rhythmus angesteppt, aber stets sind sie weihevoll, stets offenbaren sie die Seelenabgründe der Singenden.

Mitternacht ist vorüber. Nachdem meine Seele zur Ruhe gekommen ist, gehe ich schlafen. Durchs offene Fenster höre ich die Gemüt und Seele berührenden Flamencos, diese aufrichtigen Tränengedichte. Noch sind vierundzwanzig Stunden nicht vergangen, als ich vor Musik, allerdings einer ohrenbetäubenden, elektronisch hämmernden, geflohen war, da wünsche ich mir, dass die *alegrías* und *malagueñas*, diese tief inneren Gesänge, nie aufhörten.

Im Land der Vogelfreien

5. Tag: Samstag, 4. August 2007
Von Almadén de la Plata nach El Real de la Jara

Wer den Weg scheut, kommt nicht ans Ziel.

Heinz Algermissen

Peter verlässt vor sechs Uhr die Pilgerherberge. Auch ich stehe auf und mache mich auf den Weg. Hinter dem Städtchen, oberhalb einer kleinen Stierkampfarena, zweigt sich der Feldweg auf. Ein Weg steigt geradeaus an, der andere fällt linkerhand leicht ab. Da heute insgesamt ein paar hundert Höhenmeter zu bewältigen sind, wähle ich gefühlsmäßig die erste Variante. Nach wenigen Schritten versperrt mir ein Rudel schwarzer Ungeheuer den Weg. In der Dunkelheit kann ich nicht erkennen, was das für Hunde sind. Fest steht: Es sind viele, und alle jaulen fürchterlich. Wenn ich den Weg scheue, komme ich in El Real de la Jara nicht an. Doch an diesem Rudel führt kein Weg vorbei. Ich kehre um und schlage den anderen, hügelabwärts führenden Weg ein. Um nicht wieder das Opfer eines mehrstündigen Holzweges zu werden, nehme ich mir vor, falls kein gelber Pfeil auftauchen sollte, spätestens nach einer halben Stunde haltzumachen und die Tageshelle abzuwarten. Als die Frist fast abgelaufen wäre, taucht ein Gatter auf mit – vor lauter Freude jodele ich los – einem im spärlichen Mondlicht sichtbaren gelben Pfeil. Wer auch immer diesen Pfeil gemalt, er möge mit einer großen Kinderschar gesegnet sein! Möge der Herr dir, unbekannter Helfer, reichlich Enkel schenken! Und wenn du alt geworden sein wirst, so möge die Hand, die diesen Pfeil gemalt, die Köpfe vieler Urenkel streicheln!

Der folgende Weg durch ein Eichenwäldchen gleicht einer Sinfonie der Stille: Das Schweigen der Steineichen gehört dazu wie mein lautloses Gehen, das Schweigen der Lippen ebenso wie das Sich-Weiten meiner Seele. Ich kann Gott nicht zwingen, zu mir zu sprechen. Der Geist Gottes weht bekanntlich, wo und wann er will, und nicht dort und nicht dann, wenn ich es will. Dennoch kann ich etwas dazu beitragen, indem ich in mir einen Innenraum schaffe, der Gott die Chance gibt, mich aufzusuchen. Dieser Innenraum darf nicht bis oben hin mit Plänen und Sorgen vollgestopft sein. Wo sollte sich dort Gott niederlassen? Die Stille bewusst herbeischaffend, leere ich den Innenraum.

Aus dieser wesenden Stille reißt mich wütendes Hundegebell heraus. Eine Finca. Zwei Hunde sind in Käfigen eingesperrt, ein Kettenhund wacht vor seiner Hütte. Da ich nicht weiß, wie lang die Hundekette ist, gehe ich um die Finca in einem weiten Bogen herum.

Es fängt an zu dämmern. Hinter mir knistert etwas im Unterholz. Dem Wegführer zufolge sollen hier, in der wildreichen Sierra Morena, die einzigen Hirsche der iberischen Halbinsel leben. Ich drehe mich um. Weder ein Damhirsch noch eine Hirschkuh ist zu sehen.

Wieder ein Gehöft. Das Hoftor lässt sich öffnen. Ziegen und Schweine laufen frei herum, auch Kühe und Rinder. Zwei Schäferhunde kommen auf mich zugerannt. Ich bleibe stehen. Ein Bauer, just aus dem Haus kommend, winkt mir zu weiterzugehen und pfeift die Hunde zurück. Ein Schäferhund gehorcht, der andere springt mich an und schnuppert an meinem Rucksack. Als der Bauer sich bückt und einen Stein aufhebt, lässt der Hund von mir ab. Dem Landmann und dem Schäferhund sei Dank!

Hinter dem Gehöft umfängt mich erneut große Stille, der bestmögliche Weg zur Innerlichkeit. Je länger ich auf dem Feldweg wandere, desto stärker sammle ich mich und desto mehr nähere ich mich innerlich meiner Mitte.

Streckenweise gehe ich auf Feldwegen, streckenweise auf Waldpfaden, mal hügelauf, mal hügelab. Ich bete mit Füßen: Wie weich fühlt sich der Waldboden an! Ich bete mit Augen: Wie grün leuchten die Wiesen! Und ich bete mit Ohren: Wie tief west die Stille!

Auf Steinen und Baumstämmen finden sich reichlich gelbe Pfeile. Eine Schlange sonnt sich auf dem Weg. Als ich näher komme, kriecht sie gemächlich davon.

Bald erreiche ich die Finca Arroyo Mateos, ein großes Bauerngut. Dem Wegführer zufolge sei das hohe Eingangstor stets verschlossen und man müsse es kletternd überwinden. Mir bleibt das erspart. Der mich begleitende und behütende Engel hat auch hier gute Arbeit geleistet.

In mehreren Pferchen weiden, nach Alter getrennt, schwarze Schweine, *patas negras*[14] genannt. Dem Borstenvieh bleibt nur zwei Jahre Zeit, sich an Eicheln zu mästen, dann landet es im Schlachthof und anschließend als *Bellota*-Schinken[15] in Bars und Restaurants.

Ich wandere durch gepflegte Eichenweiden. Abgebrochene Zweige sind in Haufen aufgeschichtet, zersägte Äste in Stößen aufgestapelt. Die Hügel werden steiler, die Täler schmaler. Bald geht es in Serpentinen berghoch, bald geradewegs steil bergab. Obwohl ich bereits etliche Hügel erstiegen: angekommen am Etappenziel bin ich noch lange nicht.

Hier in der Sierra Morena, der Schwarzen Bergkette, verteidigten sich vor mehr als zweitausend Jahren Iberiens Ureinwohner gegen punische Eindringlinge. Die Küsten fielen den Karthagern innerhalb weniger Monate in die Hände. Nicht so das Gebirge. Die Bergbauern verteidigten sich tapfer gegen die Heere Hamilkars, Hasdrubals und Hannibals. Erst nach Jahrzehnten wurden die Iberer besiegt. Sie mussten die kämpferische Überlegenheit des Elefanten über Pferd und Esel anerken-

14 *patas negras* (spanisch: Schwarzhufe)
15 *bellota* (spanisch: Eichel)

nen. Die Unbeugsamen mussten in Erzbergwerken den Rücken beugen. Silber verlangten die Sieger.

Hier in der Sierra Morena, der zersägten Berglandschaft, kämpften vor knapp tausend Jahren Christen gegen Mauren. Uneinigkeit unter den westgotischen Fürsten ermöglichte einst den Berber- und Araberstämmen innerhalb weniger Jahren Iberien zu erobern. Uneinigkeit unter den Emiren ermöglichte später den christlichen Königen, allerdings erst im Verlauf etlicher Jahrhunderte, das Land zurückzugewinnen. In der Schlacht von Navas de Tolosa versetzten die vereinigten Heere Aragons, Kastiliens und Navarras den maurischen Truppen den Todesstoß. Die christlichen Heere überquerten erstmalig die Sierra Morena. Offen lag das Tal des Guadalquivir vor ihnen. Córdoba wurde erobert. Sevilla ergab sich nach harten Kämpfen Ferdinand dem Heiligen. Dennoch dauerte es noch zwei Jahrhunderte, bis auch das Königreich Granada, die letzte maurische Bastion auf iberischem Boden, an die Christen fiel. Einer der Gebirgspässe heißt *Despaña perros*, was soviel wie herabstürzende Hunde bedeutet. Waren damit Mauren oder Christen gemeint?

Hier in der Sierra Morena, dem Land der Vogelfreien, trieben noch im vorigen Jahrhundert Räuber und Schmuggler ihr Unwesen. Tiefe Schluchten und hohe Berge waren wie geschaffen für Versteck und Unterschlupf. Die Schmugglerarie aus Bizets Oper »Carmen« kommt mir in den Sinn: »Draußen im Wald von Sevilla …«. Dann summe ich unzählige Male das Lied des Stierkämpfers Escamillo: »Auf in den Kampf, Torero!« Heute brauche ich mich vor Banditen und Wegelagerern nicht zu fürchten. Stattdessen drohen andere Gefahren. Sturz und Beinbruch könnten vorzeitig mein Pilgern beenden.

Auf einem Hügel thront weißstrahlend eine herrschaftliche Villa. Am Wegrand steht hochkant ein Quader aus Granit. Letzter Gruß an José Luis Salvador, den Pionier des mozarabischen Jakobsweges. Er gründete in Sevilla den Verein der Freunde des Silberweges, legte Pfade an, malte unzählige Pfeile, kümmerte sich um Sponsoren, erbat, ja erbettelte bei Bauern und Genos-

El Real de la Jara

senschaften die Erlaubnis für Pilger, über die privaten Weiden gehen zu dürfen.

El Real de la Jara, mein heutiges Etappenziel, wird beherrscht von einer protzigen, gut erhaltenen frühmittelalterlichen Burg. Im Tourismusbüro hole ich die Schlüssel für die städtische Pilgerherberge und lasse mir den Pilgerpass abstempeln. Ein sonderbares Büro, in dem der Tourist neben Geschenkartikeln auch Lebensmittel kaufen kann. Eigentlich mehr Geschäft denn Amtsstube. Die Büroangestellte, die zugleich Verkäuferin ist, schenkt mir einen Stadtplan und redet mich schwindelig. Sie quasselt ununterbrochen und wälzt alles breit aus: Neben der pyramidalen Burg aus dem zwölften Jahrhundert gebe es weiter nördlich eine zweite; diese sei jedoch viel kleiner und nicht so gut erhalten. Die redefreudige Dame zählt alle möglichen lokalen Sehenswürdigkeiten auf und kreuzt diese im Stadtplan an: die Kirche des heiligen Bartholomäus und das Wallfahrtskirchlein zu Unserer Lieben Frau, die Kapelle des heiligen Antonius und das Kulturhaus »Miguel de Cervantes«, das Naturwissenschaftliche Museum und das Rathaus, ja selbst das Freibad und die Stierkampfarena. Und sie belässt es nicht bei Aufzählungen. Bis ins klitzekleinste Detail beschreibt sie die im Museum ausgestellten Exponate. Sie redet und redet und merkt nicht oder will es nicht merken, dass ich nur jedes dritte Wort verstehe und nur einen einzigen Wunsch hege: Ein Bett, um Siesta halten zu können.

Vor lauter Reden kommt sie ins Schwitzen, klagt über die ungeheure Hitze. Ich erlaube mir einen Scherz:

»Die trockene Wärme lässt sich doch gut aushalten.«

Der guten Dame verschlägt es den Atem, aber nur für kurze Zeit. Erneut redet sie auf mich ein: Ich müsse unbedingt zur Burg hochsteigen, um von dort die fabelhafte Sierra Morena zu bewundern, und dann, noch wichtiger, müsse ich auf die gegenüberliegende Anhöhe klettern, einem formidablen Aussichtspunkt, um von dort aus die pyramidale Burg zu bestaunen.

Ich unterbreche ihren Redeschwall mit der Frage, ob und gegebenenfalls wann heute Abend eine heilige Messe gefeiert werde. Ohne es gewollt zu haben, treffe ich sie an ihrer Achillesferse. Sie entschuldigt sich zigmal, es nicht zu wissen. Es ist ihr peinlich, dass es etwas in ihrem Städtchen gibt, worüber sie nicht Bescheid wisse. Stotternd erklärt sie: Der Pfarrer, der sonst um acht Uhr die Messe gelesen habe, mache Urlaub. Es gebe zwar eine Vertretung, aber ob eine Abendmesse gelesen werde, könne sie mir leider nicht sagen. Und sie betont, dass es ihr unendlich leidtue, mir die Antwort auf meine Frage schuldig bleiben zu müssen. Ihre Verunsicherung ausnutzend, stehle ich mich davon.

Die Pilgerherberge ist nicht verschlossen. Wolfgang sitzt im Aufenthaltsraum und verarztet sich selbst mit nassen Wickeln. Ursache für seine Kopfschmerzen ist diesmal kein Sonnenstich, sondern das niedrige Gewölbe der Pilgerherberge. Der Unglücksrabe ist mit dem Kopf gegen den Türsturz gestoßen. Decken und Gewölbe der Pilgerherberge sind selbst für die nicht gerade hochgewachsenen Andalusier viel zu niedrig.

Wäsche zu waschen ist kein Problem. Problematisch wird es, sie aufzuhängen. Zwar spannen sich Wäscheleinen auf einem Balkon im ersten Stock, aber dorthin zu gelangen, bereitet Schwierigkeiten. Eine seitlich am Haus hochführende Rampe, steigt so steil an, dass ich mich an der Brüstung hochziehen muss.

Siesta: Stunden hörbarer Stille, Zeit heiterer Träume. Siesta: Quelle schlummernder Sehnsüchte, Brunnen erneuerbarer Kräfte.

Erfrischt an Leib und Seele, schlendere ich zur Plaza de Andalucía. Aus einer Bar hole ich Orangensaft, einen Korbstuhl und setze mich so auf der Plaza hin, dass ich die Frauen sehen müsste, die zur Kirche gehen würden, falls es eine Messe geben sollte.

Vor der Bar sitzen alte Männer. Sie trinken nichts. Sie essen nichts. Sie lesen keine Zeitungen. Sie reden über Gott und die Welt, alle zugleich und alle lautstark. Sie schwadronieren so schnell dahin, dass ich froh wäre, wenn ich auch nur jedes dritte Wort verstünde. Daheim habe ich zwar mein Spanisch aufgefrischt und ein Jahr lang Vokabeln gebüffelt, doch reicht das bestenfalls dazu aus, einen Spanier, der langsam kastilisch spricht, in Ansetzen zu verstehen. Einen Andalusier, selbst wenn er langsam spräche, verstehe ich nicht. Und welcher Andalusier spricht schon langsam? Erschwerend kommen die von Südspaniern nicht ausgesprochenen s-Laute am Wortende hinzu. Oh ihr Andalusier, sprecht bitte langsamer und vor allem auch das s aus!

Ein zahnloser Alter fragt mich nach meinem Heimatland. Dann kommt er aufs Wetter zu sprechen. Ohne dass ich mich beklagt hätte, tröstet er mich: Hier auf dem Land seien es lediglich 41 Grad, aber in Sevilla übersteige die Hitze die 45-Grad-Marke und außerdem gehe dort kein Lüftchen.

Meine Frage nach einer heiligen Messe wirkt wie ein Initialzünder. Den Alten bietet sich neuer Stoff für ein Gezänk. Ein Kahlköpfiger ereifert sich sondergleichen: Er müsse es doch wissen, schließlich sei er als Kind Messdiener gewesen. Und er rechnet laut nach, wie viele Jahre es her ist. Ob eine Messe heute gelesen wird, erfahre ich letzten Endes nicht. Mir kommt es vor, als ob es den Alten nicht auf das Ergebnis ankäme. Wichtig allein ist ihnen der Plausch. Sie reden halt gern. Eine Erbschaft der Araber?

Um viertel vor neun beginnen die Glocken zu läuten. Im Nu rufen die Alten mir zu:

»Die Glocken läuten! Gleich beginnt die Messe! Die Glocken läuten!«

Und sie freuen sich wie Kinder und lachen, lachen. Eigenartig, worüber Andalusier lachen können, und sie lachen andauernd. Wie ernst und nüchtern sind wir Deutschen dagegen. Wer würde bei uns über ein Glockengeläut lachen?

Die Quasselstrippe aus dem Tourismusbüro kommt von irgendwo her auf mich zugerannt und ruft von weitem:

»Die Glocken läuten!«

Sie berührt mich am Arm und schreit mir ins Ohr:

»Um neun Uhr beginnt die Messe.« Und sie wiederholt es etliche Male.

Woher wusste sie, dass ich hier sitze? Alles ist in Andalusien merkwürdig. Ich bedanke mich bei ihr und bei den Alten und gehe zusammen mit vielen Frauen und Kindern, die sich ebenfalls auf den Weg gemacht haben, in die Pfarrkirche.

Zwei Patres in weißen Soutanen – einer ist schlank und rank, der andere, ein Farbiger, klein – bereiten den Altar zu. Das Madonnenbild im Hochaltar ist ein Werk Zurbaráns, jedoch kein typisches: keine düsteren Farben, keine scharfen Konturen. Marias weiche Gesichtszüge erinnern an Leonardo da Vincis Mona Lisa. Ein Mütterchen humpelt in die Sakristei. Nach einer Weile geht sie zusammen mit dem schlanken Pater in einen Beichtstuhl. Die Beichte dauert unverhältnismäßig lange. Als sie endlich den Beichtstuhl verlassen, schwitzen beide. Die Sünden können kaum die Ursache hierfür gewesen sein, eher die stickige Luft.

Als die Eucharistiefeier beginnt, geht es auf zehn Uhr zu. So wie der schlanke Pater die Messe zelebriert, gleicht es einem göttlichen Schauspiel. Er predigt über den Narren eines Bauern, der selbstzufrieden über die prall gefüllte Scheuer ist und doch in derselben Nacht sterben müsse.

»Erwachet!«, ruft der Pater beschwörend uns zu und sieht dabei jeden eindringlich an. Bei der Wandlung hebt er die Hostie überaus langsam hoch. Ebenso langsam hebt er, die Hostie begleitend, den Kopf. Als seine Hände gänzlich ausgestreckt sind, senkt er behutsam Augen und Kopf, sich gleichsam klein machend vor dem Geheimnis der Wandlung.

Der Kirchvorplatz, die Plaza de San Bartolomé, hat sich in ein Freiluftrestaurant verwandelt. Die Tische sind durchweg besetzt. Nachdem ich bereits daheim viel Lobenswertes über den spanischen Schinken gehört habe und tagsüber wiederholt das schwarze Borstenvieh beobachten konnte, bestelle ich zum Essen *jamón ibérico de bellota*[16]. Der Kellner bringt mir einen großen Teller mit hauchdünnen Scheibchen des weit über Spaniens Grenzen bekannten Leckerbissens. An eine Serviette hat er gedacht, an Essbesteck nicht. Ich bitte ihn um eine Gabel. Anstandslos bringt er mir eine. An den Blicken der Gäste wird mir bewusst, einen Fauxpas begangen zu haben. Nach vorherrschender Landessitte wird wohl der Schinken mit Fingern gegessen. Der zarte, luftgetrocknete Schinken zergeht auf der Zunge. Den Nussgeschmack verdankt er unbestritten den Eicheln, mit denen die Schweine gefüttert werden.

Am Nachbartisch dinieren eine mondän gekleidete *señora* und ein durch vornehme Manieren auffallender *señor*. Ich bilde mir ein, dass sie die Besitzer der weißstrahlenden, herrschaftlichen Villa seien.

Zurück in der Pilgerherberge. Wolfgang schläft, Peter ist nicht gekommen. Vermutlich wird er eine Etappe weiter gepilgert sein. In Castilblanco de los Arroyos hat er erzählt: In

---

16 iberischer Eichelschinken

Dänemark sei er nicht selten Strecken von sechzig und mehr Kilometern gewandert. Wahrscheinlich werde ich »meinem Dänen« nicht mehr begegnen. Pilgere wohl, Peter!

Extremadura – Land der Extreme

6. Tag: Sonntag, 5. August 2007
Von El Real de la Jara nach Monesterio

Alles, was wir brauchen, ist tief in uns verborgen
und wartet darauf, sich zu entfalten..
Wir müssen nichts tun, außer still werden
und uns Zeit nehmen, um nach dem zu suchen,
was wir in uns tragen.
Eileen Caddy

Eine Bar ist bereits vor sieben Uhr geöffnet. Männer und Frauen frühstücken und warten auf einen Bus, der sie wohl zu ihrer Arbeitsstätte bringen soll. Ein junger Mann, am frühen Morgen schon beschwipst, wirft mir Handküsse zu und pöbelt Gäste an. Vergeblich versucht der Wirt, ihn in die Schranken zu weisen.

Draußen begrüßt mich die Weite des Morgens. Ein paar Schritte hinter El Real de la Jara erinnern Ruinen einer Burg an Kämpfe während der *reconquista*[17]. Die straßennahe Lage der Burg war vom Vorteil, wenn es darum ging, Pilger auf ihrem Weg zum Apostelgrab zu beschützen. Hier verläuft heute die Grenze zwischen Andalusien und Extremadura, eine Grenzlinie, die zur römischen Zeit die senatorische Provinz Baetica von der kaiserlichen Provinz Lusitania trennte. Obwohl kein Schild den Anfang der Extremadura anzeigt, wird auch so am Landschaftsbild deutlich, dass hier eine neue, eine andere Re-

17 *reconquista*: die Epoche zwischen dem 8. und dem 16. Jahrhundert, während welcher christliche Ritter die von Mauren beherrschten Gebiete zurückeroberten.

gion beginnt. Prägten in Andalusien große Gutshöfe die Landschaft, sind es in der Extremadura kleine Steineichenweiden. Neu sind die Weiden trennenden Bruchsteinmauern. Der Pilgerweg wird auf eine neue Art gekennzeichnet: Zwar finden sich auch in der Extremadura gelbe Pfeile, doch oft weisen Kuben aus geschliffenem Granit mit Kantenlängen von gut zwei Handspannen dem Pilger den Weg. Auf der oberen Fläche der Kuben ist ein römischer Torbogen eingeritzt. Gelb gestrichelte Linien stilisieren den Pilgerweg. Auf der vorderen Seite leuchtet ein gelbes Rechteck. Eine aufwendige, aber originelle Wegemarkierung.

Der Landesname Extremadura wird als extrem rauhes Land[18] gedeutet. In dem Namen sind die Eigenschaftswörter »rauh« und »extrem« zurecht enthalten, denn die Extremadura ist unbestritten ein rauhes Land und ein Land der Extreme. Sie ist Spaniens ärmstes und zugleich reichstes Land. Ein Widerspruch in sich? Mitnichten! Es ist wie bei einer Schwingung, die sowohl einen Hoch- als auch einen Tiefpunkt aufweist. Vom wirtschaftlichen Standpunkt aus betrachtet, ist die Extremadura die allerärmste Region Spaniens, mit den Augen des Pilgers gesehen, die allerreichste. Nirgendwo auf der iberischen Halbinsel findet sich diese Stille und Ruhe, diese Weite und Unbegrenztheit wie in der Extremadura. Eine Stille, die es dem Pilger erlaubt, seine eigene Mitte aufzuspüren, und ihn erkennen lässt, dass die Quelle seines Lebens, Gott, fürwahr in ihm wohnt. Eine Weite, die das Herz des Pilgers öffnet, ja seine Seele so ausbreitet, dass er beglückt wahrnimmt, wie einmalig er auf der Welt ist. Wie zutreffend ist das Wort Christa Franzes': »Wer in sich selbst zu Hause sein kann, wird sich nirgendwo völlig fremd vorkommen.«

Stille und Weite und Einsamkeit verleiten mich dazu, Gott zu loben. Obendrein ist heute Sonntag. Und so bete ich den Rosenkranz. Die Aves singe ich nach der eingehenden Weise

---

18 *duro* (spanisch: hart, rauh)

von Chartres, weil die Melodie wie dazu geschaffen scheint, sie gehend zu singen. Überdies ist der französische Wortlaut zutiefst persönlich. Wenn wir im Deutschen beten: »Gegrüßet seist du, Maria«, so sprechen wir die Grußworte Engel Gabriels nur nach, im Französischen hingegen bin ich es, der die Mutter Gottes grüßt: »*Je Vous salue Marie*«. Andererseits klingt das deutsche Du familiärer als das französische Sie.

Obwohl die Sonne noch nicht aufgegangen ist und der Weg ohne nennenswerte Steigungen verläuft, schwitze ich über alle Maßen. Das Gehen fällt mir im Gegensatz zu den letzten Tagen recht schwer. Die Landschaft ist nach wie vor idyllisch: Steineichenweiden wechseln sich mit Korkeichenwäldchen ab. Der Weg ist beiderseits von Bruchsteinmauern begrenzt. Dort, wo die Mauern niedrig sind, werden sie durch einen zusätzlichen, oben angebrachten Stacheldraht ergänzt.

Ein moderner Bau mit weißer Kuppel und weit ausladenden Seitenmauern kommt in Sicht: *Ermita de San Isidro*[19]. Ein beachtenswerter Bau zur Erinnerung an einen nicht minder beachtenswerten Kirchenmann. Der heilige Isidor[20] formulierte die Trinitätslehre aus und führte in den Gottesdienst eine höchst majestätische Liturgie, die mozarabische, ein. Geschichtliche Berühmtheit erlangte seine Sakramentendefinition. Während Isidors Lebenszeit trat der Westgotenkönig Rekkaredo I. auf dem Einigungskonzil von Toledo vom arianischen zum katholischen Bekenntnis über. Dennoch leugneten nach wie vor viele Westgoten die Gottheit Jesu Christi. Es ist das große Verdienst des spanischen Nationalheiligen, die sakrilegischen Nachwehen des Arianismus weggeschafft zu haben.

Der Übertritt der Westgoten zum Katholizismus ist eine Geschichte von Liebe und Tod, von Schuld und Reue. Rekkareds älterer Bruder Hermengild, der Stadthalter von Hispalis (Sevilla) war, verliebte sich in die fränkische Prinzessin Ingund,

19 Eremitage des heiligen Isidor
20 geboren 556 in Cartagena, um 600 Bischof von Sevilla, dort gestorben am 4. April 636

heiratete die Katholikin und wurde selbst katholisch. Als Hermengild die Annahme der Hostie aus der Hand eines arianischen Bischofs verweigert hatte, wurde er auf Geheiß seines Vaters, des Westgotenkönigs Leuwigild[21], enthauptet. Aus Reue über die Hinrichtung seines Sohnes Hermengild hat Leuwigild später seinem zweiten Sohn Rekkared erlaubt, katholisch zu werden. Shakespeare hätte daraus, wäre ihm die Geschichte bekannt gewesen, ein großes Königsdrama geschaffen.

Als die Reliquien des heiligen Bischofs Isidor im Jahre 1063 von Sevilla, damals mohammedanisch, nach León, dem christlichen Bollwerk, überführt wurden, passierte der Zug auch diesen Ort hier. Solche Translationen gerieten im Mittelalter zu großen Spektakeln, an denen sich eine Unmenge von Gläubigen beteiligt hatte. Vergleichbar heute mit dem Fackellauf, wenn das Feuer vom Olymp zu den Austragungsstätten Olympischer Spiele getragen wird.

Die *aficionados*[22] des Jakobsweges verehren aufs höchste den heiligen Isidor, weil auf ihn die Jakobuslegende zurückgeführt wird. Er berichtete von der Evangelisierung Spaniens durch Jakobus; er schrieb vom Arcis marmaricis, dem aus Marmor gebauten Grabdenkmal und das alles zwei Jahrhunderte vor der Entdeckung des vermutlichen Jakobusgrabmals in Santiago de Compostela. Wir, Menschen des 21. Jahrhunderts, die wir uns so viel auf unser Wissen und unsere Vernunft einbilden, verweisen die Legenden gern ins Reich der Fabeln und Märchen und verkennen dabei, dass jede Legende ein Körnchen Wahrheit enthält. Wollen doch Legenden auf etwas Anderes hinweisen oder etwas Verborgenes deuten, so wie beispielsweise auf Landkartenlegenden Zeichen und Symbole bestimmte Sachverhalte nicht selbst darstellen, sondern lediglich deuten. So will vermutlich die Jakobuslegende darauf hinweisen, dass die Ausbreitung des Glaubens auf die Apostel zurückzuführen

21 Leuwigild, in den Jahren 568–586 König der Westgoten, unterwarf die Sweben und herrschte über ganz Spanien.

22 *el aficionado* (spanisch: Freund, Liebhaber, Kenner)

sei, die in alle Welt gegangen sind, wie Jesus es ihnen befohlen hatte. Womöglich hat außer Jakobus auch Paulus in Spanien missioniert. Im Römerbrief nennt Paulus als zukünftiges Reiseziel gleich zweimal Spanien. Nach seiner dritten Missionsreise wird er, wie die Apostelgeschichte es ausführlich schildert, in Jerusalem verhaftet. Zwei Jahre lang dauert seine Haft in Cäsarea und weitere zwei Jahre in Rom. Was danach geschah, wissen wir nicht. Rätselhafterweise hört hier die Apostelgeschichte abrupt auf. Warum? Den Evangelisten Lukas können wir nicht mehr danach fragen. Es ist durchaus denkbar, dass Paulus nach seiner Entlassung aus der Haft seinen Wunsch, in Spanien zu missionieren, erfüllt habe. Wir wissen vieles nicht. Einiges wird in Zukunft die Wissenschaft ans Tageslicht fördern; einiges wird für immer verborgen bleiben.

Unweit der modernen Eremitage erhebt sich auf einem Hügelchen eine zweite, recht kleine Klause. Obwohl 1951 erbaut, zerfällt diese bereits. Als Wegweiser in dem sich hier verdichtenden Straßengestrüpp leistet sie dennoch gute Dienste. Der Pilgerweg verläuft nun – eine Horrorvision – zwischen Nationalstraße auf der linken und Autobahn auf der rechten Seite. Doch wie werde ich erfreulich überrascht, als sich der zwanzig Schritt breite Streifen als Eukalyptuswäldchen herausstellt. Der Schatten der hohen Bäume ist unbezahlbar, der strenge Duft erquickt mich, und erst der weiche, bunt leuchtende Blätterteppich – ein Labsal für meine Füße und Augen!

Nach Goethe werden wir Männer von drei Frauen erzogen: der Mutter, der Ehefrau und der Tochter. Ergänzend möchte ich eine vierte Dame nennen, die mein Denken und Leben nachhaltig beeinflusst hat: die Mathematik. Während meiner Lehrtätigkeit habe ich versucht, Generationen von Studierenden die Fourier- und Laplace-Transfomation beizubringen. Hierbei handelt sich um Verknüpfungen, mit deren Hilfe bestimmte Sachverhalte aus einem Originalbereich in einen Bildbereich übersetzt werden, was mit dem Begriff der Korrespondenz beschrieben wird. So könnte beispielsweise die im Zeitbereich gemachte Aussage »Die Etappe von El Real de la Jara nach Monesterio dauert 6 Stunden« durch die korrespondierende Aussage im Frequenzbereich folgendermaßen wiedergegeben werden: »Die Etappe von El Real de la Jara nach Monesterio hat eine Bandbreite von 46 Mikrohertz.« Die intensive Beschäftigung mit Integraltransformationen prägt mein Denken so stark, dass einfache äußere Vorgänge in meinem Geist stets korrespondierende Lebensvorgänge in Erinnerung rufen. So auch jetzt. Die just gemachte Erfahrung, dass der vorweg befürchtete Weg entlang lärmender Autobahnen sich letztlich als beglückend erwies, hat im Nu eine korrespondierende Erfahrung aus einem anderen Lebensbereich wachgerufen. Als Student genoss ich jede Mathematikvorlesung. Welch Glück in so kurzer Zeit so viel Wissen zu erlernen! Zugleich fürchtete ich mich vor der sich später im Beruf wohl unausweichlich einstellenden Eintönigkeit, der Tretmühle des Alltags. Und wie anders ist es dann gekommen! Welch unermessliche Freude hat mir jede Vorlesung, die ich vor Studierenden halten durfte, bereitet und selbst nach vier Jahrzehnten noch immer schenkt!

Der Eukalyptusstreifen wird enger und hört gänzlich auf. Ich bin gezwungen, die Nationalstraße zu überqueren und am linken Straßenrand weiter zu gehen. Jetzt ist das Befürchtete doch noch eingetreten. Gottlob verläuft der Weg zumindest hinter einer Planke. Hüfthohe Disteln und anderes dichtes Buschwerk kratzen an Beinen und Händen. Ständig muss ich mich unter Büschen bücken. Außerdem laufe ich Gefahr, von dem schmalen Trampelpfad die steil abfallende Böschung abzurutschen. Nun mache ich die entgegengesetzte Erfahrung: Ich hoffte, hinter der Planke leichter und sicherer gehen zu können, in Wirklichkeit wurde es schwieriger und gefährlicher. Und wieder stellt sich in meinem Geiste eine Korrespondenz ein: Als angehender Wissenschaftler entwickelte ich eine Methode zum Nachweis niederenergetischen Strahlen mit Hilfe von flüssigen Szintillatoren. Zugleich stellte ich eine Formel für die Berechnung der Löschkorrektur auf. Wie glücklich war ich darüber, meine Theorie auf einem Symposium in San Francisco vorzustellen und mit renommierten Forschern zu diskutieren. Wie stolz war ich, darauf hinzuweisen, dass die aus der Theorie hergeleiteten Werte mit den experimentell ermittelten übereinstimmten. Und dann, einige Monate später, die große Enttäuschung! Mit neu entwickelten, präziseren Geräten wurden Werte gemessen, wonach meine Theorie sich lediglich als Näherung herausstellte. All das lässt sich einfacher mit einem bekannten Sprichwort ausdrücken: Man soll den Tag nicht vor dem Abend loben. Doch in meinem Geist spuken nun einmal auf Schritt und Tritt Korrespondenzen.

Mit meinen Füßen gehe ich seit Tagen einen äußeren Weg, hier auf Straßen dort auf Pfaden, im Geiste hingegen einen inneren. Beide Wege bedingen einander. Für diese Wechselwirkung fällt mir keine bessere Bezeichnung ein als Korrespondenz. Sie ist ein Durchgang, der vom Materiellen zum Geistigen, vom Alltäglichen zum Wesentlichen leitet, ja eine Brücke, die vom sinnlich Wahrnehmbaren zum Übernatürlichen, vom vordergründig Durchschaubaren zum tiefgründig Geheimnisvollen führt.

Der Pilgerweg wechselt von der Nationalstraße auf einen Schotterweg. Zwei unter Steineichen liegende Felsbrocken laden zur Rast ein: Der kleinere bietet sich als Stuhl, der größere als Tisch an. Zuerst ziehe ich Schuhe und Socken aus. Dann gieße ich aus meiner Trinkflasche das restliche Wasser in einen Becher, halbiere eine Zitrone und presse sie aus. Von hinten naht eine Ziegenherde. Ein Zicklein schnuppert in meinem Becher. Schnell hebe ich meinen kostbaren Trank hoch. Alles gönne ich dem niedlich-diebischen Tier, nur nicht mein Zitronenwasser, das zwar lauwarm, aber dennoch unsäglich gut schmeckt. Der heraneilende Ziegenhirt wünscht mir guten Appetit und versucht, das Zicklein zu vertreiben. Das Tier hat Geschmack; es rührt sich nicht von der Stelle. Was dem Hirten nicht gelang, glückt seinem kleinen Vierbeiner. Inzwischen tun sich andere Tierchen an meinem köstlichen Nass gütlich. Im Zitronenwasser schwimmen Ameisen. Ich fische eine nach der anderen heraus. Obwohl in dem Zitronenwasser ein Zicklein geschnuppert hat und Ameisen herumgeschwommen haben, trinke ich es dennoch in winzig kleinen Schlückchen genüsslich aus.

Die Schotterstraße steigt steil an. Autos wirbeln Staub auf. Dann bleibe ich mit dem Rücken zur Fahrbahn stehen und warte ab, bis sich die Staubsäulen verflüchtigt haben. Staub, Hitze und besonders die Trockenheit in meiner Kehle machen mir arg zu schaffen. Allein der Gedanke, dass ich nach vier Kilometern einen in der Karte mit Brunnen und Kreuz eingezeichneten Rastplatz erreichen werde, hält mich bei Laune.

Das Kreuz ist von weitem sichtbar. Der große Rastplatz mit vielen in geraden Reihen gepflanzten Steineichen ist da, auch der Brunnen ist da, nur Wasser fehlt. Nach Platon ist ein Seiendes wahr, wenn es so ist, wie es sein soll. Ein Brunnen sollte Wasser führen, folglich ist dieser Steinhaufen im Sinne des großen griechischen Philosophen kein Brunnen. Leider löscht diese hohe Weisheit nicht meinen Durst.

Der Himmel zieht sich zu. Vom Norden rollt Donner heran. Die Schwüle wird unerträglich. Jetzt weiß ich auch, was mir heute am frühen Morgen zu schaffen gemacht hat: die hohe Luftfeuchtigkeit.

In meiner Brust tobt ein Motivationskampf. Einerseits möchte ich hier weiter rasten und mich von dem sehnsüchtig erwarteten und sicherlich bald kommenden Regen erfrischen lassen; andererseits möchte ich mich auf die Socken machen, in nicht mehr weit entfernten Monesterio die Pilgerherberge aufsuchen und eine nicht minder ersehnte Dusche genießen. Ein Paradebeispiel für einen Annäherungs-Annäherungs-Konflikt: Zwei Zielobjekte locken zugleich mit erfreulichen Aussichten, aber man muss sich für eins entscheiden. Ich entscheide mich für Rast und Regen. Es donnert und donnert. Nachdem jedoch der ersehnte Regen nicht fallen will, marschiere ich los.

Monesterio. Heute ein Zentrum der Lebensmittelindustrie. Der Name verrät, dass der Ursprung der Stadt auf ein Kloster zurückführbar sei. Die Pilgerherberge wird renoviert. Das mir wärmstens empfohlene Hostal Extremadura ist geschlossen. Im Hostal El Rinconcillo esse ich ein paar Tapas und frage den Ober, ob ich ein Einzelzimmer bekommen könnte. Der Kellner verschwindet in der Küche. Mit den weit nach außen gespreizten Füßen, aber auch durch Gesicht und Haltung erinnert er mich an den großen Charlie Chaplin. Nach geraumer Zeit kommt er in seinem drolligen Gang zurück. Leider gibt es keine freien Zimmer mehr. Er reicht mir einen kleinen Stadtplan und sagt, ich solle es in den Hostals Leo oder El Pilar versuchen. Ich bedanke mich, schultere meinen Rucksack und verlasse das Hostal.

Inzwischen hat der große Regen begonnen. Ein Unwetter. Der Wind peitscht den Regen durch leere Straßen. Während ich im Rucksack nach meinem Regencape krame, erscheint in der Hostaltür der Kellner alias Charlie Chaplin und ruft, es gebe doch noch ein freies Zimmer, allerdings ohne Klimaanlage. Hocherfreut nehme ich das Angebot an.

Ich schmachte nach einer Dusche. Die Duschkabine erweist sich als lächerlich klein. Mit Gewalt drücke ich die Türen auseinander und ziehe gleichzeitig meinen Bauch ein, um in die Kabine hineinzugelangen. Einheimische *señoras*, durchweg untersetzt, hätten hier keine Chance zu duschen.

Nach dem Duschen sitze ich eine geraume Zeit vor dem offenen Fenster und erfreue mich am Regen, einem wahren Naturschauspiel. Auf die Klimaanlage kann ich gut und gern verzichten, der Regen bringt auch so genügend Abkühlung.

In aller Ruhe ordne ich meine wenigen Habseligkeiten. Das deutsch-spanische Wörterbuch suche ich vergeblich. Nach Telefonkarte und Kugelschreiber ist dies der dritte Verlust. Zum Glück ist bislang nichts Wichtiges abhanden gekommen. Dennoch bemächtigt sich meiner eine Angst, dass ich, sollte es so weiter gehen, etwas Unersetzbares verlieren könnte. So nehme ich mir vor, jeden Morgen vor dem Aufbruch und nach jeder Rast mit meinen Fingern drei unentbehrliche Sachen zu berühren, um sicher zu gehen, die drei wichtigsten B nicht irgendwo liegen gelassen zu haben: Brille, Börse und Brustbeutel. Allem voran darf ich den Brustbeutel nicht verlieren, weil darin EC-Karte und Personalausweis stecken.

Auf den Fluren ist niemand zu sehen. Aus Nachbarzimmern ist nichts zu hören: weder menschliche Stimmen noch Wasserrauschen noch sonst irgendwelche Geräusche. Mir kommt es vor, als ob ich der einzige Gast wäre. Merkwürdig. Dabei hieß es, die Pension sei ausgebucht.

Die Abendmesse in der Pauluskirche vergeht wie im Flug, dabei hat mich lediglich ein einziger Gedankengang beschäftigt: Um den mozarabischen Jakobsweg erfolgreich zu bestehen, ist eine gute Vorbereitung notwendig. Ich habe vorweg monatelang hart trainiert, um mit Waldläufen und Tennisspiel ausreichend Kondition zu erlangen. Auch Spanisch habe ich intensiv gelernt. Das Allerwichtigste jedoch kann sich der Pilger nicht erarbeiten, es wird ihm vielmehr geschenkt: der Glaube. Der Glaube hilft, Durststrecken durchzustehen, und Schwierigkeiten treten allenthalben auf. Dank des Glaubens verliert der Pilger nie das Ziel aus den Augen. Und es ist der Glaube schlechthin, der uns den Sinn unserer irdischen Pilgerschaft offenbart. So danke ich Gott für das Geschenk des Glaubens und bitte den Herrn, mir weiterhin diese Gnade zu erweisen.

Der Jakobsweg – Richtschnur des Glaubens

7. Tag: Montag, 6. August 2007
Von Monesterio nach Fuente de Cantos

So sind auch die einsameren Gegenden des Weges nach Santiago … die Orte, wo Gefühle der Angst, der Einsamkeit, der Bedrohung, aber auch der Gottesnähe erlebt werden.
Barbara Haag

Der Regen von gestern erweist sich heute als Glücksfall. Der Weg ist nicht mehr trockenhart und – ein wahrer Segen für Pilger – nicht mehr staubig. Die Bruchsteinmauern beidseitig des Weges stehen für Sicherheit ein: Es besteht keine Gefahr, den Weg zu verfehlen. Ohne nach gelben Pfeilen suchen zu müssen, komme ich schnell voran. Da keine Notwendigkeit besteht, mich immerzu auf den Weg konzentrieren zu müssen, kann ich meinen Gedanken freien Lauf lassen.

Viele Begriffe gehen auf Erfahrungen zurück, die auf Wegen gehend gemacht wurden, wie aufbrechen, loslassen, unterwegssein, dürsten, sich auf Unbekanntes einlassen, sich verirren, ankommen. Will man diese Worte im Tiefsten begreifen, genügt es nicht, sie aus Büchern zu erlernen, also über sie nur im Geiste nachzudenken. Vielmehr müssen die Wegerfahrungen, auf denen diese Begriffe gründen, immer wieder von neuem gemacht werden. Im viel stärkeren Maße gilt dies für das Umfeld des Glaubens. Wenn die Konzilsväter des Zweiten Vatikanischen Konzils die Kirche als das pilgernde Volk Gottes beschrieben haben, so kann diese Auslegung besser verstanden, ja verinnerlicht werden, wenn man die Erfahrung des Pilgerns selber gemacht hat. Zwar ist mein kurzzeitiges, im Großen und

Ganzen sicheres Pilgern auf dem Jakobsweg nicht vergleichbar mit dem vierzig Jahre dauernden Wüstenzug des Volkes Israel oder mit der Ungesichertheit, die Abraham, der Vater des Glaubens, auf seinem Weg durch die Wüste erleiden musste, aber es lässt mich etwas von dem Wesentlichen erahnen, was diese biblischen Geschichten aussagen wollen.

Stille und Einsamkeit führen mich auch heute wieder zum Gotteslob. Der Rosenkranz als eine Art sich bewegendes Gebetsrad ist als Anrufung Gottes wie geschaffen für Pilger. Sich in die Geheimnisse des Rosenkranzes gehend zu versenken, heißt geistig und körperlich beten. Im übertragenen Sinne, mithin als Korrespondenz, ist der Jakobsweg ein Rosenkranzgebet, ja eine Richtschnur des Glaubens. Dabei bewegen sich nicht unsere Finger von Perle zu Perle, vielmehr gehen wir mit unseren Füßen von Dorf zu Dorf, von Stadt zu Stadt. Den Ave-Marias entsprechen die an Etappenenden in Dorfkirchen gefeierten heiligen Messen, den Paternostern die in Kathedralen zelebrierten Gottesdienste. Wie der Rosenkranz so bewirkt auch der Jakobsweg ein Sichlösen des Geistes und ein Aufschließen einer inneren Welt.

Ich habe mich in das Rosenkranzgebet so tief versenkt, dass ich die Dolmen, die laut des Sevillaner Silberweg-Führers wenige Meter abseits des Weges liegen sollen, übersehen habe. Wie konnte das passiert sein, messen doch die Grabhügel im Durchmesser 22 Meter? Gern hätte ich die Zeugen der Megalith-Kultur besichtigt. Gern wäre ich in den Gang eines der gut 5000 Jahre alten Gräber hinabgestiegen. Keramikfunde beweisen, dass diese Gegend im 3. Jahrtausend vor Christus ein europäisches Kulturzentrum bildete. Von hier aus verbreitete sich der Glockenbecher über Europa. Soll ich umkehren? Nein, ich bin als Pilger und nicht als Reisender unterwegs. Hätte es der Herr gewollt, hätte er mir einen Blick auf die prähistorischen Denkmale gewähren lassen.

Ein Bauer mit Bart und einem von Sonne und Alter gegerbten Gesicht bessert Bruchsteinmauern aus. An etlichen Reihen fehlen Steine. Welche Unmenge von Steinen war nötig, um diese Mauern aufzuschichten! Nicht allein der Weg wird von den Steinmauern begrenzt, auch einzelne Weiden werden, allerdings von niedrigeren Mauern, umzäunt. Schwarze Schweine laufen entlang des Weges jenseits der Mauern, als wollten sie dem einsamen Pilger Geleit geben. Erst eine Mauer, welche Weiden voneinander trennt, stoppt das Borstenvieh. In der unmittelbar folgenden Weide beginnt ein neues Geleit.

Die Steineichenweiden gehen über in eine Heidelandschaft mit viel Ginster und noch mehr Disteln. Später schlängelt sich der bislang geradlinig verlaufende Weg durch abgeerntete Kornfelder. Welch Kontrast zwischen dem Rotbraun der Erde und der hellen Bläue des Himmels!

Ein Bach quert meinen Weg. Dank des gestrigen Regens führt er reichlich Wasser. Eine Brücke fehlt. Im Flussbett liegen ein paar größere Steine. Von Stein zu Stein balancierend, überquere ich die Furt. Mir kommt es vor, als wäre ich im Mittelalter angekommen.

Je länger ich gehe, desto weniger achte ich auf die gelben Pfeile. Mich ängstigt nicht mehr die Möglichkeit, in die Irre zu gehen. Sollte ich einen längeren Weg als den in der Karte eingezeichneten gehen, so bin ich sicher, dass dieser Umweg für mich einen Sinn haben würde. Mir ist, als ob der Weg mich führte. Von Tag zu Tag vertraue ich mich mehr und mehr dem Weg als Führer an.

Ein Auto kommt mir entgegen. Der Fahrer hält mit der rechten Hand das Lenkrad und mit der durchs offene Fenster ausgestreckten linken eine Leine, an der drei Hunde angebunden sind. Die Köter müssen schnell laufen und haben keine Zeit, mich anzubellen.

Auf einer Anhöhe steht ein einfaches Holzkreuz. Ein Baumstumpf darunter lädt zur Rast ein. Daneben ein Schild: Der Konvent des Krankenhauses freut sich darauf, Pilger in seiner Herberge als Gäste willkommen zu heißen. Auch ich freue mich darauf.

Abermals habe ich mich zu früh gefreut. In Fuente de Cantos angekommen, erfahre ich von einer Frau, dass die Pilgerherberge geschlossen sei. Sie rät mir, zur Polizei zu gehen, wo man mir weiter helfen werde.

Ein Polizist begrüßt mich freundlich mit Handschlag, bietet mir einen Stuhl an und sagt:

»Ich kann mir denken, warum Sie, Pilger, zu uns gekommen sind. Die Herberge ist geschlossen, und Sie suchen eine Übernachtungsmöglichkeit.«

»Ich wäre Ihnen dankbar, wenn Sie mir dabei hülfen.«

Er hebt einen aus dem Jahre Schnee stammenden Telefonhörer und wählt einige Nummern, ohne eine Verbindung zu erlangen. »In den Hostals wird Siesta gehalten. Wenn Sie es wünschen, könnte ich Ihnen eine private Unterkunft vermitteln.«

Auf meine Bejahung hin wählt er eine dreiziffrige Nummer, diesmal mit Erfolg. Er spricht schnell und undeutlich. Ich verstehe nur ein Wort: *peregrino*, Pilger. Mir zugewandt, fragt er, bewusst langsamer und deutlicher sprechend:

»Das Zimmer mit Bad kostet zehn Euro. Wollen Sie es nehmen?«

Nachdem ich auch dies bejaht, redet er noch längere Zeit, und wiederum verstehe ich nichts von seinem Redeschwall. Mich anlächelnd, sagt er:

»Es ist eine ältere Dame, die in ihrem Haus Zimmer vermietet. Sie werden sich dort wohl fühlen.«

Während er meinen Pilgerpass abstempelt, fragt er: »Was wissen Sie von unserer Stadt?«

»So gut wie nichts. In meinem Führer habe ich gelesen, dass Francisco de Zurbarán hier geboren sei.«

»Ja, es gibt ein Zurbarán-Museum, das leider vorübergehend geschlossen ist. Sagt Ihnen der Name unserer Stadt, Fuente de Cantos[23], etwas?«

»Es ist ein poetischer Name: Liederbrunnen.«

---

23 *fuente* (spanisch: Brunnen, Quelle), *canto* (spanisch: Lied)

»Cantos sind Lieder aber auch Gedichte. Um diesem Namen gerecht zu werden, veranstaltet der Stadtrat jährlich einen nationalen Wettbewerb für Kurzgeschichten. In diesem Jahr nahmen daran 479 Schriftsteller aus ganz Spanien teil.«

An seiner Gesichtsmimik merke ich, wie stolz er darauf ist. Aus seinem Schreibtisch holt er ein Büchlein und reicht es mir mit den Worten:

»Den diesjährigen Wettbewerb gewann Mario Marán Gonzáles aus Huelva. Mir gefällt besser die Kurzgeschichte »Autobus Nummer 146« von dem jungen Madrilenen José Antonio Palomares, der den ersten Trostpreis bekam. Sie sollten die Geschichte lesen.«

Draußen auf dem Vorplatz zeigt mir der Polizist die Straße, die ich gehen müsse, und sagt:

»Nach ein paar hundert Metern biegen Sie von der Straße nach links in eine Gasse ab. Dort steht ein größeres Haus. Das ist die Unterkunft.«

Ich bedanke mich für die Vermittlung des Zimmers und für das Büchlein mit den Kurzgeschichten. Ein freundlicher, hilfsbereiter Polizist. Bei uns ist der Slogan geläufig: »Polizei – dein Freund und Helfer«. Leider bleibt es nur allzuoft bei dem Werbeschlagwort. In Fuente de Cantos wird es in praxi vorgelebt.

Beim Weitergehen fällt mir auf, dass ich von der Vermieterin weder Namen noch Adresse kenne. Ein größeres Haus – davon gibt es viele! Während ich noch zweifle, ob ich die Unterkunft finden werde, sprechen mich fremde Menschen an und zeigen mir den Weg. Ich bin in dieser Stadt zum ersten Mal in meinem Leben, dabei kommt es mir vor, als wäre ich hier bekannt wie ein bunter Hund. Entweder hat die Vermieterin mit diesen Menschen darüber gesprochen, dass sie einen Pilger erwarte, oder es kommt oft vor, dass sie Pilger beherbergt. Dass ich von weitem als Pilger zu erkennen bin, darüber besteht kein Zweifel. Hatte ich heute unterwegs lediglich das Gefühl, dass mich der Weg führe, so erweist sich das nun als Tatsache: Diese Straßen, diese Menschen führen mich fürwahr.

Ich habe es gut getroffen: Die Vermieterin ist liebenswert, das Zimmer kühl und sauber. Meine wenigen Wäschestücke sind rasch gewaschen. Ich hänge sie im *Patio*[24] zum Trocknen auf. In Andalusien konnte ich die Patios durch schmiedeeiserne Gittertüren hindurch bewundern. In der Extremadura sind sie von Mauern und Treppen umgrenzt und von der Straße nicht einsehbar. Dieser Patio ist ein kleines Paradies. Blumen, in Vasen auf dem Boden stehend und in Töpfen an gekachelten Wänden hängend, betören Aug' und Nase. Welch sommerliche Farbenpracht! Welch tropischer Duft!

Nach der Siesta suche ich Zurbaráns Geburtshaus auf. In diesem kleinen Haus ist 1598 der große Maler geboren. Die herbe Extremadura und die bäurische Umwelt prägten seine Malerei: strenge, düstere, von religiöser Inbrunst gekennzeichnete Bilder. Seine Darstellungen der Schatten und Dunkelheiten einerseits und der grellen Lichter andererseits – der Kontrast hätte nicht extremer sein können – haben Zurbarán weltberühmt gemacht.

Auf einem Platz das gewohnte, mir inzwischen gut bekannte Bild: Jungen kicken Fußball, Mädchen tratschen.

In der Pfarrkirche Unserer lieben Frau von Granada, in der zweifelsohne der junge Francisco gebetet hatte, sticht mir das barocke Retabel ins Auge: ein wahres Schauspiel mit unzähligen Figuren. Von den vier großen Skulpturen stellt die rechte den heiligen Jakobus als Pilger dar. Während der Messe kann ich mich nicht konzentrieren. Eine andere, am Pfeiler des Chores stehende Jakobusfigur lenkt mich ab. Mir sind verschiedene Darstellungsweisen des Heiligen bekannt: Jakobus als Pilger, dargestellt mit Pilgerstab, Schlapphut und Muschel; Jakobus als Apostel, dargestellt mit Buch; Jakobus als Maurentöter, dargestellt hoch zu Ross mit Schwert. In dieser Figur hier hält Jakobus in der rechten Hand nach bekannter Weise den Pilgerstab, aber mit der linken hebt er das Obergewand über seinen

24 Innenhof eines spanischen Hauses, mitunter als Wohnraum benutzt.

Schenkel, so dass eine Wunde sichtbar wird. Und noch etwas in der Jakobus-Ikonographie Unbekanntes kommt hinzu: Zu Füßen der Figur kauert ein Hund. Ich ertappe mich während der Messe mehrmals dabei, diese Darstellung deuten zu wollen, allerdings ohne Erfolg.

Zurück in meiner Unterkunft, bereite ich im Patio ein einfaches Abendessen: Brot und Sardinen, Käse und Oliven, dazu ein Bier.

Zwei Radpilger, beide aus Barcelona, kommen an. Die Katalanen sind von der Etappe völlig erschöpft. Der eine legt sich sofort schlafen, der andere ölt bei beiden Rädern die Ketten und stellt die Bremsen neu ein.

Auf meine plumpe, nicht gerade großen Scharfsinn verratende Frage:

»Wollt ihr nach Santiago de Compostela radeln?« bekomme ich eine nicht minder plumpe Antwort: »Wir wollen nicht, wir radeln nach Santiago.« Etwas wohlwollender fügt er hinzu:

»Im vorigen Jahr sind wir in zehn Tagen von Roncesvalles nach Santiago geradelt. Für die Radtour von Sevilla nach Santiago haben wir vierzehn Tage veranschlagt. Wegen der großen Hitze sind wir jetzt schon im Verzug.«

Unvermittelt fragt er mich: »Warum pilgerst du nach Santiago und obendrein allein?« »Ich will nur bis Astorga gehen. Es sind mehrere Gründe, die mich bewogen haben, auf dem Silberweg zu pilgern. Vor allem möchte ich in Ruhe über mein Leben nachdenken. Nicht zuletzt erhoffe ich mir von den Fußmärschen, dass mein Bauch etwas abnehme.« »Dann darfst du kein Bier trinken«, empfiehlt mir der Katalane und verschwindet, mir Gute Nacht wünschend, in seinem Zimmer.

Ich trinke mein Bier aus und gehe ebenfalls schlafen. Im Badezimmer besehe ich mich mit Argusaugen im Spiegel. Nach der ersten Pilgerwoche hat mein Bauch erheblich am Umfang zugenommen. Ich habe mir einen Wasserbauch angetrunken. Kein Wunder, trinke ich doch Tag für Tag mehr als fünf Liter Wasser. Sollte ich auf dem Silberweg nicht schlanker werden, so hoffe ich, dass zumindest der wichtigere Beweggrund meines Pilgerns in Erfüllung gehe: Dass es mir gelinge, Kurskorrekturen in meinem Leben zu vollziehen.

Von der Schwierigkeit, Briefmarken zu kaufen

8. Tag: Dienstag, 7. August 2007
Von Fuente de Cantos nach Zafra

Nur der Geher erfasst den hohen Baum
im Ohr – die Stille!
Peter Handke

In einer Bar neben der Pfarrkirche frühstücke ich. Bereits jetzt, um sieben Uhr, trinken hier alte Männer ihren Kaffee. Flieht sie der Schlaf?

Auf dem Weg begrüßt mich ein Bilderbuchhimmel. Im Süden beeindrucken Schichtwolken durch violettfarbene Abstufungen. Ein Himmel wie gemalt. Nein, das stimmt nicht. Mochten auch viele Meister großartige Himmelsbilder gemalt haben, dieses violettfarbene Himmelsgewölbe ist unendlich schöner als alle künstlerischen Ergüsse. Nach und nach verblasst die violette Färbung, zugleich erscheint im Osten ein orangenfarbenes Fenster. Das Fenster öffnet sich mehr und mehr, die Orangetöne werden heller und gehen in ein Zitronengelb über. Dann steigt die Sonne überm Horizont auf, ein schmales Segment, das im Zeitlupentempo größer wird; am Ende leuchtet über der weiterhin im Dunkeln verharrenden Landschaft eine riesengroße Sonnenscheibe in einem Blutrot, das an Kitsch grenzt. Auch Sonnenaufgänge wurden von unzähligen Malern aquarelliert oder in Öl gemalt, ohne die vollkommene Schönheit, das dieses natürliche Schauspiel hier bietet, auch nur annähernd erreicht zu haben. Die Ölgemälde eines Turner oder eines Constable kosten Millionen. Ihre Besitzer müssen die Bilder aus lauter Angst, dass sie gestohlen werden könnten, in

Safes verstecken. Der natürliche Sonnenaufgang kostet mich keinen Cent, und ich muss auch nicht befürchten, dass dieses unübertreffliche Gemälde gestohlen werden könnte. Gepriesen sei Gottesgerechtigkeit!

Am Horizont erscheinen zwei einzelnstehende, halbkugelförmige Berge. Sie erinnern mich an zwei Berge am Golf von Korinth, die sogenannten Hörner des Stiers von Griechenland, auf die vermutlich die ionische Volute zurückgeführt werde.

Olivenhaine wechseln ab mit Weinbergen und diese mit abgeernteten Kornfeldern, auf denen in der Ferne Schafe weiden, von einem Hirten behütet und einem Schäferhund bewacht. Die beiden Katalanen radeln an mir vorbei, mir »*buon camino*« zurufend. Auch ich wünsche ihnen einen guten Weg.

Beim Näherkommen ähneln die zwei halbkugeligen Berge den Brüsten einer liegenden Frau. Kein frommer Gedanke für einen Pilger! Ich versuche krampfhaft, mir das Bild der Hörner des Stiers von Griechenland vor Augen zu führen. Vergeblich. Die Vorstellung von nackten Frauenbrüsten ist stärker. Wurden durch solche Visionen Antonius, der Patriarch des Mönchtums, und andere Einsiedler in Versuchung geführt? Hat womöglich der heilige Isidor recht, der behauptet hatte: »Das Menschengeschlecht sei dem Teufel mehr durch die Unkeuschheit verfallen denn durch irgend etwas sonst.« Das im Tal sichtbar werdende Dorf Calzadilla de los Barros bringt mich auf andere Gedanken. Ich brauche Briefmarken. Die Post ist zu dieser frühen Stunde noch geschlossen. Auch die wehrhafte, aus bunten Backsteinen erbaute Kirche San Salvador ist geschlossen. Gern hätte ich die Kirche wegen ihres Mudéjar-Stils[25] besichtigt. Ihr Retabel soll

25 Der Mudéjar-Stil verschmilzt gotische Formelemente mit dekorativen Arabesken und anderen maurischen Bauelementen, wie Stalaktitengewölben und farbigen Schmuckziegeln. Entwickelt wurde der Mudéjar-Stil von Mudejaren, maurischen Künstlern und Handwerkern, die unter christlicher Herrschaft lebten. Der Hufeisenbogen, der gleichfalls den Mudéjar-Stil kennzeichnet, wurde, im Gegensatz zu der landläufigen Meinung, nicht von Mauren, sondern von Westgoten erfunden.

zu den schönsten Kunstwerken dieser Region gehören. Eine Stunde warten, bis Post und Kirche geöffnet werden, ist mir zu schade, komme ich doch in den Morgenstunden am besten voran.

Nach dem Dorf gabelt sich der Feldweg auf. Da keine Markierungen zu sehen sind, wähle ich den breiteren Zweig. Auf Feldern stehen in Reih' und Glied unzählige halbtonnenförmige Unterstände für Schweine. Mag auch das Aluminiumdach die Tiere vor der Sonne schützen, verglichen mit ihren Artgenossen, die auf Steineichenweiden frei herumlaufen, führen diese auf kleinstem Raum zusammengepferchten Schweine ein jämmerliches Dasein.

Nach einem halben Kilometer stoße ich auf eine Straße. Gelbe Pfeile sind nach wie vor nicht zu sehen. Ein Bauer bespritzt vom fahrenden Traktor aus Olivenbäume. Langsam kommt er näher. Ich beabsichtige, ihn, wenn er auf Rufweite anlangt, nach dem Silberweg zu fragen. Bevor es dazu kommt, zeigt er mit weitausholenden Händen in die entgegengesetzte Wegrichtung. Nun weiß ich, dass ich den falschen Weg gewählt habe. Also zurück! Nachdem ich den anderen Zweig eingeschlagen, entdecke ich bald auf einem Stein einen gelben Pfeil. Ich Narr! Da habe ich jahrzehntelang den Studierenden gepredigt, sie sollten bei der Suche nach Problemlösungen lateral vorgehen, also nicht sofort einen Weg in die Tiefe verfolgen, sondern zuvor andere Wege auf mögliche Lösungen hin untersuchen. Und was machte ich? Statt auf kurzen Distanzen bei beiden Wegzweigen nach Markierungen Ausschau zu halten, habe ich die erste Möglichkeit bis zum geht nicht mehr verfolgt. So sieht der Unterschied zwischen Theorie und Praxis aus! Ich gelobe, mich zu bessern.

Bald bietet sich dafür eine Gelegenheit. Der Weg gabelt sich erneut auf, und wieder fehlt jedwede Markierung. Ich wähle den rechten Zweig. Nach fünfzig Metern kehre ich um, schlage den linken Zweig ein und finde hier einen gelben Pfeil. Anscheinend bin ich doch noch lernfähig. Vor lauter Stolz klopfe ich mir auf die Schulter.

Auch in meinem Leben gabelte sich der Weg des Öfteren auf. Und obwohl ich in der Firmung den Geist der Unterscheidung geschenkt bekommen hatte, wählte ich so manches Mal den falschen Weg. Aber stets schenkte mir der Herr die Kraft zur Kurskorrektur. Auf unserem irdischen Pilgerweg wandern wir nicht orientierungslos. Gott hat uns einen Kompass geschenkt: die Kirche.

Eine Furt. Der Bach führt viel Wasser. Steine liegen kaum darin. Also, muss ich durchs kniehohe Wasser waten.

Der tägliche, gut sechsstündige Marsch verläuft mittlerweile nach einem festen Kanon, deren Elemente Rosenkranz, Meditation und Gesang sind. Die Geheimnisse des Rosenkranzgebets wähle ich je nach dem Anliegen, wofür ich zu beten gedenke. Anstöße für Meditationsgedanken liefert der Weg selbst. Beim Singsang gröle ich wahllos durcheinander Schlager und Opernarien, Nationalhymnen und Weihnachtslieder, Chansons und Volkslieder. Ich erfreue mich an Liedern, die ich seit meiner Kindheit nicht mehr gesungen habe. An die Melodien kann ich mich erstaunlicherweise gut erinnern, während die Texte in meinem Gedächtnis nur fetzenhaft haften geblieben sind.

Manche Ohrwürmer trällere ich bis zum Überdruss. Wenn ich das Granadalied mit großem Pathos singe, so mag das seine Richtigkeit haben, wird doch darin die Blume der Melancholie, Andalusien, besungen: Ein Land des Blutes, in dem Männer und Stiere auf Leben und Tod kämpfen; ein Land der Sonne, in dem Frauen in ihren maurischen Augen Zigeunerzauber bewahren. Wie aber komme ich darauf, die Ballade vom Baikal zu schmettern und dabei den eisigen, über den Baikalsee fegenden Bargusinwind heraufzubeschwören? Will ich mir unbewusst Abkühlung von der herrschenden Hitze verschaffen?

Der Feldweg mündet in einer Landstraße. In seiner Verlängerung verläuft hinter der Straße ein schmaler Pfad. Während ich bei der Wahl des Weges noch unschlüssig bin, schickt mir der Himmel einen fliegenden Engel ohne Flügel, einen radelnden Engel. Der *extremeño*[26] rät mir, auf dem Pfad weiterzugehen. Ich bedanke mich bei ihm mit höflichen Worten und bei seinem Chef mit einem Blick zum Himmel.

Der Weg durch Weinberge verläuft schattenlos, so mache ich keine Pause und bin froh, als das Dorf La Puebla de Sancho Perez in Sicht kommt. In einem Tante-Emma-Laden, das von zwei jungen Verkäuferinnen geführt wird, ergänze ich meinen Wasservorrat. Beim Bezahlen frage ich die Kassiererin: »Wo kann ich Briefmarken kaufen? Ich brauche fünf Briefmarken für Karten nach Deutschland.« Die beiden Verkäuferinnen tuscheln miteinander. Dann sagt die Kassiererin: »Warten Sie bitte.«

Kunden kommen, werden bedient, gehen. Ich warte geduldig. Es macht mir nichts aus, denn inzwischen ist mir das von den Spaniern so heiß geliebte Wort »*Hombre, mañana será otro día*!«[27] in Fleisch und Blut übergegangen. Ab und zu werfen mir die Verkäuferinnen verstohlen Blicke zu. Eine Frau kommt in den Laden herein und macht sich sofort an der Kasse zu schaffen. Anscheinend die Ladenbesitzerin. Die junge Kassiererin flüstert ihr etwas ins Ohr, worauf die resolute Dame eine Mappe mit Briefmarken öffnet und darin blättert. Mit ihrem Handy ruft sie jemanden an, dann noch jemanden. Mir zugewandt, sagt sie schließlich: »Ich kann nicht herausfinden, welche Briefmarke für eine Karte nach Deutschland nötig ist. Am besten Sie kaufen Briefmarken mit dem höchsten Wert, die 75-Cent-Marken, dann laufen Sie nicht Gefahr, unterfrankierte Karten zu verschicken.«

Ich kaufe fünf Briefmarken zu 75 Cent und denke im Stillen, wie gut, dass es in der Mappe nicht noch höherwertige Briefmarken gab.

Die letzten Kilometer ziehen sich wie immer ins Endlose. Seit längerem habe ich keinen gelben Pfeil mehr gesehen. Ich sehe im Wegführer nach und stelle fest, dass ich entlang der Ei-

---

26 So werden die Bewohner der Extremadura genannt.
27 Mensch, morgen ist auch noch ein Tag!

senbahnstrecke, die ich vor etlichen hundert Metern gekreuzt habe, hätte weiter gehen müssen. Also, zurück.

Im Geheimen mache ich Gott den Vorwurf, er hätte mich am Ende der 25 Kilometer langen, bei dieser Hitze äußerst anstrengenden Etappe nicht in die Irre gehen lassen. Als Entgegnung höre ich den Herrn mich schelten: ›Wie, sollte ich meinen Engeln die verdiente Siesta nicht gönnen und ihnen Arbeit aufbürden, weil du nicht genug aufmerksam bist? Wozu habe ich dich in der Schule lesen lernen lassen?‹

Ob der Zurechtweisung verlegen, gehe ich entlang der Eisenbahnschienen weiter bis zum Bahnhof von Zafra. Ein Güterzug steht auf einem Abstellgleis unter Dampf. An einem verfallenden Gebäude leuchten gelb zwei große Pfeile. Als ich die angezeigte Richtung einschlage, höre ich von hinten den Lokomotivführer des Güterzuges rufen: »Pilger, das Gelände ist von einer hohen Mauer begrenzt. Da kommst du nicht durch. Du musst zurück- und um den Bahnhof herumgehen!«

Ich bedanke mich bei dem in eine Eisenbahneruniform verkleideten Engel durch lauten Zuruf und füge im Stillen hinzu: ›Danke, dass du um meinetwillen auf die Siesta verzichtet hast.‹

Die nicht gerade durch Schönheit auffallende Bahnhofstraße ist sehr lang. Am Straßenende steht das Hostal Rogelio. Heute verzichte ich bewusst auf die Pilgerherberge, weil man dem Wegführer zufolge für den Herbergsschlüssel im Rathaus einen Personalausweis hinterlegen müsse und dieser am nächsten Morgen erst nach acht Uhr abgeholt werden könne. Das wäre für mich viel zu spät.

In der Bar des Hostals Rogelio trage ich einem Kellner meinen Zimmerwunsch vor. Ich solle warten, entgegnete der Kellner, er werde gleich den Schlüssel bringen. Nach einer Weile kommt er zurück und sagt, dass es leider kein freies Zimmer mehr gebe. Ich denke an das Hostal El Rinconcillo in Monesterio. Mir kommt es vor, als ob die Hostals nicht darauf begierig seien, Pilger zu beherbergen. Vergraulen wir mit unseren schmutzigen Schuhen und muffigen Sachen andere Gäste? Immerhin schenkt mir der Kellner einen Stadtplan und empfiehlt wärmstens die hiesige Pilgerherberge.

Im Supermarkt kaufe ich Brot, Käse und Obst. Als ich den Supermarkt betrat, sah ich an der Eingangstür eine bettelnde Mutter mit einem Säugling auf dem Arm. Beim Verlassen des Supermarktes wollte ich der Bettlerin etwas Geld geben, aber sie ist nicht mehr da. Ich schelte mit mir. Gelegenheiten, Gutes zu tun, sollten nicht auf die lange Bank geschoben werden.

Im Gegensatz zu der hässlichen Bahnhofstraße rechtfertigt die Altstadt von Zafra durchaus ihren Beinamen: *Sevilla la Chica*[28]. Ich gehe querfeldein durch den Park des Friedens, dann am zinnenreichen *Alcázar de los Duques de Feria*[29] vorbei. Der 29 Meter hohe, im Durchmesser 12 Meter messende Bergfried beeindruckt nicht minder als die acht 24 Meter hohen Festungstürme. Der Name Zafra geht auf die Mauren zurück. Gegründet aber wurde die Stadt sogar noch vor den Römern durch Iberer.

An der geschlossenen Pilgerherberge vorbeigehend, erreiche ich das nahe gelegene Rathaus. Für die Besichtigung des geräumigen Innenhofs, eines alten, sich über zwei Ebene erstreckenden Kreuzgangs des früheren Franziskanerinnen-Klosters, nehme ich mir kaum Zeit. »Wo bekomme ich den Schlüssel für die Pilgerherberge?«, frage ich den Pförtner.

»Die Pilgerherberge ist geöffnet.«

»Aber ich komme soeben von der Pilgerherberge. Sie war geschlossen.«

»Wahrscheinlich hält die *hostalera*[30] Siesta. Sie müssen an die Tür laut klopfen!«

Zurückgekehrt, stelle ich fest, dass die Pilgerherberge, ein Eckhaus, zwei Eingänge hat. Die Tür zur Calle Ancha ist nach wie vor geschlossen, nicht die andere zur Avenida Fuente del Maestre.

---

28 Klein-Sevilla

29 Burg der Herzöge von Feria, erbaut 1437

30 *hostalero, hostalera* auch *hospitalero, hospitalera* (spanisch: Herbergsvater, Herbergsmutter)

Alcázar de los Duques de Feria in Zafra

Eine junge *hostalera* eilt mir entgegen, begrüßt mich mit Handschlag und sagt: »Ich heiße Magdalena. Ich zeige dir dein Zimmer. Dusche zuerst und ruhe dich etwas aus! Dann komm in den Patio, dich registrieren zu lassen!«

Das nenne ich Pilgerfreundlichkeit. Im Zimmer stehen acht frisch bezogene Betten, jeweils zwei übereinander. Die Dusche ist sogar im Zimmer.

Im Patio steht den Pilgern eine Cafeteria zur Verfügung. Magdalena fragt mich, ob sie mir einen Kaffee brühen solle. Ich erwünsche mir und bekomme auch einen Milchkaffee genau nach meinem Geschmack: mit wenig Kaffee und viel Milch. Ich zeige mich darüber erstaunt, meinen Personalausweis nicht hinterlassen zu müssen. Seit sie hier als *hostalera* arbeite, brauche man es nicht. Nun ja, sage ich, meine Informanten, die zwei Wegführer, seien schon etliche Jahre alt.

Wie wohl ich mich in dieser Pilgerherberge fühle! Wie froh bin ich darüber, dass im Hostal Rogelio kein Zimmer frei war!

Im Patio lerne ich andere Pilger kennen, darunter eine Familie mit zwei etwa zwanzigjährigen Töchtern. Sie sind im Baskenland zu Hause, in Vitoria. Ich frage, ob sie nach Santiago pilgerten.

»Nein, nein«, antwortet lächelnd die Mutter. »Wir gehen nur bis Cáceres. Mein Mann muss wieder arbeiten, und für unsere Töchter beginnt das Semester«

Ein älterer Pilger mit bandagierten Knien stellt sich mir vor, er heiße Jesús. Wie eigentümlich mich der Klang dieses Namens berührt! Es ist ja, abgesehen vom spanischen Sprachraum, nicht üblich, Kinder auf den Namen des Gottessohnes zu taufen. Von Jesús erfahre ich, dass er bereits länger als ein Jahr unterwegs sei. Am 16. Juni 2006 sei er in Málaga gestartet, bis Santiago de Compostela gepilgert und auf dem Rückweg bis Zamora. Dort habe er ein halbes Jahr lang als Hostalero gearbeitet. Zwischendurch sei er nach León gepilgert. Jetzt befinde er sich auf dem Heimweg nach Málaga.

Obwohl wir alle in einem einzigen Raum Schlafplätze gefunden hätten, haben wir jeweils ein eigenes Zimmer. Das ist mehr als pilgerfreundlich. In einer deutschen Jugendherberge hätte man uns alle in einen Raum untergebracht, um beim Saubermachen von Bad und Zimmer Arbeit zu sparen.

Von Magdalena erfahre ich, dass in der *Colegiata de Nuestra Señora de la Candelaria*[31] um halb neun eine Messe gefeiert werde. So mache ich mich schnell auf den Weg dorthin. Den rechten Seitenaltar verschönern neun Ölgemälde von Zurbarán. Auf einem ist der heilige Andreas, vom dunklen Hintergrund sich kaum abhebend, dargestellt. Welche Ernsthaftigkeit im Gesicht! Welcher Gegensatz zu den von mir geliebten, heiteren Murillo-Bildern. Um mich nicht vom Gottesdienst ablenken zu lassen, nehme ich mir vor, die Zurbarán-Bilder nach der Messe genauer anzuschauen. Leider wird sofort nach dem Ende des Gottesdienstes das Licht ausgeschaltet, und so muss die Zurbaraniana

31 Stiftskirche Maria Lichtmess

auf den Beifall eines *aficionados*, der sie über den Schellenkönig gelobt hätte, zwangsläufig verzichten.

Am Ausgang der Kirche bettelt ein alter Mann. Mein Portemonnaie habe ich in der Pilgerherberge im Rucksack liegen lassen. Anscheinend ist heute ein Tag der verpassten Gelegenheiten, Gutes zu tun.

Einführung in die Tapaslogie

9. Tag: Mittwoch, 8. August 2007
Von Zafra nach Villafranca de los Barros

O mein unsterblicher Appetit auf das Gehen,
auf das Zum-Ort-Hinaus-Gehen,
auf das Ewig-So-Weitergehen!
Peter Handke

Als ich nach sechs Uhr in die Cafeteria komme, ist die baskische Familie mit dem Frühstücken fertig. In der Küche ist alles, was hungrige Pilger begehren, vorhanden: Toast und Weißbrot, Butter und Käse, Honig und diverse Marmeladen. Ich möchte einen heißen Kakao trinken, weiß aber nicht, welche Tasse mikrowellengeeignet ist. Der Baske, anscheinend ein perfekter Hausmann, hilft mir.

Hinter Zafra beginnt ein mehr als drei Kilometer langer Anstieg. Die Sonne geht auf. Das Naturschauspiel heute unterscheidet sich vom gestrigen wie Flut von Ebbe. Der steil ansteigende Feldweg führt geradeaus auf die weiß leuchtende Sonne. Langsam löst sich der Sonnenball vom Hügel ab und steigt höher. Mir kommt es vor, als ginge ich in eine immense Helligkeit hinein. Wie ein Taucher, der vom Wasser restlos umschlossen wird, wie ein Kind, das, Zeit wie Raum vergessend, im Spiel versinkt, wie ein Sünder, der, seine Missetaten bereuend, ohne wenn und aber vom alles vergebenden Gott im Himmel aufgenommen wird, so tauche ich in dieses alles überflutende Licht ein. Vor lauter Licht sehe ich nichts mehr. Was einst Papst Gregor der Große gepredigt, kann ich hier und heute nachvollziehen und verstehen: »Niemand kann in die strahlend aufgehende Sonne blicken.

Deshalb schauen wir zu den Bergen, welche die Sonne anstrahlt. Und niemand kann die aufgehende Sonne der Gerechtigkeit in sich selbst sehen. Deshalb schauen wir auf die Apostel, in deren Tugenden Gottes Glanz erstrahlt.« Eine gelungene, von dem großen Kirchenvater stammende Korrespondenz.

Das Gebirge heißt Sierra de los Santos. Welche Heiligen damit gemeint sind, weiß ich nicht. Oben angekommen, bietet sich meinen Augen ein reizendes Bild. Mehrere nicht übermäßig hohe Hügelketten erstrecken sich hintereinander bis zum Horizont. Alle verlaufen von Ost nach West, und das bedeutet für meinen die Hügelketten kreuzenden Weg: hoch und nieder, immer wieder. Unter mir, im Tal, erstreckt sich ein weißes Dorf, Los Santos de Moimona. Die weiß getünchten Häuser leuchten in der Sonne. Dörfer, die ich bislang erwandert hatte, lagen in der Ebene oder auf der Höhe. Wie anders das Bild von diesem zwischen den Hügeln tief unten eingebetteten, weißen Dorf. Es trägt nicht nur Heilige in seinem Namen, es vermittelt auch den Eindruck von Heil und Frieden.

Beim Abstieg, der steiler verläuft als der Anstieg, begleiten mich links und rechts tief beastete Kiefern. Ihre breiten, schirmförmigen Kronen werfen weite Schatten.

In Los Santos de Moimona zieht eine mächtige Kirche meine Blicke auf sich: *Nuestra Señora de los Angeles*[32]. Eines ihrer Tore hatte über viele Jahrhunderte große Bedeutung: *la Puerta del Perdón*, die Tür der Vergebung. Pilger, die krankheitsbedingt nicht mehr weiter gehen konnten, empfingen hier alle Ablässe von Compostela. Noch kann ich, Gott sei Dank, weiter pilgern und muss nicht die Tür der Vergebung durchschreiten.

Am Ausgang des Dorfes zwingt mich Schweinegestank und ein Überfall von Fliegenschwärmen meine Schritte zu verdoppeln. In den Weinbergen angekommen, ruhe ich mich, langsamer gehend, aus. Die Reben tragen dicht an dicht blaue Trauben. Ein paar pflücke ich. Sie schmecken mäßig süß.

32 Unsere liebe Frau von den Engeln

In einem Olivenhain arbeiten zwei Männer. Einer schneidet mit einer langen Schere Zweige ab, der andere hackt mit einer Axt Triebe und Wurzeln ab. Die Olivenbäume, vorwiegend die alten, knorrigen, haben kegelförmige Stämme mit umfangreicher Basis. Bei einigen erreicht der Durchmesser zwei Meter. Meist tragen sie wenige Oliven.

Linker Hand erscheint ein einzelnstehender, kegelförmiger Berg, breit gelagert wie die Olivenbäume. Auffallend seine scharf voneinander getrennten Farben: eine Art Trikolore, freilich mit anderen Farben als die französische Fahne. Rotbraun die umgepflügte Erde am Fuß des Berges. Darauf folgt eine fahlgrüne Färbung, verursacht durch Disteln und vertrocknete Gräser. Oben, am Gipfel, ein weiß leuchtender Bau, vermutlich ein Wasserreservoir. Was es auch immer sein mag, ein weithin sichtbarer Wegweiser ist es allemal.

Ein Auto, alt wie Methusalem, biegt, vom Feld kommend, in den Weg ein und hält an. Ein Bauer steigt aus und legt dort, wo er mit dem Auto auf den Weg gefahren ist, fünf oder sechs kleine Steine hin. Wir grenzen unseren Besitz durch Mauern und Zäune, durch Hecken und Ketten ab. Der Grenzwall hier besteht aus ein paar lächerlichen Steinen. Offenbar heißt die Devise: Mag die Begrenzung auch noch so mickerig sein, eine Grenze muss auf jeden Fall her!

Das Gehen ist mir zur Lebensgewohnheit geworden, wie Essen und Schlafen. Mein Körper hat sich erstaunlich schnell an die Strapazen der langen Märsche gewöhnt. Nach vier Pilgertagen bereits empfand ich die Fußschmerzen und die Schwere des Rucksacks als etwas Normales, Durst und Hitze als etwas Pilgergemäßes. Was für meinen Körper gilt, trifft nicht für meinen Geist zu. Es dauerte erheblich länger, bis sich Angst vor Irrwegen in Wegvertrauen, Bedrohung durch Unbekanntes in Lust, Neues zu erleben, gewandelt hatte. Aber jetzt, nach acht Tagen, überwiegt das Gefühl der Freude. Der Zweifel, ob ich den Weg schaffe, hat einer starken Zuversicht Platz gemacht. Ich sorge mich nicht mehr darum, wo ich übernachten werde, vielmehr bin ich darauf neugierig, wo ich nachts mein graues Haupt betten werde. Ich sorge mich nicht darum, ob es in den Dörfern Lebensmittelgeschäfte gibt. Zwieback als eiserne Reserve trage ich im Rucksack, Wasser kann ich notfalls auf den Bauernhöfen erbitten. Und wenn ich mich auf die Begegnung mit Hunden nicht gerade freue, so fürchte ich dies nicht, beschützen mich doch Engel vor jeglicher Gefahr. Auch flattern meine Gedanken nicht mehr hin und her zwischen Daheim und Pilgerweg. Ich bin ruhig, ausgeglichen, kann stundenlang über ein und den gleichen Gedanken nachsinnen. Der theologische Philosoph Josef Pieper schreibt in seinem die Tugenden behandelnden Buch »Das Viergespann«: »Die schweifende Unruhe des Geistes tue sich kund im Wortreichtum des Geredes.« Die Umkehrung dieser Sentenz ist durchaus denkbar: Das viele Reden gebiert einen unruhigen Geist. Da ich den ganzen Tag kaum spreche, bekommt mein Geist die Chance, sich zu sammeln.

Dazu, dass ich auch im Geiste auf dem Pilgerweg angekommen bin, hat viel der gleichmäßige Tagesrhythmus beigetragen: morgens und vormittags der sechsstündige Marsch mit dem Elementenkanon Gebet, Meditation, Gesang; nachmittags die Suche nach einer Unterkunft, Duschen und Wäschewaschen, lange Siesta und Tagebuchschreiben; abends schließlich die Eucharistiefeier.

Ich frage mich, warum mein Geist doppelt so viele Tage gebraucht habe wie mein Leib, um auf dem Pilgerweg anzukommen. Haftet ihm mehr Trägheit an? Oder hängt es damit zusammen, dass der Geist auf dem Körper aufbaut, dass also zuerst die Basis sich auf das Neue einstellen müsse, bevor der Überbau, der Geist, folgen könne?

Auf der Hochebene angekommen, verläuft der Feldweg flach und geradlinig. Kein auf und ab, wie morgens beim Blick über die Hügelketten befürchtet. Beidseitig ist der Weg durch Stacheldrahtzäune begrenzt. Kein Baum, kein Schatten weit und breit. Jeden Tag gehe ich von Süden nach Norden. Jeden Tag scheint mir die Sonne auf den Rücken. So bleibt mein Gesicht einigermaßen blass, und auch die Beine bleiben vorne ziemlich weißhäutig. Am Nacken dagegen und an den Waden verbrennt die Haut. Wenn ich zu Hause angekommen sein werde, werde ich als eine seltene Spezies Mensch, als ein menschlicher Pinguin, gelten: in der Vorderansicht Europäer, von hinten gesehen, Afrikaner. Indes kein Mischling, vielmehr ein zusammengefügtes Exemplar der weißen und schwarzen Rasse.

Die Hitze macht mir, da die Sonne auf dem höchsten Stand angelangt, arg zu schaffen. Höchste Zeit, eine Pause einzulegen. Aber wo? Am Rande des Feldweges wächst vor dem Stacheldrahtzaun ein niedriger Strauch, der einen schmalen Schatten wirft. Ich rolle meine Luftmatratze dicht an den Strauch aus. Kopf und, je nachdem wie ich liege, die rechte oder linke Körperhälfte werden von einem durchlöcherten Schatten beglückt.

Mit geschlossenen Augen liegend, kommt mir eine Frage in den Sinn, die mir meine Tochter zu Weihnachten gestellt hatte:

»Papa, hast du noch Träume?«

»Träume habe ich keine mehr«, hatte ich damals geantwortet, »wohl aber Wünsche. Ich möchte gern eine Schiffsreise von Moskau nach Wolgograd erleben, auch Irland bereisen. Als Kind träumte ich davon, nach Lappland, Nepal und Griechenland zu reisen. Das waren echte Träume. Diese Auslandsreisen waren damals für die hinter dem Eisernen Vorhang lebenden Menschen verboten und, abgesehen davon, wären sie für mich als Kind armer Eltern unerschwinglich gewesen. Wann ich hingegen die Schifffahrt auf der Wolga oder die Irlandreise unternehme, ist lediglich eine Frage der Zeit.«

In den Augen meiner Tochter konnte ich damals so etwas wie Bedauern sehen darüber, dass ich keine Träume mehr habe.

Die Frage nach Träumen stelle ich mir jetzt selber. Ist es wirklich so, dass ich keine mehr habe? Vor etlichen Jahren träumte ich davon, ein Buch, einen Roman mit teils autobiographischen Zügen, zu schreiben. Nun wird mir bewusst, dass mein Herz noch immer an diesem Vorhaben hängt. Ich habe also doch noch einen Wunschtraum. Ob ich das Buch letztendlich schreiben und gegebenenfalls einen Verleger finden werde, ist zweitrangig. Wichtig allein ist, dass ich noch einen Herzenswunsch hege. Träume fordern uns heraus, motivieren uns, etwas Neues zu tun. Ohne Träume sind wir saturiert. Ohne Träume kommt es in unserem Leben zum Stillstand.

Stillstand ist für mich jetzt das Stichwort. Ich habe genug geruht, gehe weiter. Nach einer Stunde erreiche ich einen Olivenhain. Hier hätte ich für meine Rast ausreichend Schatten gefunden. Das konnte ich jedoch nicht wissen.

Am Wegrand steht ein Schuppen mit offener Tür. Die Tünche blättert ab. Auf weißer Wand steht in ellenhohen, blauen Lettern: Pilger, hier soll eine Ölraffinerie gebaut werden. Nach ein paar Hundert Metern wieder ein zerfallendes Häuschen mit exakt der gleichen Aufschrift. Keine Anklage, kein Aufruf zum Protest. Als ob der Pilger lediglich darauf aufmerksam gemacht werden sollte, durch welch paradiesische Landschaft er noch wandern dürfe. Schließlich ein drittes Häuschen, diesmal mit einer erweiterter Aufschrift: Pilger, hier, zwischen Olivenhainen und Weinbergen, soll eine Ölraffinerie gebaut werden. NEIN!

Dem Gefühl nach müsste ich bald in Villafranca de los Barros sein, doch von der Stadt ist weitum nichts zu sehen. Ich kreuze eine Eisenbahnlinie, passiere die neue Autobahn durch eine gigantische Unterführung und gelange zu einer Straßenkreuzung. Ein Auto hält an. Ich frage nach dem Silberweg. Ein Redeschwall von vier gleichzeitig kreischenden Jugendlichen trifft mich wie ein Maschinengewehr. Ich wiederhole meine Frage dergestalt, dass die Antwort nur ja oder nein heißen kann.

»Ja«, höre ich als Erwiderung, »aber ...«

Wieder ein Redeschwall, wobei mehrere Wegalternativen schreiend aufgezählt werden, die ich nicht verstehe und die mich auch nicht weiter mehr interessieren, da ich ja eine Möglichkeit, die Stadt erreichen zu können, eindeutig verstanden habe.

Villafranca de los Barros ist ein sauberes Städtchen mit fünf Kirchen und vielen alten Häusern. Absonderlich, ja geradezu grotesk wirkt der bis auf den letzten Wassertropfen ausgetrocknete Fluss, über den lange Brücken führen. Pilgerherbergen gibt es nicht. In Erinnerung an die guten Erfahrungen, die ich in Fuente de Cantos gemacht, suche ich die hiesige Polizeistation auf, die im Rathaus untergebracht ist. Ein Polizist stempelt meinen Pilgerpass ab und empfiehlt mir als Unterkunft das Hostal Casa Perín.

Die Pension, gegenüber der Kirche *Nuestra Señora de la Coronada*[33] gelegen, ist still und äußerst sauber. Sie entspricht meiner Vorstellung von einem englischen Landhaus. Die rustikalen Möbel würden besser zur Grafschaft Kent als zu der Extremadura passen. Befremdlich wirkt das Bad. Es ist zum kleinen Patio hin nicht durch Wände sondern bloß durch Markisen und Vorhänge abgetrennt.

Nach der Siesta schreibe ich, auf einer Steinbank auf der Plaza de la Coronada sitzend und den Schatten von mir unbekannten Bäumen genießend, die Wegeindrücke von heute im Tagebuch auf. Eine Hand berührt mich leicht an der Schulter. Ich drehe mich um. Die baskische Familie, jedoch nur mit einer Tochter, steht da und freut sich, mich wiederzusehen. »Wann bist du angekommen, und wo übernachtest du?«, will der Vater wissen.

»Gegen zwei Uhr. Das Hostal könnt ihr von hier aus sehen. Wo ist eure zweite Tochter?«

»Sie ist heute Morgen mit dem Zug nach Vitoria gefahren. Sie muss sich auf eine Klausur vorbereiten.«

»Was studiert sie?«

»Agraringenieur-Wesen. Bis wohin willst du morgen gehen?«

»Bis Almendralejo. Und ihr?«

»Etwas weiter, bis Torremegía. Dort gibt es eine Pilgerherberge.«

---

33 Unsere gekrönte Frau

Sie wünschen mir für morgen einen guten Weg und schlendern weiter. Noch immer vermeine ich auf meiner Schulter die Handberührung zu spüren. Eine flüchtige Berührung auf dem Pilgerweg wirkt nachhaltiger als noch so viele Umarmungen daheim im Alltag. Ein Wort der Ermunterung, von einem Mitpilger gesprochen, ein Blick der Zuwendung: Sie vollbringen wahre Wunder. Alles Menschliche, und mag es noch so klein sein, wird auf dem Jakobsweg aufmerksamer erlebt, ja wahrlich verkostet.

In einem Buchladen bekomme ich zwar das gewünschte deutsch-spanische Wörterbuch nicht, dafür aber einen guten Ratschlag. Die Buchhändlerin ermahnt mich, stets eine Kopfbedeckung zu tragen und viel, viel zu trinken. Noch mehr? Dann platzt mein Bauch! Ich kaufe vier Ansichtskarten. Briefmarken gibt es nur auf der Post, und diese ist nur vormittags geöffnet, zu einer Zeit, da ich durch Dörfer wandere, in denen es wiederum keine Post gibt.

Eucharistiefeier in der Pfarrkirche *Santa Maria del Valle*[34]. Meines kümmerlichen Spanischen wegen verstehe ich den schnell sprechenden Priester nicht. Dank meines Gebetbuchs jedoch kann ich dem Gottesdienst folgen. Daheim ertappe ich mich öfters dabei, dass ich während des Gottesdienstes im Geiste abschalte, vornehmlich dann, wenn der Priester das Hochgebet spricht. Wohl kann ich mich längere Zeit beim Lesen, nicht aber beim Zuhören konzentrieren. Ich bin nun mal mehr Augen- denn Ohrenmensch. Die Konzilsväter des Zweiten Vatikanums hatten, die Landessprache in der Liturgie einführend, uns überaus kostbar beschenkt. Dennoch zeitigte dieses Geschenk eine wenn auch kleine so doch unerwünschte Nebenwirkung. Während früher der Priester teils leise, teils laut aber lateinisch betete, lasen die Gläubigen die Texte in ihren Gebetbüchern. Augenmenschen konnten sich so besser und länger sammeln. Wie dem auch immer, ob hörend, ob lesend, im Tiefsten kön-

34 Heilige Maria vom Tal

nen wie die Opferfeier doch nicht begreifen: Sie ist und bleibt ein unergründliches Geheimnis, ein Geheimnis Gottes.

Als ich am Nachmittag über den Herz-Marien-Platz, dem Hauptplatz des Städtchens, ging, war weder Hund noch Katze, geschweige denn eine menschliche Gestalt zu sehen. Jetzt pulsiert hier das pralle Leben wie auf dem Marienplatz in München zur Hauptgeschäftszeit. Die Hälfte des Platzes ist mit voll besetzten Tischen belegt. An einem Tisch wird soeben gezahlt. Im Sturmschritt sichere ich mir den frei werdenden Platz.

Der Oberkellner, charmant und geschäftstüchtig zugleich, springt, Speisen und Getränke jonglierend, um die Tische herum. Hunger verspüre ich nicht, wohl starken Durst. Da ich nicht weiß, ob und, wenn ja, was ich essen soll, bestelle ich lediglich ein Bier.

Eine Kellnerin, Haare schwarz und glänzend wie Anthrazit, geht, ein Tablett voller Tapas[35] tragend, von Tisch zu Tisch. Ich nehme mir ein Hackfleischbällchen und ein mit *chorizo*[36] belegtes Schnittchen. Bevor der Oberkellner mir Bier bringt, kommt die Schwarzhaarige erneut mit Tapas vorbei. Diesmal sind es gegrillte Peperoni und kleine Kartoffeln, die auf Porzellantellerchen serviert werden. Der scharfe Peperonigeschmack wird durch die Kartöffelchen gemildert.

Der Oberkellner serviert mir das bestellte kleine Bier und stellt neben das Glas ein braunes Tonschälchen, gefüllt mit grünen und schwarzen Oliven. In einem Zug leere ich das Glas bis zur Hälfte. Das Porzellantellerchen mit den Peperoni lege ich auf das Glas, um mein Bier vor Mücken zu schützen. Nun sind es im wahrsten Sinne des Wortes Tapas. Der Name für die kleinen Vorspeisen ist ja auf diese Art und Weise entstanden. *Tapa* heißt auf Spanisch Deckel und Abdeckung.

---

35 Tapas sind kleine, zu Getränken gereichte Häppchen, die aus Fleisch, Gemüse oder Meeresfrüchten bestehen.

36 *Chorizo* ist eine kastilische Wurst, deren typisch rote Färbung von Paprika herrührt..

Am Nachbartisch speist, sich dabei laut unterhaltend, eine Familie: Opa und Oma, die einen kleinen Jungen auf dem Schoß hält, sowie Vater und Mutter, die einen kaum zwei Wochen alten Säugling im Kinderwagen schaukelt. Vorübergehende Bekannte bleiben stehen, bewundern wort- und gestenreich das Baby und beglückwünschen die wie ein Honigkuchenpferd sich freuende Mutter.

An einem anderen Tisch geht es nicht so einträchtig zu. Ein Mann schimpft lautstark mit seiner jungen Frau und einem weinenden Kind. Je lauter der Vater schreit, desto schriller heult das Kind.

Ich begleiche meine Rechnung: Neunzig Cent kostet das Bier, die Tapas sind gratis. Während ich beim Oberkellner zahle, kommt nochmals die schwarzhaarige Kellnerin vorbei. Abermals kann ich nicht widerstehen und weide mich an fritierten Sardellen und *chipirones*, wie die kleinen Tintenfische genannt werden. Von ihrer Funktion her sollen Tapas den Appetit anregen, mich haben sie so bärenstark gesättigt, dass ich weder Piep noch Papp sagen könnte.

Ein Abendessen für neunzig Cent! Obendrein in dem vornehmsten Restaurant am Platz! Und das in einer Zeit, in der ein Toilettenbesuch im Rasthaus mehr kostet! An der Costa Brava oder Costa Blanca hätte ich in einem Touristenlokal, in dem Tapas nicht kostenlos serviert werden, mindestens das Zehnfache bezahlt.

Für neunzig Cent bin ich nicht nur satt geworden. Dank des Variationsreichtums der Häppchen habe ich überdies ein Praktikum erfolgreich absolviert in einer Wissenschaft, die mir bislang unbekannt war: der Tapaslogie.

Kaltes oder warmes Bier – nicht nur eine Frage des Geschmacks

10. Tag: Donnerstag, 9. August 2007
Von Villafranca de los Barros nach Almendralejo

Geboren um einen Weg zu gehen
Begnadet der eigenen Seele zu begegnen
Erlöst um anzukommen in Ewigkeit
Jeden Tag einen Schritt weiter
Jeden Tag näher am Ziel
Margret Buerschaper

Entlang des geräumigen Jesuitenkollegs gehend, verlasse ich Villafranca de los Barros. Mein drittes Auge leistet mir in der Dunkelheit gute Dienste. Es kann mir indes nicht weiter helfen, wenn bei Weggabelungen die gelben Pfeile fehlen. Dann sind flügellose Engel, Nachtschicht schiebend, zur Stelle: Ein Engel, der auf einem Traktor die Schotterstraße kreuzt, ein anderer, Motorrad fahrender, der vor mir anhält, ohne dass ich ihn dazu aufgefordert hätte.

Voller Neugier erwarte ich mein Morgengeschenk, doch die Sonne lässt sich viel Zeit. Nach einer Stunde werden über dem Horizont violette Streifen sichtbar. Sie verblassen, ohne dass sich die Sonne gezeigt hätte. Es vergeht eine gute viertel Stunde, doch dann schnellt die gelbrote Scheibe auf und erhellt wie durch einen Brand die Dunkelheit. Gestern lief ich in die Helligkeit hinein. Heute geht die Sonne rechts von mir auf, und so kann ich verfolgen, wie sich das Feuer über das Himmelsgewölbe ausbreitet.

Jeden Morgen beglückt mich der Sonnenaufgang. Jeden Morgen bin ich für dieses einmalig scheinende und doch sich wiederholende Mirakel dankbar. Jeden Tag, ja jede Stunde komme ich meinem Ziel näher. Schritt für Schritt nähere ich mich Astorga. Dieses Ziel ist lediglich ein vorläufiges, ist nur eine Korrespondenz für das eigentliche Lebensziel. Den Pilgerweg gehend, wird mir bewusst, dass ich mich auch Tag für Tag, Stunde für Stunde dem letzten, wahren Lebensziel nähere: meinem Tod und meiner Auferstehung. Daheim lebe ich einfach in den Tag hinein. Täglich rasiere ich mich, täglich lese ich die Zeitung. Das Ziel, auf das hin ich leben sollte, gerät in Vergessenheit, wird verdrängt. Auf dem Pilgerweg hingegen begegne ich meiner Seele, wie es Margret Buerschaper so wunderbar in Worte gefasst hat. Auf dem Pilgerweg wird mir bewusst, dass Gott mir das Leben geschenkt hat, damit ich meinen Weg gehe, meinen Weg zu ihm.

Tierra de Barros[37] ist ein flaches, fruchtbares Land. Früher wurde Getreide angebaut. Heute gleicht die *Tierra de Barros* einem Ozean von Weinstöcken und Ölbäumen. Winzer, Kanister auf dem Rücken tragend, besprühen die Weinstöcke. Auch die Ölbäume werden, allerdings von Traktoren aus, besprüht. Schichten von Sprühwolken bleiben in der Luft hängen.

Der rotbraune Feldweg, einst die alte Römerstraße, verläuft kilometerlang geradlinig und eben. Weit im Osten, später auch im Norden, türmen sich Gebirge hoch. Unzählige Male singe ich mein Lieblingslied: »Hal-le-lu, Hal-le-lu, Hal-le-lu, Hal-le-lu-ja, preiset den Herrn!« Ich schmettere meine persönliche Nationalhymne in allen möglichen Sprachen: *Halleluja, praise ye the Lord! Gloire au Seigneur! Chwalcie pana! Gloria deo! Salud al Señor!*

Ich denke an eine Begebenheit, die in meinem Gedächtnis wohl für immer mit diesem Lied verbunden bleiben werde. Es geschah auf der Fußwallfahrt von Warschau nach Tschenstochau. Wir, eine Gruppe deutscher Studentenseelsorger, Hoch-

37 spanisch: Land der Lehmerde

schullehrer und Studierender, pilgerten zusammen mit Tausenden Polen und kleineren Gruppen von Franzosen und Italienern, von Spaniern und Amerikanern. An einem Abend wurde gesungen. Auch wir wurden aufgefordert, einen Beitrag zu leisten. Wir wählten das Halleluja-Lied, weil es uns, seiner vielen Sprachen wegen, für die sich hier abspielende Völkerbegegnung bestens geeignet schien. Als wir jedoch das Halleluja auf Russisch anstimmten, wurden wir vom tausendstimmigen Chor der Polen niedergeschrieen. Mögen die Polen auch noch so fromm und gläubig sein, über den Schatten ihrer leidvollen Geschichte können auch sie nicht springen.

Wiederum suche ich heute auf dem Weg vergeblich nach Schatten. Als ich jedoch über eine Brücke gehe, erspähe ich flussaufwärts Schilfhalme. Ich verlasse den Feldweg und lasse mich im Schatten der hohen Schilfrohre nieder. Ich bin recht schnell drei Stunden lang marschiert. Jetzt spüre ich, wie erschöpft ich bin. Ein Dopingmittel muss her! Ich fülle meinen Becher mit Wasser, löse darin eine Vitamintablette auf. Schluck für Schluck genieße ich die erlaubte Droge. Auf dem Rücken liegend, erfreue ich mich an dem guten Schatten. Mich schmerzen die Fersen, und so drehe ich mich auf den Bauch um.

Die Basken gehen über die Brücke, winken mir zu. Als ich mich auf den Weg mache, haben sie einen Vorsprung von einem Kilometer. Ich kann sie gut sehen, weil der Weg immer noch schnurgerade und ohne Erhebungen verläuft. Von den Basken und anderen Pilgern, denen ich auf dem Silberweg begegnet bin, habe ich gehört, dass sie ausnahmslos, wie auch ich, zuvor den Jakobsweg von Roncesvalles nach Santiago de Compostela gepilgert seien. Es ist so, als ob man mit dem *camino*[38] den Gesellenbrief zuerkannt bekäme und nach dem Silberweg als Pilgermeister freigesprochen würde.

---

38 Weg heißt auf spanisch *camino*. Der Pilgerweg im Norden Spaniens wird schlechthin *camino* genannt.

Die Granitkuben entlang des Weges durch die Extremadura sind an der Stirnseite mal mit gelben, mal mit blauen Rechtecken markiert. Eine Informationstafel klärt mich über dieses Farbspiel auf. Gelb steht für den Silberweg, blau für die alte Römerstraße. Ein in gelb und blau zweigeteiltes Rechteck bedeutet, hier stimmen Pilgerweg und Römerstraße überein.

Der Abstand zu den Basken nimmt zu, aber ich kann sie noch immer gut erkennen. Unvermutet bleiben sie stehen und stellen sich in einer Reihe quer zum Weg auf. Alle drei, Mutter, Vater und Tochter, zeigen mit ihren Pilgerstäben nach Westen. Ich winke mit beiden Händen, um anzuzeigen, es gesehen und verstanden zu haben. Als ich an der markanten Stelle ankomme, bin ich den Basken überaus dankbar, denn ich hätte, dem Feldweg und den gelben Pfeilen folgend, die unauffällige Abzweigung nach Almendralejo verpasst, zumal ich mich noch nicht so nahe dem Tagesziel wähnte.

Almendralejo liegt vier Kilometer abseits des Pilgerweges. Erklärbar ist dies durch die späte Gründung der Stadt. Genaugenommen, wurde Almendralejo durch Karl I. im Jahre 1536 gegründet. Meinem anderen Wegführer zufolge heißt der Gründer Karl V. Das ist kein Druckfehler. In Spanien kann schon mal – darob jauchzen Schüler und verzweifeln Mathematiklehrer – eins gleich fünf sein. Nicht grundlos sagen wir im Deutschen, wenn uns eine Sache widersinnig erscheint: Das kommt mir spanisch vor. Die Auflösung des Widerspruchs ist simpel: Karl aus dem Hause Habsburg war als spanischer König der erste, als Kaiser des Heiligen Römischen Reichs der fünfte Träger dieses Namens.

Almendralejo, eine Stadt mit 32000 Einwohnern, gilt als Zentrum der Tierra de Barros und, was Wein- und Ölherstellung betrifft, als wichtigster Ort der Extremadura. Überdimensionale Behälter, hoch wie Silos, führen das am Stadteingang deutlich vor Augen. Unübersehbar die vielen Bodegas und Kellereien. Der Sekt mit dem bezeichnenden Namen »*Vía de la Plata*« ist ein Aushängeschild der Stadt.

Ein von mir angesprochener, mondän gekleideter Herr sagt, dass es in der Stadt keine Pilgerherberge gebe, was mir bekannt war, und auch, was mich verblüfft, kein Hostal. Da meine bessere Hälfte mir verboten hatte, bei Mutter Grün zu übernachten, entschließe ich mich notgedrungen für ein Hotel.

Im Hotel España gibt es noch freie Zimmer.

»Ab wann kann ich frühstücken?«, frage ich den Empfangschef.

»Ab halb neun.«

»Das ist mir zu spät. Ich nehme das Zimmer ohne Frühstück.«

»Ob mit oder ohne Frühstück der Preis ist der gleiche.«

Ich möchte fragen, ob mir die Küche ein belegtes Brot und in der Thermoskanne einen Tee für morgen bereiten könnte. Da ich erschöpft bin, fallen mir die spanischen Vokabeln nicht auf Anhieb ein. Der Empfangschef deutet mein Zögern wohl anders, denn er sagt: »Na gut, ohne Frühstück drei Euro weniger.«

Ein Fenster nach außen hat mein Zimmer nicht, dafür einen Preis, der mir die Illusion schenkt, im Hilton Hotel zu übernachten. Ein Fenster gibt es dennoch, allerdings zum Gang hin. Ich komme mir vor wie eine Puppe im Schaufenster.

Um nicht bloß den Pilgerweg zu gehen, sondern auch pilgergemäß zu leben, habe ich mir vorgenommen, täglich nicht mehr als zwanzig Euro auszugeben. Wenn ich in Pilgerherbergen übernachte, die spottbillig sind, dann erlaube ich mir ein Essen in Bars oder Restaurants. Übernachte ich im Hostal, so spare ich beim Essen, indem ich es selber zubereite. Das Tapas-Essen im Restaurant für neunzig Cent wird als Glücksfall die große Ausnahme bleiben. Wollte ich das Zwanzig-Euro-Limit einhalten, müsste ich, angesichts des Preises für die Prominentenherberge, eine Woche lang nichts essen. Nichts essen und zugleich Gewaltmärsche bewältigen – für diese asketische Leistung bin ich nicht geschaffen. So gehe ich in einen Supermarkt einkaufen. Einem Glasschrank entnehme ich eine Flasche eiskalten Bieres. Eine Verkäuferin, die mich wohl mit einem Clochard verwechselt haben mochte, macht mich darauf aufmerksam, dass ungekühltes Bier billiger sei. Ich lege das eiskalte Bier in den Glasschrank zurück und hole aus einem Regal ein warmes. Bis ich das kalte Bier ins Hotel getragen und abends getrunken hätte, wäre es ohnehin warm geworden.

Ich schlendere durch menschenleere Straßen und Plätze. An der Pfarrkirche hängt außen ein ausdrucksstarkes Relief, das Kreuz des Friedens. Einer Tafel entnehme ich, dass es ein Kreuz für die Gefallenen des Bürgerkrieges ist. Spaniens schreckliche Geißel wütete hier vor siebzig Jahren. Brüder kämpften gegeneinander, Brüder töteten einander. Im Gekreuzigten fanden die gegnerischen Brüder Frieden. Christus ließ sich für alle kreuzigen, allen voran für diejenigen, die Kirchen schändeten und Priester mordeten. Mit seinem kostbaren Blut hat Christus uns alle aus Verstrickungen und Abhängigkeiten, aus Süchten und Sünden freigekauft.

Ein paar Schritte weiter hängt an der Kirchenwand eine Schiefertafel, darauf geschrieben steht: Heilige Messe um 20.30 Uhr. Eine Schiefertafel im Zeitalter elektronischer Medien! Eine Schiefertafel in einer Zeit, da alles auf Flachbildschirmen oder durch schreiende Farben der LEDs[39] angezeigt wird! Meine Generation lernte das Schreiben noch auf Schiefertafeln. Wie wohltuend zu sehen, dass dieses Altertümerchen noch im Gebrauch ist. Wie aber mag es der Generation der Laserfans ergehen, wenn sie so ein Schreibmittel aus Opas Vorzeiten sehen?

Um zu verhindern, dass meine Haut an Nacken und Waden vollauf verkohle, kaufe ich in einer Apotheke Sonnencreme und staune Bauklötzer: Schutzfaktor fünfundvierzig! Bei diesem Faktor ist eine Wirkumkehr durchaus vorstellbar: Meine Haut könnte womöglich nach einem Sonnenbad heller werden.

Im Buchladen bekomme ich die erwartete Antwort: Ein deutsch-spanisches Wörterbuch gebe es nicht. Neugierig, was

39 LED: Abkürzung für Licht emittierende Diode

es an Büchern deutscher Autoren gibt, stöbere ich herum und entdecke in einem Regal ein deutsch-spanisches Wörterbuch, einen Pons von zyklopischen Ausmaßen. Ich trage im Rucksack viel zu viel herum, und so verzichte ich auf diesen Schinken.

Schön anzusehen ist der Palast des Marquis de Monsalud, in dem das Rathaus untergebracht ist: marmorne Türpfosten, schmiedeeiserne Balkone und verschwenderisch mit barocken Motiven dekorierte Hausecken. Wie ich einer Informationstafel entnehme, gibt es in Almendralejo durchaus Hostals. Das sollte mir eine Lehre sein. In Zukunft werde ich im Rathaus, Pfarrhaus oder bei der Polizei nach einer Unterkunft fragen und keine mondän gekleidete Herren ansprechen.

Sehenswerter als der Palast sind die unmittelbar dahinter liegenden Gärten der Heiligen Clara: hohe Dattelpalmen mit geraden, unverzweigten Pfahlstämmen und Fächerpalmen mit steifen, ausladenden Wedeln in der Krone. Die Töchter der Dattelpalme wachsen aus der Erde, die Söhne aus dem Stamm heraus. Die Mannpalme erfüllt lediglich die Aufgabe, alles zu verschönern. Wenn Darwins Evolutionstheorie zutrifft – und vieles spricht dafür –, dann wirkt einiges aus Faunas und Floras Reich im Menschen nach. Dienten dann Männer, wenn auch nicht hauptsächlich so doch nachrangig, der menschlichen Eitelkeit? Das Wissen um diese Möglichkeit lässt mich vor Scham erröten.

Es ist halb neun. Zufolge der Ankündigung auf der Schiefertafel sollte um diese Zeit die Eucharistiefeier beginnen, doch wird zu erst der Rosenkranz gebetet. Hochaltar, Gewölbe und Fresken im Chor: Alles ist monumental und wirkt dennoch harmonisch. In der Kirche sind, obwohl heute Wochentag ist, Gläubige in großer Zahl da, darunter auffallend viele Jugendliche und junge Erwachsene. Wie froh wären wir in Deutschland, wenn sonntags so viele Jugendliche zur Kirche kämen! Während der Messe denke ich darüber nach, weshalb in Spanien so viele und in Deutschland so wenige Menschen den Gottesdienst besuchen. Hat dies mit der traditionellen Marienfrömmigkeit der spanischen Kirche zu tun? Hängt es im Lande Luthers mit der Nähe zur evangelischen Kirche zusammen? Evangelische Christen gehen selten zum sonntäglichen Gottesdienst. Daran haben wir Katholiken uns angepasst, an die typisch evangelische Frömmigkeit, wie das häufige und intensive Lesen in der Bibel, leider nicht. Der ausschlaggebende Grund für den Schwund religiöser Bindungen mag wohl die hohe Lebensqualität der deutschen Gesellschaft sein. Ich bin in Gedanken so tief versunken, dass ich vom Schlusslied überrascht werde. Das Marienlied klingt so fröhlich und feurig, als brächte die Gemeinde der Mutter Gottes ein Geburtstagsständchen: *Viva, viva Maria*!

Mit Füßen sehen

11. Tag: Freitag, 10. August 2007
Von Almendralejo nach Mérida

Die Aufnahme von Neuem
beginnt mit den Füßen,
Schritt für Schritt.
Barbara Haag

Um halb vier wache ich auf und gehe sofort los, denn in diesem Hotel hält mich nichts zurück. Aus seiner Loge schaut mich der Portier halb verschlafen an, sagt aber kein Wort. Die ersten vier Wegkilometer sind mir von gestern her vertraut. Es ist kühl. Um warm zu werden, gehe ich im Sturmschritt. Die Straße steigt leicht an. Ich gehe schneller und schneller. Mir kommt es vor, als höbe ich wie ein Segelflugzeug in die Lüfte ab.

Nach einer Stunde erreiche ich die alte Römerstraße und bin gezwungen, langsamer zu gehen. Der Weg ist nicht gepflastert, der Rand nicht begrenzt. In der Dunkelheit drifte ich immer wieder nach links ab. Dank meines Buddhaauges, das ich zwischendurch recht sparsam öffne, bleibe ich auf Kurs. Krampfhaft denke ich darüber nach, weshalb ich abdrifte und warum ausnahmslos nach links? Meine Gesinnung, die sich eher einer konservativen Richtung zuneigt, kann hierfür nicht die Ursache sein. Hängt es mit dem unsymmetrischen Körperbau, dem etwas mehr links gelagerten Herzen zusammen? Die Auguren im alten Rom hätten es als ungünstige Vorbedeutung ausgelegt, so wie sie das Linksabschwenken der Vögel beim Überfliegen des heiligen Bezirks als Unheil verkündende Antwort der Götter gedeutet hatten. Dafür habe ich nur ein Augurenlächeln übrig, wie auch für all die Einfältigen, die daran glauben, dass Sterne ihr Leben bestimmten, und gewisse Konstellationen von Sternen als Garantie dafür ansehen, dass sie beispielsweise ein Schnäppchen machen würden, wenn sie an einem bestimmten Tag zu einer bestimmten Stunde eine bestimmte Ware kauften. Das nenne ich Rückfall in Animismus. Aber bin ich denn über all das erhaben? Glaube ich nicht auch an Statistiken und ähnliche Firlefanzerei?

Sobald die Mondsichel hinter den Wolken verschwindet, kann ich die Hand nicht vor den Augen sehen. Bei Tag, da wandern meine Augen über Weinberge und Olivenhaine mit. Doch auch jetzt kann ich sehen, obwohl es stockfinster ist: Ich sehe mit den Füßen. Ich fühle den Wegbelag durch die Schuhsohle hindurch. Mal ist es Sand, mal feiner, mal grober Schotter. Kleinste Unebenheiten werden von meinen Füßen gesehen. Sehen so mit anderen Sinnen die Blinden? Ich bemühe mich, möglichst wenig die Taschenlampe einzuschalten. Mehr und mehr fühle ich mich wie ein Nomade, der, die Tagesglut vermeidend, nachts durch die Wüste zieht. Fürwahr, ich bin ein Nomade, aber ein Nomade des Glaubens. Wen immer Gott in die Fremde ziehen lässt, den macht er zum Nomaden des Glaubens. Glauben hängt nicht vom Gehen ab, ebensowenig wie Gehen vom Glauben. Zwischen ihnen besteht vielmehr eine Art Verwandtschaft, die mit meinem Lieblingsbegriff, der Korrespondenz, am zutreffendsten beschrieben wird.

Mag sein, dass Gott mich in die Fremde hat ziehen lassen, aber inzwischen fühle ich mich auf dem Silberweg daheim. Bin ich dann noch ein Pilger? Das gilt ebenso für die entsprechende Korrespondenz, für mein Leben schlechthin. Als Christ sollte ich das irdische Leben als Durchzug durch die Fremde betrachten. Ich habe mich aber in dieser Welt gut eingerichtet, fühle mich auf unserem blauen Planeten pudelwohl.

Von einem Seitenweg biegt ein Auto in die Römerstraße ein und bleibt stehen. Lichter werden ausgeschaltet. Als ich vorbei gehe, habe ich im Magen ein flaues Gefühl. Ich bin doch noch Pilger!

Ginge es nach Dante Alighieri, hätte ich mein Pilgersein nicht in Frage stellen dürfen. Italiens größtem Dichter zufolge ist in einem weiteren Sinne »jeder ein Pilger, der sich außerhalb seines Vaterlandes befindet«. Die nach Jerusalem Pilgernden nennt er Palmfahrer (*palmieri*), die nach Rom *romeri*. Im engeren Sinne verstand Dante »unter einem Pilger (*pellegrino*) nur den, der zum Haus von St. Jakob pilgert oder davon zurückkehrt«. Erst später wurde das geflügelte Wort geprägt: »Nach Jerusalem um Jesu willen, nach Rom wegen des Papstes und nach Santiago wegen dir selbst.«

Pilgern ist die Korrespondenz menschlichen Lebens schlechthin. Pferde, Pudel, Pinguine pilgern nicht. Zu Recht nennt Martin Heidegger den Menschen Weger, ist doch der Mensch ein Leben lang auf dem Weg. Fürwahr: Ich bin ein Weger. Ich bin ein Pilger.

Nach vier Stunden fängt es an zu dämmern. Erfreulich, denn der Weg ist zuletzt kurvenreich geworden. Ein Eisenbahntunnel, den ich passieren müsste, steht unter Wasser. Ich klettere auf den Bahndamm und gehe weiter entlang der Schienen, davon überzeugt, den Weg abkürzen zu können. Ein Engel, der diesmal die Gestalt eines alten Mannes angenommen hat, humpelt mir entgegen und schildert ungefragt mit ungeheurem Wortschwall und unzähligen Gesten, wie ich um Torremegía herum auf den Silberweg gelangen könne.

Neun Uhr, Zeit für eine Rast. Am Wegrand wachsen Eukalyptusbäume. Sie werfen auf den Boden mickrige, reichlich durchlöcherte Schatten. Unter einer weiter Abseits stehenden, breiten Schatten spendenden Steineiche lasse ich mich nieder, zumal ein paar herumliegende Vierkanthölzer eine gute Sitzgelegenheit bieten. Während ich mich am Zitronenwasser labe, höre ich ein leises Singen. Ich drehe mich um, erspähe aber niemanden. Der Singsang verstärkt sich, wird überlaut, und plötzlich fährt eine Lokomotive an mir vorbei. Ich habe die Eisenbahnlinie völlig vergessen. Dass Schienen singen können, kannte ich allein von Karl Mays Indianerromanen her.

Die Mauren haben den Fluss, der zur Römerzeit Anas hieß, Wadi Anas genannt, woraus im Spanischen Guadiana wurde. Am Río Guadiana ließen sich im 7. Jahrhundert vor Christus Lusitanier, ein keltiberisches Volk, nieder. Wald und Fluss, Jagd und Fischfang ermöglichten dem prähistorischen Volk die Besiedlung am Oberlauf des Stromes. Über ihre Lebensgewohnheiten wissen wir viel dank des Griechen Strabo, der in seiner siebzehn Bände umfassenden *Geographica* auch die Keltiberer beschrieben hatte. Die Lusitanier ernährten sich demnach vorwiegend von Eicheln und Ziegenfleisch, kleideten sich ganz in Schwarz und schliefen auf bloßer Erde. Ihre Kranken legten sie am Wegrand nieder, hoffend, dass Vorübergehende den Leidenden hülfen. Gefangenen schnitten sie die rechte Hand ab und opferten diese den Göttern. Eingeweide der Gefangenen dienten ihnen für Weissagungen.

Am Unterlauf des Río Guadiana siedelte ein anderes keltisches Volk, die Cynesier. Diese Keltiker errichteten an Ufern eigenartige Denkmale: drei oder vier aufeinandergelegte große Steine, Altäre für die Winde beherrschenden Götter. Schiffer drehten diese Steine, um die Windgötter gnädig zu stimmen. Sie durften das aber nicht tun, wenn es regnete, weil dann die Götter die Steine besetzt hielten.

Der Río Guadiana wird von einer achthundert Meter langen Römerbrücke überspannt. Die sechzig Steinbögen beeindrucken mich stark. Welch Arbeit musste es gewesen sein, die mächtigen Granitquader zu behauen und zu transportieren! Stärker noch beeindruckt mich, was der kaiserliche Geheimsekretär Sueton über Vespasian, den Erbauer des Kolosseums, berichtet hatte. Damals habe ein Ingenieur eine Erfindung gemacht, mit der baumlange Säulen und gigantische Steinquader für weniger Geld als bis dato hätten transportiert werden können. Vespasian belohnte den Ingenieur kaiserlich, stimmte aber der Ausführung des Projekts nicht zu, weil – so lautete seine Begründung – die Armen auch weiterhin Arbeit und Verdienst haben sollten. Und was machen wir? Wir rationalisieren auf

Teufel komm raus, ohne uns daran zu stören, dass Millionen Arbeitslose ein Schattendasein fristen.

Auf der Brücke gehen, das Bauwerk zu Recht bewundernd, Touristen. Über zweitausend Jahre lief darüber der Verkehr: Zuerst Karren und Streitwagen, dann Kutschen und Fuhrwerke, zum Schluss Lastwagen und Autobusse, ohne dass die Brücke je Schaden genommen hätte. Welch Gegensatz zu unseren Autobahnbrücken, die alle paar Jahre ausgebessert werden müssen! Auf der Brücke verweilend, kann ich mich an der Aussicht nicht satt genug sehen: unter mir der breite, träg fließende Guadiana-Fluss, links und rechts die neuen Brücken, vor mir, am östlichen Brückenkopf, die von Mauren erbaute, sich himmelhoch türmende *Alcazaba*[40] und dahinter Mérida, das spanische Rom. Augusta Emerita[41] wurde von Kaiser Augustus als Siedlung für die Veteranen der V. und X. Legion gegründet. Später wurde sie Hauptstadt der Provinz Lusitania und größte römische Stadt in Iberien. Die heutige Hauptstadt der Extremadura wird zu Recht als spanisches Rom bezeichnet, bewahrt sie doch von allen Städten der iberischen Halbinsel am unversehrtesten das römische Erbe.

Die ersten Schritte führen mich zum Rathaus. Eine Angestellte stempelt meinen Pilgerpass ab und zeichnet im Stadtplan den Weg zur Pilgerherberge ein. Vor dem Rathaus sind auf der arkadenreichen Plaza de España Pavillons aufgebaut, in denen über die Internationalen Festspiele des klassischen Theaters informiert wird. Heute wird im Römischen Theater die Orestie gespielt, und es gibt sogar noch Karten. Mich reizt es, diese griechische Tragödie an klassischer Stätte zu erleben, dennoch verzichte ich darauf, weil die Aufführung in der Nacht stattfindet und ich außerdem dem Text sprachlich nicht folgen könnte.

---

40 *Alcázar* (arabisch: die Burg)

41 Im Wortklang von **Mérida** ist noch der ursprüngliche Name **Emerita** hörbar.

Die Pilgerherberge, idyllisch am rechten Ufer des Río Guadiana gelegen, ist über Mittag geschlossen und wird erst um halb drei geöffnet. Das bedeutet für mich, eine lange Stunde zu warten, dabei bin ich erschöpft und müde und wünsche mir nichts dringender als eine Dusche und ein Bett. In einer nahe gelegenen Bar erweckt ein frisch gepresster Orangensaft meine erschlafften Lebensgeister erneut zum Leben. Auf den Río Guadiana schauend, begutachte ich die neue, vom Stararchitekten Santiago Calatrava entworfene Lusitaniabrücke. Der sich über die Brücke schwingende, kolossalische Bogen soll wohl auf die Bögen der Römerbrücke anspielen, diese jedoch hatten eine andere Aufgabe zu erfüllen: die Brücke zu tragen. Die Lusitaniabrücke wirkt hingegen wie eine Hängebrücke. Das von Santiago Calatrava entworfene Flughafengebäude in Bilbao, das den Schwingen eines fliegenden Vogels gleicht, beflügelte meine Phantasie vor Jahren viel stärker.

Obwohl eine Stunde vergangen ist, sind die Türen der Pilgerherberge nach wie vor geschlossen. Ich gehe um das unmittelbar am Fluss liegende Haus herum. Allem Anschein nach sei es früher eine Wassermühle gewesen. Endlich geht die Haustür auf, und ein junger Mann kommt heraus. Es ist nicht der *hostalero*, wie ich angenommen, sondern ein Pilger. Javier kam heute mit dem Zug angereist. Morgen will er sich auf den Silberweg machen und, so Gott will – wie er betont –, bis nach Santiago de Compostela pilgern.

Sofort nach dem Duschen lege ich mich schlafen. Mir ist, als hörte ich jemanden polnisch sprechen. Bin ich noch wach oder träume ich bereits? Ich reibe mir die Augen, drehe mich um. Drei Pilgerinnen schwatzen fürwahr miteinander polnisch. Ich rede sie in ihrer Muttersprache an. Zuerst sind sie fassungslos, dann hocherfreut, einem Landsmann begegnet zu sein. Als ich, ihre Annahme richtigstellend, sage, dass ich Deutscher sei und in der Nachkriegszeit, in Schlesien lebend, polnisch gelernt habe, sind sie für eine kurze Zeit verlegen, doch schon bald fragen sie mir Löcher in den Bauch: Wo und wann ich gestartet sei, bis wohin ich zu gehen beabsichtige und warum ich pilgere. Irena, die den *camino* schon einmal gepilgert ist, erzählt, dass sie aus Łódź kämen. Sie hätten das Kloster Montserrat besichtigt und sich dann von ihrer Gruppe getrennt. Gestern seien sie in Sevilla gewesen. Von morgen an beabsichtigten sie ein paar Tage auf dem Silberweg zu pilgern, jedoch nur bis Cáceres, um sich dann mit ihrer Pilgergruppe in Burgos zu vereinen und auf dem *camino* bis Santiago zu gehen. Bezüglich der morgigen Wegführung sind sie etwas verunsichert. Ich biete ihnen meine Hilfe an.

Die Polinnen gehen in die Küche, um ein warmes Essen zuzubereiten. Ich lege mich wieder hin, kann aber nicht einschlafen. Ich muss an eine Begegnung mit einem polnischen Pärchen vor Jahr und Tag in der Pilgerherberge von Estella denken, an Ana und Kuba, Studierende der Kunstgeschichte in Posen. Ihr Professor empfahl ihnen, um Romanik und Gotik gründlich kennenzulernen, die Kirchen entlang des Jakobsweges anzusehen. Zwei Wochen lang sind sie mit dem Auto zwischen den vier französischen Zweigen des Jakobsweges hin und her gependelt. Sie waren begeistert von den Kathedralen in Le Puy und Vézelay, in Tours und Toulouse, fasziniert von den Tympana in Moissac und Conques. Als sie jedoch in Saint Jean Pied de Port die Jakobspilger erlebten, bemächtigte sich ihrer eine mystische Sehnsucht. Sie ließen ihr Auto stehen und gingen fortan zu Fuß weiter. Gotik und Romanik hatte ihre Anziehungskraft verloren. Größeren Gefallen fanden die Studiker am Gehen. Aus Touristen wurden Pilger.

Nach der Siesta schlendere ich durch die Altstadt. Das Straßennetz verrät den römischen Ursprung der Stadt. Unübersehbar der Gitterplan aus sich rechtwinklig kreuzenden Straßen. Unübersehbar auch die zwei für römische Städte typischen Hauptachsen, der Cardo und der Decumanus Maximus, die hier allerdings nicht von Nord nach Süd beziehungsweise von Ost nach West verlaufen, wie in den meisten römischen Gründungen, sondern, sich am Río Guadiana orientierend, gleichgerichtet beziehungsweise senkrecht zum Fluss.

Der Trajansbogen, am Cardo stehend, wirkt, verglichen mit den mächtigen Triumphbögen in Rom, kleiner. Auch fehlt ihm der marmorne Reliefschmuck. An ihm lässt sich aber etwas für alte Städte Charakteristisches erkennen: die gegenüber der Gründungszeit höhere Straßenlage. In vielen durch Krieg und Feuersbrunst zerstörten alten Städten wurden Häuser und Straßen auf Schutt und Ruinen wieder aufgebaut, wodurch sich ihr Straßenniveau im Laufe der Jahre mehr und mehr erhöhte. Seitlich des Trajansbogens ist eine Grube ausgehoben, und so ist deutlich zu sehen, dass der Bogen tiefer reicht als das heutige Straßenpflaster.

Der Diana Tempel, am alten Decumanus Maximus gelegen, lässt mit ursprünglich je sechs an Stirnseiten und je elf an Längsseiten gelegenen korinthischen Säulen klassisch griechische Proportionen erkennen. Vom Namen her könnte geschlossen werden, dass der Tempel einer der zwölf großen Gottheiten des Pantheons, der Diana, geweiht gewesen sein mochte. Diana verkörperte zum einen eine elementare Kraft der Natur: das Licht der Nacht, zum anderen einen Bereich des menschlichen Tuns: die Jagd. Indes stellen alle bei Ausgrabungen gefundenen Skulpturen Mitglieder der Kaiserfamilie dar, womit die Annahme, der Tempel habe dem Kaiserkult gedient, ebenso berechtigt erscheint, zumal Cäsar zur Gottheit erhoben worden war, noch bevor Emerita Augusta gegründet wurde. Den Archäologen bietet sich hier noch ein weites Feld.

Der Ruf nach Brot und Spielen erscholl in den Provinzstädten des Reiches nicht minder laut wie in Rom. Drei imposante Stätten, in denen Spiele geboten wurden, sind in Mérida bis auf den heutigen Tag unzerstört erhalten geblieben. Im Halbrund des Theaters konnten und können sich noch immer sechstausend Zuschauer an Wort und Musik, an Tragödien und Singspielen ergötzen. Im Oval des Amphitheaters hatten früher fünfzehntausend Blutrünstige ihre Wollust an Tierhetze und Gladiatorenkämpfen befriedigt. Heute geht es hier friedlicher zu. Im Rechteck des Circus Maximus feuerten gar dreißigtausend Schaulustige die Läufer und Wagenlenker bei Rennen an. Mag auch das Kolosseum in

Säulenstellung des römischen Theaters von Mérida

seiner monumentalen Großartigkeit unübertrefflich sein, so gab es in Emerita Augusta doch ein Spektakel, das selbst Rom nicht bieten konnte: Wurde das Amphitheater geflutet, konnten sich Spektakelsüchtige sogar an Seeschlachten verlustieren.

Auf Schritt und Tritt stoße ich auf römische Überreste. Mérida war aber auch, was das frühe Christentum in Spanien anbelangt, ein Leuchtturm des Glaubens. Seit dem 3. Jahrhundert und somit als eine der ersten Städte des Römischen Reiches war Mérida Sitz eines Erzbischofs. Mit der heiligen Eulalia kann sich die Stadt mit einer namhaften Märtyrerin rühmen. Im Jahre 304, als die Christenverfolgung unter Kaiser Diokletian einen grausamen Höhepunkt erreicht hatte, als Kirchen und christliche Häuser zerstört, als nicht nur heilige Bücher, sondern auch Christen verbrannt wurden, ja als die Zahl der zu Tode Verurteilten so groß wurde, »dass man sie nicht mehr einzeln hinrichtete, sondern scharenweise zusammentrieb, mit einem Feuerkreis umgab und verbrannte«[42], da erlitt auch die neun Jahre junge Eulalia den Märtyrertod, weil sie gewagt hatte, ein Götzenbild von der Wand zu reißen. Es heißt, sie sei zuerst in die Flammen geworfen und anschließend enthauptet worden. Das Wissen um ihr Martyrium verdanken wir zum einen Prudentius[43], dem bedeutendsten christlichen Dichter des Altertums, und zum anderen der ersten Sprachschöpfung der französischen Literatur, die auf den Hymnus des Prudentius zurückgreift. Darin heißt es:

»Ein gutes Mädchen war Eulalia,
mit schönem Körper, einer schön'ren Seele.
Die Feinde Gottes wollten sie bezwingen
und sie dem Teufel dienstbar machen …
Ins Feuer warf man sie, damit sie rasch verbrenne,
sie hatte keine Schuld, sie wurde nicht versehrt …
Dem Heidenkönig war dies nicht genug
und er befahl, das Haupt ihr abzuschlagen.«[44]

---

42 So schreibt der sprachgewaltige Kirchenschriftsteller Lucius Lastancius, der Ende des 3. und Anfang des 4. Jahrhunderts lebte.

43 Prudentius: geboren 345 in Spanien, gestorben um 405. Der hochgebildete Heide bekehrte sich später zum Christentum.

44 Das Loblied, auch Eulaliasequenz genannt, wurde 881 oder kurz danach in Nordfrankreich verfasst. Hoffmann von Fallersleben entdeckte 1837 den Text in einer Abtei bei Valenciennes.

Wenn ich daran denke, dass neunjährige Mädchen bei uns zur Erstkommunion gehen, wie vor kurzem meine Enkelin, und wenn ich darüber nachsinne, dass Eulalia in diesem zarten Alter Blutzeugin Christi wurde, so laufen mir selbst bei der herrschenden Hitze kalte Schauer über den Rücken.

An der Stelle, an der Eulalia ihrem Glauben treu geblieben war und diese Treue mit ihrem Leben bezahlt hatte, wurde im 4. Jahrhundert eine Kirche erbaut, deren farbenfrohe Ausstattung bereits Prudentius besang. Die heute noch westgotische, romanische und mudejare Elemente enthaltende Basilika wurde im 13. Jahrhundert erbaut, also erst nachdem die Stadt von den Mauren befreit worden war.

Eine kleine gotische Kapelle außerhalb der dreischiffigen Basilika wird von den *extremeños* liebevoll Öfchen der heiligen Eulalia genannt. Die Patronin der Stadt wird mit ihrem Attribut, einem Ofen in der Hand, dargestellt. Pilger aus aller Herren Länder kamen und kommen noch immer hierher, um der Heiligen zu gedenken und sie im Gebet um Hilfe anzuflehen.

Viele Jahrhunderte lang hatte die Kirche von Mérida überregionale Bedeutung. Im 4. Jahrhundert war sie Sitz des Vikariats Spanien und somit die Diözese Iberiens schlechthin. Im 6. Jahrhundert kam es hier zur Auseinandersetzungen zwischen arianischen Westgoten und katholischen Christen, aus denen die Kirche verstärkt hervorgegangen ist. Es ist eine Ironie der Geschichte, dass die Diözese Mérida, welche die Zeit der Arianer und auch die vier Jahrhunderte dauernde maurische Besatzung überstanden hatte, ausgerechnet nach der Rückeroberung der Stadt durch christliche Ritter den Status eines Erzbischofssitzes verlor. Im Jahr 1119 wurde die Kirche von Mérida in das Erzbistum Compostela eingegliedert, dessen Bereich im Mittelalter bis Sevilla reichte.

Um nicht vor verschlossenen Türen zu landen, gehe ich schnellen Schrittes zur Pilgerherberge zurück. In der Küche begegne ich der baskischen Mutter. Spontan umarmen wir uns und freuen uns beide über das unvermutete Wiedersehen.

»Bist du hierher geflogen?«, will die Baskin wissen. »Wir glaubten, du wärest heute in Torremegía. Von Almendralejo bis Mérida sind es doch mehr als dreißig Kilometer!«

»Ich bin bereits nachts losgegangen und neun Stunden gewandert.«

»Ist es nicht drollig? Wir haben uns umarmt, ohne uns vom Namen her zu kennen«, sagt sie mit lächelnden Augen und setzt hinzu: »Ich heiße Violeta. Es ist leicht zu merken, Violeta aus Vitoria.«

Ich gehe auf das Wortspiel mit dem Stabreim ein und sage: »Auch mein Name ist leicht zu merken. Ich heiße Norbert, Norbert aus Nordrhein-Westfalen.«

»Norberto aus Nord-West-Was?«

»Nordrhein-Westfalen ist sicherlich für euch Spanier ein Zungenbrecher. Also, einfacher: Ich komme aus dem Westen Deutschlands. Übrigens möchte ich mich dafür bedanken, dass ihr mir den Weg nach Almendralejo angezeigt habt. Mit den zur Seite gestreckten Pilgerstäben saht ihr aus wie Indianer mit ausgestreckten Tomahawks.«

Jetzt lächelt sie nicht nur mit den Augen, sondern mit dem ganzen Gesicht.

»Nenne uns ruhig Indianer. Für dich hat sich unsere Tochter auch einen Spitznamen ausgedacht. Sie nennt dich den deutschen Don Quijote. Doch nun muss ich mich eilen. Heute Nacht gehen wir ins Römische Theater und sehen uns die Orestie an.«

»Die Pilgerherberge wird gleich geschlossen. Wo wollt ihr übernachten?«

»Wenn man eine zwanzigjährige Tochter hat, dann gibt es schon Tricks genug, auch durch verschlossene Türen zu gehen«, sagt sie und lacht wieder mit vollem Gesicht.

Im Schlafsaal sind alle Betten belegt. Die Polinnen schlafen schon. Radpilger ölen und reinigen ihre Drahtesel so gründlich, als ob sie morgen an einem Radrennen teilnehmen wollten, bei dem es auf jede Zehntelsekunde ankäme.

Die Zehn Pilgergebote

12. Tag: Samstag, 11. August 2007
Von Mérida nach Aljucén

Ohne Pilger gibt es keinen Pilgerweg.
Heinrich Bahnen

Um halb sechs wache ich auf. Die Polinnen sind schon weg. Um die Radpilger nicht aufzuwecken, packe ich, das Licht der Taschenlampe zu Hilfe nehmend, in aller Stille meinen Rucksack und breche auf. Ich verlasse die Altstadt auf der zweiten römischen Brücke, die den Río Albarregas überspannt. Zur römischen Zeit hatte die Stadt einen guten natürlichen Schutz: im Norden den Río Albarregas, im Westen und Süden den gewaltigen Río Guadiana. Von der 125 Meter langen, in der Epoche des Augustus erbauten Brücke aus bewundere ich den Aquädukt de los Milagros. An Stellen, an denen die Wasserstraße nicht zerstört ist, türmen sich drei Bogenreihen übereinander. Bei der herrschenden Dunkelheit scheint die Länge unbegrenzt zu sein, und obwohl nicht alle der erhaltenen 37 Pfeiler erkennbar sind, wirkt der Aquädukt noch mächtiger als bei Tage. Der Name Aquädukt de los Milagros leuchtet ein, glaubten doch früher die Menschen, angesichts der Größe des Baus, dass das Mauerwerk durch ein Wunder erstanden wäre.

Die drei Polinnen kommen mir entgegen. Von weitem ruft Wanda mir zu: »Wir sind schon mehr als einen Kilometer auf dieser breiten Autostraße gelaufen, ohne gelbe Pfeile entdeckt zu haben. Wir haben uns wohl verlaufen.«

»Meinem Führer zufolge müssen wir der Avenida Vía de la Plata folgen, und diese Straße heißt so.«

Die Polinnen machen kehrt und gehen mit mir weiter. Am Ausgang der Stadt erspähen wir ein Verkehrsschild mit der Aufschrift Cáceres. Die Freude über die zutreffende Richtung schlägt bald in Enttäuschung um, denn die Straße führt auf eine Autobahn. Auf dem *camino* bin ich einmal hinter Logroño auf die Autobahn geraten und hatte große Schwierigkeit, diese zu verlassen, weil sie von Stacheldrahtzäunen begrenzt war. Zum Glück wird eine Tankstelle sichtbar. Vom Tankwart erfahren wir, dass wir zu weit auf der Avenida gegangen seien. Wir müssten bis zum letzten Kreisverkehr zurückgehen, dann nach rechts abbiegen und kämen so auf den Silberweg. Als wir auf der Avenida zurückgehen, kommen uns die Basken entgegen. Auch sie haben, wie wir, den gelben Pfeil am letzten Kreisverkehr übersehen. Gemeinsam gelangen wir binnen kurzem auf den Pilgerweg, eine schmale, gepflasterte Straße.

Es beginnt zu dämmern. Die Basken erhöhen das Tempo und sind alsbald nicht mehr zu sehen. Am Straßenrand blühen weiße, rote und rosafarbene Oleander und andere, mir unbekannte Gewächse. Wanda kennt sie alle beim Namen. Da ich in der Botanik immer eine Null gewesen, erfreue ich mich lediglich an den leuchtenden Blumenfarben.

Den Polinnen zuhörend, fällt mir auf, wie melodisch die polnische Sprache klingt. Ą und ę sind wie die französischen Nasalvokale [õ] und [œ] reine Musik. Und wie spannungsreich, ja geheimnisvoll klingen die stimmhaften Zischlaute ż und ź! Unsere deutsche Sprache ist zweifelsohne stark bei neuen Wortschöpfungen und Wortzusammensetzungen, aber sie klingt matt, zumal dann, wenn mehrere Mitlaute aufeinander folgen. Der Reichtum der Laute im Spanischen ist gleichfalls etwas Wunderschönes. Wie männlich klingt das gerollte Zungenspitzen r in *Ramón*, wie hart das kehlige j in *jamón* und wie weiblich das weiche ñ in *niña*!

Am pittoresk gelegenen Proserpinasee angekommen, beschließen die Polinnen, eine längere Frühstückspause einzulegen. Ich gehe entlang des Stausees weiter. Römer hatten das

Stauwerk gebaut und das gespeicherte Wasser teils über unterirdische Rohrleitungen, teils oberirdisch über Aquädukte nach Mérida befördert. Nicht nur Rom, auch andere Großstädte des Römischen Reichs verfügten in der Kaiserzeit über Wasserspeicher von ungeheurem Ausmaß. Das über 400 Meter lange Proserpina-Wehr ist ein Beispiel für eine Gewichtssperre, deren Standfestigkeit allein auf der mächtigen Erdanschüttung beruht. Bei der ebenfalls für die Wasserversorgung Méridas, aber später erbauten Esparragalejo-Sperre übernahmen Strebepfeiler, an der Luftseite errichtet, die statische Funktion der Erdanschüttung. Die Proserpina-Sperre verläuft in gerader Linie. Später verbesserten römische Ingenieure die Konstruktion, indem sie Staumauern in Bogenform bauten, wodurch die gewaltigen Kräfte in Schub- und Zugkräfte aufgeteilt wurden.

In unserer Zeit ist der Proserpinasee eine Touristenattraktion. Bars und Sommerhäuser säumen die Ufer. Proserpina, die von Hades in die Unterwelt entführt wurde und von ihrem Vater Zeus die Erlaubnis bekam, zwei Drittel des Jahres in der Oberwelt zubringen zu dürfen, scheint sich am heutigen Tag in der Unterwelt aufzuhalten, denn alle Bars und Restaurants sind geschlossen.

Nach vier Kilometern zweigt der Pilgerweg von der Straße nach links ab. Ein ansteigender Pfad schlängelt sich an Felsbrocken vorbei. Auf Weiden wechseln sich Steineichen mit Korkeichen ab. Die leicht hügelige Landschaft ist ein Geschenk für jeden Pilger. Im Norden werden am Horizont Berge sichtbar: Sierra San Pedro.

El Carrascalejo ist ein kleines, halb verlassenes Dorf. Die einzige Bar ist verschlossen wie auch die Kirche. Mangels einer Bank setze ich mich vor der Kirche auf den Bürgersteig. Andächtig esse ich meine eiserne Reserve auf: den zu Krümeln zerriebenen Zwieback. Die Dorfkirche scheint alt zu sein. Das Ziegelmauerwerk des ersten Turms könnte während der maurischen Zeit errichtet worden sein. Der vermutlich zerstörte zweite Turm wurde im hässlichen Beton wieder aufgebaut.

Welch Stilbruch! Spanien hat große Architekten hervorgebracht, aber auch – warum sollte es in diesem Land anders sein? – viele Stümper.

Es geht auf Mittag zu. Bis zum Etappenziel, dem Dorf Aljucén, ist es nicht mehr weit. Einen Steilhang hinab und dann durch eine gigantische Unterführung, auf deren Wand ein Künstler das mannshohe Bild des Pilgerapostels malte mit vielen gelben Muscheln und daneben das Kreuz des Santiago Ritterordens. Im Mittelalter entstanden auf dem *camino* nebst gewaltigen Kathedralen und Herbergen große Kunstwerke, die uns nach so vielen Jahrhunderten noch immer begeistern. Es ist für die Zukunft viel versprechend, wenn gegenwärtig auf dem Silberweg außer Pilgerherbergen auch wieder Kunstwerke entstehen.

In einem stattlichen Haus, an dessen Fassade eine blaue Kachel mit gelber Muschel leuchtet, wohnt Elena. Die junge *hostalera* führt mich zur Pilgerherberge und lässt mir unterwegs nützliche Informationen zukommen: Öffnungszeiten des Geschäfts; wann ein Bulli mit frischem Obst vorbeifahre; dass die Möglichkeit bestehe, nach Vorbestellung in der Bar abends warm zu essen. In der stickigen Pilgerherberge öffnet sie Türen und Fenster, kehrt in der Küche eine Unmenge von Ameisen weg und sprüht irgendein Zeug auf die Ameisenstraße. Die Herberge besteht aus einem Aufenthaltsraum mit Küche, zwei Bädern und drei Zimmern: einem Zweibett-, einem Dreibett- und einem Mehrbettzimmer. Ich wähle für mich das Zweibettzimmer.

Einkaufen, duschen, Wäsche waschen. Während ich in dem kleinen Hof hinter der Pilgerherberge meine Wäsche auf die Leinen aufhänge, kommen die Polinnen zusammen mit dem Katalanen an. Die Damen belegen das Dreibettzimmer, Javier macht sich im Mehrbettzimmer breit.

Im Hof wächst ein einzelner Baum. In seinem Schatten lasse ich mich nieder, esse, trinke etwas und mache ein Schläfchen.

Nach der Siesta schreibe ich im Tagebuch. Irena kommt und lehrt mich die Zehn Pilgergebote, die sie im Internet gefunden hatte:

1. Du sollst nicht den markierten Weg verlassen!
2. Du sollst nicht unnötige Strecken laufen!
3. Du sollst selbst an Feiertagen nicht rasten!
4. Du sollst Mutter und Vater anrufen!
5. Du sollst niemals stehen bleiben!
6. Du sollst nicht schmutzige Socken tragen!
7. Du sollst nicht jammern!
8. Du sollst nicht mit großen Strecken prahlen!
9. Du sollst nie ans Aufgeben denken!
10. Du sollst nicht begehren deines Nächsten Trinkflasche!

Die Zehn Gebote ließen sich, wie sie sagt, in zwei zusammenfassen, und sie ermahnt mich, diese zu befolgen: »Gehe ohne Unterlass und gib auf den fremden Rucksack so acht, als wäre er dein eigener!«

Elena hat sich angeboten, die Dorfkirche zu öffnen und uns durch das Gotteshaus zu führen. Die Kirche ist im gotischen Stil erbaut, weist aber ein Renaissanceportal auf. Von der rechten Portalseite grüßt uns der heilige Andreas, von der linken der heilige Jakobus. Das Gotteshaus trägt den Namen Kirche der Tröstungen. Natürlich fehlt in der Kirche die Patronin Extremaduras nicht: Die Figur der Muttergottes von Guadalupe ist wie eine Braut geschmückt. Den hohen Chor zeichnet im Gewölbe eine Sonderbarkeit aus: ein seltsamer Steinkreis. Die Steine symbolisieren spanische Städte. So weist die Blume in einem Stein auf Granada, das Kreuz der Santiagoritter in einem anderen auf Compostela hin.

An den Kirchenbesuch anschließend, führt uns Elena in eine Scheune, die sich als ein Minimuseum entpuppt, vollgestopft mit landwirtschaftlichen Gerätschaften, alten Küchengeräten und allerlei Werkzeugen. Ein gebrechlich wirkender Mann, der all das gesammelt hat, erklärt uns einzelne Ausstellungsstücke. Aus dem Rahmen fällt das Holzmodell einer Ju 52. Auf das Flugzeugmodell hin angesprochen, erzählt uns der alte Mann temperamentvoll dessen Entstehungsgeschichte.

»1940 landete auf dem Dorfacker eine Junkers. Ein neunjähriger, taubstummer Junge sah das und hat, von dem Flugzeug beeindruckt, dieses Modell in Holz geschnitzt.«

Die Frau des alten Mannes, die nicht minder gebrechlich wirkt, lädt uns in ihr Haus ein und zeigt voller Stolz das Prunkstück des Wohnzimmers: den Kamin.

»Mein Mann«, sagt sie, »hat das große Bild mit dem Stammbaum gemalt und unser Wappen mit den drei Türmen geschnitzt. Die Türme weisen auf meinen Namen hin, denn ich heiße mit dem Mädchennamen Torres. Auch das Bild des Apostels Jakobus, das Sie bestimmt in der Unterführung gesehen haben, ist sein Werk. Trotz Alter und Krankheit malt er noch immer gelbe Pfeile auf dem Silberweg zwischen Mérida und Alcuéscar.«

»Ach was«, winkt der alte Mann ab, »das ist nichts, verglichen mit dem, was eine Frau aus unserem Dorf vor Jahren geleistet hatte. Sie pilgerte mit ihrem Baby von Aljucén bis nach Sevilla. Stellen Sie sich das vor! Sie schob die ganze Zeit den Kinderwagen bis Sevilla. Über Berge und durch Wälder bis Sevilla!«

Zurück in der Pilgerherberge, nehmen wir gemeinsam im Hof das Abendessen ein. Ein junges Paar trudelt ein, ein sich herzendes und küssendes Liebespärchen. Im Mehrbettzimmer hätten sie Platz genug, doch sie breiten ihre Luftmatratzen im Aufenthaltsraum aus. Anscheinend wollen sie unter sich sein. Wie schön, dass auf dem Silberweg neben Opas und Omas auch Liebespärchen pilgern!

Während es dunkel wird, bleiben die Polinnen und ich noch lange im Hof sitzen. Mit ihrer Wärme und Stille zieht uns die Nacht in ihren Bann. Von der Geschichte der mit ihrem Baby nach Sevilla pilgernden Mutter angeregt, erzählen auch wir uns die eine oder andere Begebenheit aus unserem Leben.

Ana, die Chemikerin, fragt mich unvermittelt, wie ich mich als deutsches Kind in einer polnischen Schule gefühlt habe.

»Da ich anfangs kein Polnisch verstand und die Lehrerin nicht Deutsch konnte, wurde ich in die letzte Bank gesetzt und musste stundenlang Striche zeichnen, an einem Tag dünne von links oben nach rechts unten, am anderen breite von rechts oben nach links unten. Eigentlich wollte man mich gar nicht einschulen, was dem Lausbub, der ich damals war, recht gewesen wäre, nicht aber meinen Eltern. Wegen meines germanischen Vornamens Hermann weigerte sich der Rektor, mich in seine Schule aufzunehmen mit dem Argument: Ein Hermann Göring hätte den Polen ein für alle mal genügt. Er wollte mir den Namen Władek verpassen, womit wiederum meine Mutter nicht einverstanden war. Schließlich einigte man sich auf meinen zweiten Taufnamen. Norbert ist zwar auch ein germanischer Name, politisch aber nicht vorbelastet wie Hermann. Und so musste ich schließlich doch in die Schule, was ich als Kind bedauert habe und worüber ich im Nachhinein unendlich dankbar bin.«

»Ja«, bestätigt Ana, »unmittelbar nach dem Krieg und auch viel später noch gab es diese Namensschwierigkeiten. Eine Freundin wollte ihr Töchterchen auf den Namen Inga taufen lassen, was ihr nicht erlaubt wurde.«

Ana bohrt nach und will wissen, wie es mir als Deutschen unter polnischen Schülern und Schülerinnen ergangen sei.

»Ich hatte gute polnische Freunde und kann mich nicht erinnern, wegen meiner deutschen Nationalität gehänselt oder beschimpft worden zu sein. Wohl vermerkte, während ich das Gymnasium besuchte, der Polnischlehrer mehrmals unter meinen Aufsätzen, dass ich polnisch schriebe, aber deutsch dächte. Was uns schwergefallen war, vornehmlich meiner Mutter, war die langjährige Trennung unserer Familie. Wir waren auf drei Länder aufgeteilt. Mein ältester Bruder, der in amerikanische Gefangenschaft gefallen war, blieb nach dem Krieg in Bayern; eine meiner verheirateten Schwestern, die geflüchtet war, lebte in der DDR. Dreizehn Jahre lang haben wir uns nicht gesehen und nicht gesprochen.«

»Uns ist es nicht anders ergangen«, wirft Irena ein. »Wir sind aus dem Lemberger Gebiet geflohen und leben bis auf den heutigen Tag getrennt: in Polen, Belgien, den Staaten und im fernen Australien.«

Im Stillen denke ich, dass wir Deutschen stets über unsere Flucht und Vertreibung reden und dabei übersehen, dass auch viele Polen dieses Schicksal erlitten hatten.

Nach einer Pause erzählt uns Irena von einer herzergreifenden Familientragödie.

»Besonders tragisch ist das Schicksal meines Onkels. Seine Familie wurde nach Kriegsende ermordet. Ihm allein ist es gelungen zu fliehen. Nach etlichen Jahren zogen, um Brot bettelnd, durch das Dorf, in dem mein Onkel später lebte, einige ausgehungerte Männer. In einem der Bettler erkannte mein Onkel einen der Mörder. Und ob ihr es glaubt oder nicht, mein Onkel hat dem Mörder ein Laib Brot geschenkt.«

Von der Geschichte zutiefst betroffen, schweigen wir lange. Dann wünschen wir uns eine gute Nacht. Morgen beabsichtigen die Polinnen, um Irrwege zu vermeiden, auf der Nationalstraße zu gehen.

Im Paradies der Düfte und der Nächstenliebe

13. Tag: Sonntag, 12. August 2007
Von Aljucén nach Alcuéscar

Drei Dinge sind uns aus dem Paradies geblieben:
die Sterne der Nacht,
die Blumen des Tages
und die Augen der Kinder.
Dante Alighieri

Da ich im Zimmer allein übernachtet habe, kann ich am Morgen das Licht einschalten, ohne jemanden aufzuwecken. Wie angenehm, den Rucksack zu packen, ohne jedes kleinste Geräusch unterdrücken zu müssen.

Die Dorfstraße hinunter. Nach zwei Kilometern taucht eine Tankstelle auf. Der Sevillaner Wegführer empfiehlt Pilgern, sich hier mit Wasser und Proviant zu versorgen, weil auf den nächsten zwanzig Kilometern dazu keine Gelegenheit bestehen werde. Aber was nützt der gut gemeinte Rat der Sevillaner Freunde des Silberweges, wenn die Tankstelle um 7 Uhr geschlossen ist? Dennoch danke ich den Sevillaner Schreibengeln mit einem Blick zum Himmel. Ohne ihren Hinweis darauf, dass der Pilgerweg in einer Kurve zwischen der Brücke über den Río Aljucén und der Tankstelle von der Straße abzweige, hätte ich den Einstieg nicht gefunden. Auf der Straße findet sich keine Markierung. Erst nachdem ich etliche Meter auf dem Pfad zurückgelegt habe, kommt ein Granitkubus zum Vorschein, der von der Straße aus nicht sichtbar war.

Im Flusstal des Río Aljucén wandernd, lausche ich auf Morgenlob singende Vögel. Reiher kreisen hoch am Himmel. Auf dem

Boden liegen, hier und da verstreut, flache Steinformationen. Sie erinnern mich an Schären im Finnischen Meerbusen. Dort sind sie vom Wasser umspült, diese hier vom Gras. Der Katalane holt mich ein. Nach wenigen Schritten kommen wir ins Gespräch. »Javier, was machst du beruflich?«

»Ich bin Oberkellner in einem großen Hotelrestaurant in Barcelona.«

»Und da wurde dir in der Hochsaison ein so langer Urlaub gewährt?«

»Meinem Vertrag nach müsste ich in der Woche an fünf Tagen arbeiten. Praktisch sind es sechs. So läppern sich im Laufe des Jahres etliche freie Tage zusammen.«

»Und warum bist du in Mérida gestartet? Der Silberweg beginnt in Sevilla!«

»Dafür gibt es keinen triftigen Grund. Oder vielleicht doch. Andalusien kenne ich von vielen Reisen her in- und auswendig, Extremadura hingegen nicht. Sevillas Flair ist einzigartig. Dort bin ich mehr als zehnmal gewesen. Dennoch ist Sevilla nicht die schönste spanische Stadt. Obwohl ich Katalane bin und Barcelona zweifelsohne eine beeindruckende Weltstadt ist, in der sich gut leben lässt, gebe ich neidlos zu, dass die schönste Stadt Iberiens Santiago de Compostela ist. Wie warm der helle Sandstein, aus dem die Häuser erbaut sind! Wie idyllisch die zum Flanieren einladenden Ruas! Und erst die Kathedrale! Alles ist in Santiago überwältigend, alles sagenhaft.«

Javier schwärmt und schwärmt. Plötzlich unterbricht er das Hohe Lied auf die Stadt des Pilgerapostels und fragt mich: »Ich verstehe euch Deutsche nicht. Warum seid ihr alle so verrückt auf Mallorca?«

»Die Insel bietet alles, was das Urlauberherz begehrt: Mandelblüte im Frühling, traumhafte Sandstrände, hohe Wassertemperaturen und selbst im Winter noch warme Sonnentage.«

»Aber die Touristenmassen! Abschreckend! Wie still ist es dagegen auf Menorca! Und vor allem: Die Insel ist ein Paradies, ein einziger Naturpark!«

»Mag sein, aber es ist nicht einfach, dorthin zu kommen. Dagegen wird von fast allen deutschen Flughäfen Palma de Mallorca angeflogen und das mehrmals am Tag! Hinzu kommt das enorme Angebot an guten Hotels.«

Wir reden über Gott und die Welt. Nachdem wir miteinander warm geworden, traue ich mich, den Katalanen auf etwas anzusprechen, was man in Spanien nur unter größter Zurückhaltung tun sollte..

»Im Baskenland sorgen militante Separatisten mit terroristischen Anschlägen für Schlagzeilen. In Katalonien gibt es Loslösungsbestrebungen, wenn auch nicht so gewalttätige. Ich will es nicht kritisieren, verstehen kann ich es jedoch nicht. Das läuft auf Kleinstaaterei hinaus, während wir im Zeichen Europas eine große Gemeinschaft anstreben.«

»Du musst es geschichtlich sehen. Während der Ära Generalissimus Francos wurde alles gleichgeschaltet und das Katalanische unterdrückt. Es ist das Normalste auf der Welt, wenn wir versuchen, unsere Identität und Eigenständigkeit wiederzufinden und die katalanische Kultur und Sprache dem Kastilischen gegenüber zu betonen.«

Javier hebt ein Stück Eichenrinde auf und schimpft los:

»Diese Weinhersteller! Die Schurken sind ausschließlich auf Profit aus! Schau, wie viele Korkeichen hier wachsen! Und was machen die Weinhersteller? Immer mehr gehen dazu über, Plastikkorken zu verwenden, dabei gibt Kunststoff die Weinblume nicht so gut wieder wie Kork.«

Er schnuppert mit der Nase nach rechts und links und fragt: »Riechst du das auch?«

Es duftet nach Thymian und Lavendel, aber nirgendwo sind lilarote oder violette Blüten zu sehen.

»Macchia«, sagt Javier und zeigt auf mannshohe Sträucher. »Sie wachsen häufig dort, wo Eichenwälder abgeholzt worden sind.«

Wir sind zwei Stunden lang stramm marschiert. Während der Katalane weiter geht, lege ich in dem Paradies der Düfte eine Pause ein. Die von verführerischen Aromas schwangere Luft lädt zu längerem Verweilen ein, aber die Sonne fängt an zu brennen, und so heißt es bald für mich: »*Ultreya!*[45]«

Der Weg steigt sanft, aber ununterbrochen an. Linker Hand werden die Berge der Sierra de San Pedro, rechter Hand die Hügel der Sierra Montánchez sichtbar. Ab und an verliert sich der Pfad in Macchiasträuchern, und ich muss mich querfeldein durchschlagen. Dank des alten Mannes aus Aljucén sind viele Stämme der Stein- und Korkeichen mit gelben Pfeilen markiert, so dass ich nicht in die Irre gehe. Ein einfaches Steinkreuz taucht auf: das Kreuz des heiligen Johannes, auch Kreuz des getöteten Jungen genannt. Es erinnert an einen tragischen Vorfall. Ein Hirtenjunge, der nachts von einer Fiesta im Zarzatal nach Hause ging, wurde hier von einem Wolf angefallen und zu Tode gebissen.

Vor mir breitet sich eine mit Gras bewachsene Hochebene aus: die kleine Meseta. Weder einen Hirtenhund noch Schafe, die hier grasen sollen, bekomme ich zu Gesicht. Ich überquere eine schmale Straße. Jemand ruft hinter mir her:

»Pilger, nicht diesen Weg!«

Auf der Straße schiebt ein Mann, von einer Frau begleitet, ein Motorrad. Der Engel in Frauenkleidern ruft:

»Dein *compañero* wandert auf der Straße.«

So gehe auch ich auf der staubigen Straße, die nach Alcuéscar führt, weiter. Nach wenigen Minuten treffe ich auf Javier. Der Katalane steht im Straßengraben und pflückt Brombeeren. Gemeinsam gehen wir bis Alcuéscar.

Das Dorf schmiegt sich an den Nordhang eines Berges namens Kalvaria. Am Fuß des Berges breitet sich aus der Gebäudekomplex des Ordens der Brüder von Maria und von den Armen. Die Kongregation könnte genauso gut Engel des Silberweges heißen, bietet sie doch allen Pilgern eine kaum zu überbieten-

---

45 Ein altspanischer Pilgerruf, der soviel wie »weiter! oder »auf geht's!« bedeutet.

de Gastfreundschaft an. Vor dem Eingangstor erhebt sich eine Säule mit einem von Muscheln bereicherten ionischen Kapitell. Darauf steht ein Pilgerkreuz, das in dieser Form häufig am *camino*, so vor der Kartause Miraflores in Burgos, anzutreffen ist: Auf einer Seite des Kreuzes trauert Maria, auf der anderen hängt Jesus. Ergänzend zu diesem im Mittelalter gängigen Pilgerkreuztypus lehnt hier am Säulenschaft der heilige Jakobus. Pilgerstab und Kalabasse sowie Pilgerhut und Bettlertasche weisen unmissverständlich auf seine Bestimmung als Patron der Pilger hin. Eine Aufschrift an der Säulenbasis ermahnt uns Pilger, innezuhalten und darüber zu staunen, was Christus und Maria für unsere Rettung alles getan haben.

Das Gittertor steht, die Pilger gleichsam mit ausgebreiteten Armen einladend, weit offen. Wir schreiten durch einen geräumigen, einem Park ähnelnden Hof. Greise Männer sitzen auf Bänken und winken uns zu. Die Räume der Pilgerherberge sind im zweiten Obergeschoss des Hauptgebäudes untergebracht.

Ein *hostalero* weist Javier und mir ein Zweibettzimmer zu, schenkt jedem ein Bildchen der gekrönten Mutter der Barmherzigkeit und sagt: »Danke, dass ihr uns ermöglicht, Nächstenliebe zu praktizieren. Ihr seid zum Abendessen um halb neun eingeladen. Ebenfalls seid ihr herzlich eingeladen zur heiligen Messe, die um halb zwei beginnt. Diese ungewöhnliche Anfangszeit hängt damit zusammen, dass heute das Jahrestreffen der Gönner und Förderer unseres Hauses abgehalten wird. Der Konvent besteht lediglich aus fünf Patres sowie einigen Fratres und Novizen, aber viele Freunde helfen uns, Alten und Armen ein würdiges Zuhause zu bieten und behinderte Jugendliche zu betreuen. Beachtet bitte die Öffnungszeiten! Die Pforte wird abends um neun Uhr geschlossen und morgens um sieben geöffnet. Danke nochmals, dass ihr zu uns gekommen seid. Euer Besuch ehrt uns.«

An der heiligen Messe nehmen viele Förderer teil. Die Klosterkirche ähnelt einer Burg. Damit gemeint ist wohl die Stadt Gottes, das heilige Jerusalem.

Siesta. Meine schmerzenden Fersen lassen mich nicht einschlafen. In dem dank großer Fenster hellen Flur entdecke ich am schwarzen Brett aktuelle Informationen über Pilgerherbergen in der Extremadura und schreibe sie ab: Aldea del Cano, 16,5 km, städtische Herberge, 12 Plätze, warmes Wasser, 3€, Valdesalor, 11 km, 3 Matten, warmes Wasser, Cáseres, 12 km, …

Weiter brauche ich nicht abzuschreiben, denn der *hostalero* schenkt mir ein gedrucktes Blatt mit all diesen Daten.

Obwohl es noch sehr heiß ist, mache ich mich dennoch auf, das Dorf zu besichtigen. Die Straße wie auch die parallelen Gassen klettern kerzengerade den Berg hinauf. Im Schatten der Häuser sitzen auf niedrigen, aus Weidenruten geflochtenen Stühlchen alte und junge *extremeños*. Straße und Gassen sind nach Konquistadoren benannt. Das ist nicht weiter verwunderlich, stammten doch die größten Eroberer Lateinamerikas aus der Extremadura. Hernán Cortez wurde in Medellon, Francisco Pizarro in Trujillo geboren.

Cortez eroberte zwei Jahrzehnte nach der Entdeckung Westindiens durch Kolumbus das Aztekenreich und – was schlimmer wiegt – rottete die altamerikanische Hochkultur mit Stumpf und Stiel aus. Die außerordentliche wissenschaftliche Leistung der Indios, der Kalender, bestand aus achtzehn Monaten von je zwanzig Tagen und aus einem Monat mit fünf Tagen. Die Anpassung ihres astronomischen Kalenders an das Sonnenjahr war bis auf acht Sekunden genau und damit präziser als unser gregorianischer Kalender, und das, obwohl der aztekische Kalender früher aufgestellt worden war. Nicht minder meisterhaft waren die aztekischen Großbauten. Der Aquädukt von Tenochtitlán bestand aus zwei Kanälen, so dass immer einer Wasser führte, während der andere gereinigt wurde. Alles hatte Cortez zerstört, auch Tenochtitlán[46], die Hauptstadt des Aztekenreichs. Was blieb, ist allein ein Brief von Cortez an Kaiser Karl V., in

46 Tenochtitlán wurde auf einer Insel in der Lagune von Mexiko um das Jahr 1325 gegründet. Nach der Trockenlegung der Lagune entstand sechs Jahrhunderte später an gleicher Stelle die Megapolis Mexiko-Stadt.

dem der Konquistador die Grandiosität der Stadt und die Herrlichkeit der Herrschaft Montezumas preist: »... dass sie von solcher Verwunderung sind, dass man es nicht glauben wird, weil wir hier, die wir sie mit unseren Augen sehen, dies nicht mit dem Verstand erfassen können.«

Dass es Cortez gelang, mit wenigen Mannen das volkreiche und wegen der Grausamkeit seiner Krieger berüchtigte Aztekenreich zu erobern – allein in der Hauptstadt Tenochtitlán lebten eine halbe Million Azteken –, verdankt der Konquistador einer von den Ureinwohnern Mexikos, den Tolteken, für wahr gehaltenen Legende. Der als Schöpfergott verehrte Tolteke Gefiederte Schlange, ein Gegner blutiger Opferriten, sei der Legende nach vor Urzeiten in Richtung der aufgehenden Sonne fortgezogen mit dem Versprechen, von dort wiederzukommen. Als Cortez von Osten her anrückte, sahen die von den Azteken unterjochten Tolteken in ihm den Schöpfergott Gefiederte Schlange und halfen den Spaniern, die grausamen Azteken zu unterwerfen. Die Sage enthält sicherlich ein Körnchen Wahrheit, waren doch die Opferriten der Azteken fürwahr grausam. Sie opferten den Göttern nicht nur Sklaven und Gefangene, denen bei großen Zeremonien das Herz aus lebendigem Leibe herausgerissen wurde, sondern auch ihre eigenen Kinder, weil sie glaubten, dass die Götter sich vom menschlichen Blut ernährten. Auch bestand die gängige Bußpraxis darin, sich mit den Dornen der Agave zu stechen und das eigene Blut den Göttern zu opfern. Selbst ihre Spiele waren unmenschlich. Ein Ballspiel, bei dem es darauf ankam, den Ball durch einen Ring zu befördern, gipfelte im Tod des Verlierers. Mochte auch die religiöse Weltanschauung der Azteken über alle Maßen blutig gewesen sein, so hatte Cortez dennoch nicht das Recht, die Indios zu vernichten. Das ist ihm spätestens auf dem Sterbebett bewusst worden. Im Testament erwähnt er, auf die Eroberung des Aztekenreichs Bezug nehmend, seine Gewissensbisse.

Keine Skrupel dagegen kannte ein anderer Konquistador namens Francisco Pizarro, der ein Jahrzehnt nach Hernán Cortez das Inkareich mit Feuer und Schwert eroberte. Das Reich der vier Weltrichtungen, wie das alte Peru in der Inkasprache hieß, war zu jener Zeit das mächtigste Imperium der Erde. Es erstreckte sich auf einer Länge von fünftausend Kilometern und wurde von fünfzehn Millionen Menschen bevölkert. Und doch hatte Pizarro die Söhne der Sonne, wie sich die Inka selbst nannten, mit weniger als zweihundert Reitern und Landsern besiegt.

Besiegte Cortez die Azteken dank einer Legende, so gelang Pizarro die Unterwerfung der Inka mittels einer List. Der hinterlistige Spanier lud den »großen Herrn«, wie der Herrscher des Inkareiches genannt wurde, zu sich ein. Atahualpa, neugierig auf die monströsen Tiere, auf denen die Spanier ritten, folgte gutgläubig der Einladung und lief in eine Falle. Er wurde gefangengenommen. Ein Jahr später ließ Pizarro den mächtige Inkaherrscher, den seine Untertanen weder ansprechen noch ansehen durften, hinrichten.

Abermals wurde eine altamerikanische Hochkultur zerstört. Vieles war in der andenen Kultur großartig. So die Architektur. Der Naturforscher Alexander von Humboldt hat auf seiner berühmt gewordenen Reise durch Südamerika die drei Prinzipien der Inka-Architektur bewundert: Einfachheit, Symmetrie und Festigkeit. Noch heute können wir uns in der Ruinenstadt Macchu Picchú von der Festigkeit der ohne Mörtel und Zement errichteten Quaderbauten überzeugen. Großartig war auch die Organisation des im heutigen Sinne Vielvölkerstaates. Die von Inka unterworfenen Indiostämme durften ihre Häuptlinge behalten und ihre Traditionen pflegen. Auch wenn es einen staatlich verordneten Sonnenkult gab, wurden dennoch lokale Kulte in den eroberten Ländern toleriert. Die Inka selbst, die sich als direkte Abkömmlinge der Sonne sahen, glaubten, dass sie aus einem heiligen Herkunftsort, dem hochgelegenen Titicacasee, als Gruppe heraufgekommen wären. Die Söhne der Sonne kannten kein Privateigentum. Die Erde und das sagenhafte Gold galten als gemeinsames Gut. Damit kam es in der andenen Gesellschaft zu keiner Anhäufung von Reichtümern in wenigen Händen. Dennoch war die Adelskaste der Inka privilegiert. So wurden über die Schluchten stets zwei nebeneinander liegende, aus Büschelgras gefertigte Hängebrücken errichtet: eine für die Oberschicht, eine für das gemeine Volk. Arbeiten mussten alle: die Untertanen als Viehzüchter oder Ackerbauern, der Adel als Krieger oder Verwaltungsbeamte. Der Begriff Zeit war deckungsgleich mit Arbeitsdauer, ja mit der Arbeit schlechthin, und übertraf damit in seiner Wertigkeit unsere weit verbreitete kapitalistische Auffassung von der Zeit als Geld. Ihr Zahlensystem glich unserem Dezimalsystem, war aber anschaulicher. Einzelne Ziffern wurden in Schnüren durch Knoten wiedergegeben, Einer, Zehner und Hunderter durch verschiedene Farben kenntlich gemacht.

In der von Pizarro gegründeten neuen Landeshauptstadt Lima ereilte ihn die für die Zerstörung des Inkareiches gerechte Strafe. Wie er gelebt, so starb er: Er wurde von den eigenen Leuten ermordet.

Die bereits zu jener Zeit arme Extremadura, eine Einöde auf Spaniens Landkarte, stellte alle großen Konquistadoren. Pedro de Valdivia, der das todbringende Handwerk bei Pizarro erlernt und Chile unterworfen hatte, war ein in Villanueva de la Serena geborener *extremeño*, ebenso wie der aus Badajoz stammende Alvarado, der die Maya-Hauptstadt Gumarcah erobert und der Maya-Kultur den Todesstoß versetzt hatte.

Meinen Ausflug in die blutige, abenteuerreiche Geschichte der Konquistadoren, zutreffender ausgedrückt, meinen Streifzug durch das staubigste, armseligste und gottverlassenste Dorf der Extremadura beendend, eile ich zum Kloster zurück, um rechtzeitig zum Abendessen dazusein. Das stimmt doch gar nicht, denke ich im Stillen. Alcuéscar ist kein gottverlassenes Dorf. Im Gegenteil! Bei den vorbildlich die Nächstenliebe praktizierenden Brüdern von Maria und von den Armen ist Gott stärker spürbar als sonst wo auf der Welt.

Im Foyer wartet neben Javier und den Polinnen auch das Liebespärchen. Der *hostalero* führt uns durch die Klausur in einen kleinen Speiseraum, in dem für uns der Tisch gedeckt ist. Nachdem die Polinnen das Tischgebet gesprochen, kommt ein Pater ins Zimmer und betet nochmals.

»Wir sind in einem gut katholischen Haus«, sagt Wanda und schmunzelt.

»Des Öfteren vergessen wir das Tischgebet. So kann es nicht schaden, wenn wir es ausnahmsweise zweimal gebetet haben«, kontert der *hostalero*.

Es gibt Gazpacho, eine kalte Suppe, deren Grundlage eine Mischung aus Brot und Knoblauch, Olivenöl und Essig bildet und die ungekochte Zutaten enthält, wie kleingeschnittene Tomaten und Gurken, Zwiebeln und Pfefferschoten.

Javier und der *hostalero* unterhalten sich über die in Katalonien und Andalusien unterschiedlichen Zubereitungsweisen des Gazpachos.

»In Barcelona wird der Gazpacho selbst in den besten Restaurants serviert«, hebt Javier die Bedeutung dieser ursprünglich bäuerlichen Speise hervor.

Außer der Suppe gibt es warme Würstchen, zum Trinken offenen Landwein, wahlweise Rot- oder Roséwein, und als Nachspeise Äpfel und Pfirsiche.

Neben mir sitzt das Liebespärchen.

»Wie heißt du?«, frage ich die junge Frau.

»Mein Name ist Nuria. Ich bin Mexikanerin.«

»Ein ungewöhnlicher Vorname.«

Nuria versucht, mir zu erklären, woher dieser Name kommt. Sie erwähnt irgendwelche arabischen und baskischen Wurzeln. Als sie merkt, dass ich sie nicht verstehe, sagt sie etwas so Überraschendes, dass ich mich an der Knoblauchsuppe verschlucke:

»I kunnt fei a bairisch red'n.«

Ich traue meinen eigenen Ohren nicht.

»Wie, wie kommt es, dass du bairisch sprichst?«, stammle ich.

»In Mexiko habe ich in der Schule deutsch gelernt. Meine Lehrerin hat mir, damit ich meine Sprachkenntnisse vertiefen sollte, einen Aufenthalt bei einer Familie in Freising vermittelt.

Die Gasteltern haben mich wie eine eigene Tochter aufgenommen. Innerhalb der neun Monate, die mir vergönnt waren, im Freistaat zu leben, habe ich allerdings weniger meine Deutschkenntnisse vertieft, als vielmehr bairisch gelernt.«

Das alles sagt sie zwar auf Hochdeutsch, aber mit bayerischem Akzent. Dann fragt sie mich:

»Wie schmeckt dir der Gazpacho?«

»Die Suppe ist gewöhnungsbedürftig. Ich hätte diese andalusische Spezialität niemals selbst bestellt. Stieß mich doch allein die Vorstellung, dass eine Knoblauchsuppe kalt serviert wird, zutiefst ab. Der Gazpacho schmeckt fremdartig, aber erfrischend. Und was hat dir in Deutschland am besten geschmeckt?«

»Weißwurscht, Brez'n und an Radi«, sagt Nuria und fährt teils auf Hochdeutsch, teils auf Bairisch fort: »Seid über einem Jahr lebe ich mit meinem Verlobten in Barcelona und habe inzwischen vieles wieder vergessen, den Geschmack der Weißwurscht und des süßen Senfs aber spüre ich noch jetzt. Dös woar pfundig.«

Der Wein fängt an zu wirken. Wir reden alle durcheinander, spanisch und katalanisch, polnisch und wasserpolnisch, deutsch und bairisch. Im Mittelalter hat sich auf dem *camino* das abendländische Bewusstsein herausgebildet. Und heute? Auf dem Silberweg erleben wir hautnah die Solidarität unter den aus verschiedenen Ländern stammenden Pilgern. Im Kleinen feiern wir unmittelbar von Mensch zu Mensch die Einheit der einen Welt. Ich denke an Peter, »meinen Dänen«, der inzwischen mir gegenüber sicherlich einen Vorsprung von mehreren Etappen erwanderte; an die baskische Familie, die heute an ihrem Zielort, in Cáceres, angekommen sein durfte, und an den hinterherhinkenden Wolfgang, dem noch vergönnt sein wird, die wohltuende Gastfreundschaft der Patres zu erleben. Der Silberweg ist fürwahr eine völkerverbindende Ader.

Die Polinnen und auch ich haben wenig Gazpacho gelöffelt. Gut ein Drittel ist übrig geblieben. Nuria und ihr Verlobter holen ihre Trinkflaschen und füllen sie randvoll mit der Knoblauchsuppe.

»Ich möchte euch nochmals daran erinnern, dass die Pforte erst um sieben Uhr geöffnet wird«, sagt der *hostalero* und führt uns aus der Klausur in die Pilgerräume.

»Was müssen wir für das Abendessen bezahlen?«, will Ana wissen.

»Das Essen kostet nichts, ebenso die Übernachtung. Ihr seid Gäste des Klosters. Wer kann und will, möge ein *donativo*[47] in die Spendenbüchse legen.«

Dante Alighieri zählt drei Dinge auf, die vom Paradies verblieben sind: Sterne, Blumen und Kinderaugen. Anscheinend sind aber noch mehr himmlische Zustände bis in unsere Tage übrig geblieben. Ich durfte heute zwei Paradiese verkosten: ein Paradies der Düfte und eines der Nächstenliebe.

Unsere Betten hängen aufs Äußerste durch. Kurzerhand legt Javier seine Bettmatratze auf den Fußboden. Ich liege in meinem Bett wie in einer Hängematte. Trotz der Unbequemlichkeit unserer Schlummerstätten ertönt bald als Folge des süffigen Schlummertrunkes ein stimmgewaltiges Schnarchtet.

47 *donativo* (spanisch: Gabe, Geschenk)

Eine Nacht im Ratssaal

14. Tag: Montag, 13. August 2007
Von Alcuéscar nach Valdesalor

Der Herr ist mein Hirte,
nichts wird mir fehlen
Psalm 23

7 Uhr. Die Pforte ist noch geschlossen. Warten. Die Polinnen und ich haben uns an die spanische Mentalität, an *paciencia*[48], gewöhnt und uns mit dem Lieblingswort der Iberer, mit *mañana*[49], angefreundet. Ausgerechnet Javier hadert mit der Unpünktlichkeit seiner Landsleute. Als Katalane ist er ein Nachkomme der Westgoten, womit in seinen Adern nur zu Hälfte iberisches Blut fließt. Nuria und ihr Verlobter machen das einzig Richtige: Sie belauschen die Matratze. Von der Klosterkirche klingt Chorgesang herüber. Als dieser beendet ist, kommt ein Pater zu uns. Mit einem Lächeln auf den Lippen entschuldigt er die Verspätung: »Die Laudes hat länger gedauert. Wir Mönche bemühen uns, die Weisung des heiligen Benedikt ernst zu nehmen: Ziehe nichts dem Gottesdienst vor!«

Er schließt die Pforte auf und wünscht uns »*buen camino!*«[50]

Nach kurzer Zeit setzen Javier und ich uns von den Polinnen ab. Wir wollen bis Valdesalor, Ana, Irena und Wanda nur bis Aldea del Cano gehen. Die Sonne steigt exakt über dem Gipfel eines Berges auf. Die große Sonnenscheibe über dem Berg sieht aus wie eine überm Kelch gehaltene Hostie.

---

48 *paciencia* (spanisch: Geduld im Sinne von abwarten und Tee trinken.)
49 *mañana* (spanisch: morgen im Sinne von morgen ist auch noch ein Tag.)
50 *buen camino* (spanisch: einen guten Weg! Häufiger Wunsch auf dem Pilgerweg.)

An einer unübersichtlichen Stelle, an welcher der Weg sich aufgabelt, zeichnen wir für die Polinnen einen Pfeil auf den Boden. Den Río Ayuela überqueren wir auf einer wiederaufgebauten römischen Brücke. In Casas de Don Antonio scheinen alle Antonios zu schlafen, denn Bar und Geschäft sind geschlossen.

Javier ist heute nicht so fit wie gestern und legt eine Pause ein. Am Wegrand stehen an ursprünglicher Stelle alte römische Meilensteine. Der Abstand zwischen ihnen beträgt tausend Doppelschritte, was einer Länge von 1,5 Kilometern entspricht. Von Meilenstein zu Meilenstein gehend, durchdringt mich mehr und mehr das Gefühl, in der Zeit des Alten Roms angekommen zu sein. Käme mir ein Zenturio mit einer Manipel oder gar eine ganze Kohorte entgegen, ich wäre keineswegs erstaunt. Erstaunt hingegen bin ich über den großen Hohlraum in einem der Meilensteine. Diente die Öffnung in späteren Zeiten als Briefkasten, wie die Sevillaner Freunde des Silberweges mutmaßen, oder steckt dahinter ein Geheimnis?

In Aldea del Cano ist die Bar geöffnet. Ein *bocadillo con aceite y tomate*[51], ein großer Milchkaffee und obendrein ein frisch gepresster Orangensaft schenken mir neue Kraft, den nächsten Wegabschnitt in Angriff zu nehmen.

Stechginster und mannshohe, langnadelige Macchiasträucher versperren mir ab und zu den Weg. Ein leichter Wind sorgt für Abkühlung. Auf der Höhe breitet sich das Gelände des Aeroklubs von Cáceres aus. Ich kreuze die Start- und Landebahn. Ein banges Gefühl bemächtigt sich meiner. Vor Jahren lief ich mit Freunden auf Langlaufskiern quer über den Auslauf der Zakopaner Sprungschanze, als plötzlich Skispringer über uns flogen. Hier starten und landen heute keine Flugzeuge, und gelbe Pfeile weisen den Pilger ausdrücklich darauf hin, den Flugplatz an dieser Stelle zu überqueren.

Am Viehweg entdecke ich einen Brunnen, der zu Recht diesen Namen trägt. Als ich die Pumpe betätige, fließt tatsächlich

51 ein mit Öl getränktes und mit Tomaten belegtes Brötchen

Wasser, wenn auch nur lauwarmes. Je länger ich pumpe, desto kälter wird es. Hinter dem Brunnen liegt im Gras ein totes Schaf. Nichts deutet darauf hin, dass es gerissen worden wäre. Aber weshalb ist es so nahe am Brunnen verendet? Wieder ein Geheimnis?

Das tote Schaf gibt den Anstoß zu der Frage nach Tod und Leben. Was ist der Sinn des menschlichen Lebens? Nirgendwo und nirgendwann kann darüber so intensiv nachgedacht werden wie auf dem Pilgerweg. Wo und wann könnte ich sonst ungestört vierundzwanzig Stunden am Tag darüber nachsinnen? Auf dem Pilgerweg ist dies möglich. Das macht den Sinn des Pilgerweges aus. Ginge es nach dem Alten Testament, sollten wir Menschen uns vermehren und uns die Erde untertan machen. Sich die Erde untertan machen könnte im lebensbejahenden Sinne als Auftrag ausgelegt werden, unseren Planeten zu beschützen und für kommende Generationen lebensfähig zu erhalten. Die Weisung, sich zu vermehren, birgt angesichts der Überbevölkerung in China und Indien Zündstoff in sich. Das doppelte Liebesgebot, das uns Jesus dem Neuen Testament nach hinterlassen hat, ist unproblematischer: »Du sollst den Herrn, deinen Gott, lieben aus deinem ganzen Herzen, deiner ganzen Seele und deinem ganzen Denken!« Und: »Du sollst deinen Nächsten lieben wie dich selbst!« Unproblematischer ist es in der Erkenntnis, unendlich schwieriger in seiner Befolgung. Das doppelte Liebesgebot, das unserem Leben Orientierung geben sollte, ist wie ein aus zwei aufeinander senkrecht stehenden Achsen bestehendes Koordinatensystem, in dem sich die Maße unserer Liebe einzeichnen ließen: Auf der waagerechten Achse die Liebe zu den Menschen, die, sollte der Hass überwiegen, auch negative Werte annehmen könnte, auf der senkrechten Achse die Liebe zu Gott. Zu Recht führt das Wort Achsen**kreuz** in seiner Zusammensetzung das Grundwort **Kreuz**. Punkte in diesem Koordinatensystem könnten als Grade der Liebe aufgefasst werden, die wir in unserem Leben erreichen. Im ersten Quadranten stünden mit großen Absolutwerten die Lebenspunkte der Heiligen, so eines Franziskus von Assisi, so einer Mutter Teresa von Kalkutta; im dritten Quadranten lägen mit großen negativen Koordinatenwerten diejenige der Gottesleugner und Menschenverachter, so eines Hitlers, so eines Stalins; im vierten Quadranten fänden sich die Lebenspunkte derjenigen Aufklärer, die allein auf das Humane setzten und zugleich alles Religiöse bekämpften. Wo wird dereinst der Punkt meines Lebens liegen? Ich wünsche mir, dass beide Koordinatenwerte wenn auch noch so klein so doch positiv sein möchten, auf dass letztendlich mein Lebenspunkt im ersten Quadranten des Achsenkreuzes der Liebe zu liegen käme. Die Hoffnung, dass es dazu komme, speise ich aus der Zuversicht, dass Gott mich nicht nach meinen miserablen Taten, sondern nach meinen Vorsätzen, Gutes tun zu wollen, beurteilen werde.

Ungewollt lache ich auf, als in meinem Gedächtnis die Geschichte auftaucht, wie René Descartes das rechtwinklige Koordinatensystem entdeckte. Der große französische Philosoph und Mathematiker stand zu jener Zeit als Offizier in Kriegsdiensten des Kurfürsten von Bayern. Da ausnahmsweise nicht gekämpft wurde, langweilte er sich in seinem Winterquartier. Der erste systematische Denker der Neuzeit, der alles stets »klar und deutlich« sah, versuchte die Zeit totzuschlagen, indem er eine Fliege beobachtete, die am Fenster umherflog, und sich dabei fragte, wie er einem nicht anwesenden Freunde die genaue Position der Fliege beschreiben könnte. Da fiel ihm auf, dass dies durch zwei Abschnitte der das Fenster teilenden Sprossen festzumachen war: Es mussten lediglich die rechts und oberhalb des Kreuzungspunktes der Sprossen liegenden Abschnitte durch positive, die links und unterhalb liegenden durch negative Zahlen beschrieben werden. Mit diesem simplen Einfall revolutionierte Descartes die Mathematik. Von nun an war es möglich, Aufgabenstellungen aus der Geometrie in die Algebra zu übertragen und umgekehrt. Welch grandiose Korrespondenz!

In Gedanken vertieft, habe ich die Dolmen übersehen wie schon auf dem Weg von Monesterio nach Fuente de Cantos.

Laut des Sevillaner Wegführers hätte ich sie rechts des Weges auf einem Hügel sehen müssen. Auf dem Feld steht eine Herde Schafe, dicht an dicht. Als ich näher komme, rühren sich die Schafe nicht. Es sieht so aus, als ob sie, sich gegenseitig Schatten spendend, stehend schliefen.

Río Salor. Das Wasser des Flusses wird in einem Stausee gespeichert. Hinter einer vielbögigen, auf römischen Ursprung zurückreichenden Brücke ist teilweise die alte römische Straße wiederaufgebaut worden. Laut Infotafel bestand die oberste Schicht aus Granitplatten.

Valdesalor. Mit dem Silberweg hat der Ort, geschichtlich gesehen, nichts zu tun. Er wurde im vorigen Jahrhundert durch Franco im Zuge der Kolonisierung des Landes gegründet. Das rechtwinklige Straßennetz und der große, rechteckige, durch Kirche und Rathaus begrenzte Platz täuschen einen munizipalen Charakter vor. Es ist fünf Minuten vor zwei, im übertragenen Sinne fünf vor zwölf, denn das Rathaus soll just geschlossen werden. Der Bürgermeister begrüßt mich mit Handschlag und sagt:»Leider haben wir in Valdesalor keine Pilgerherberge. Da für heute keine Sitzung anberaumt worden ist, können Sie im Sitzungssaal übernachten.« Er führt mich ins Obergeschoss und schließt den Sitzungssaal auf. »Auf dieser Etage befindet sich ein Sanitätsraum mit Dusche und WC. Am Vormittag wurden dort vom Gesundheitsamt Untersuchungen durchgeführt. Warten Sie etwas mit dem Duschen! In Kürze wird eine Putzfrau das Bad reinigen. Wenn am späten Nachmittag die Sekretärin kommt, können Sie sich ihren Pilgerpass abstempeln lassen.«

Er händigt mir Schlüssel aus, wünscht mir eine gute Siesta und verlässt, leise hinter sich die Türe schließend, den Ratssaal. Träume ich, oder hat mich der Bürgermeister mit einer hoch angesehenen, auf dem Silberweg pilgernden Persönlichkeit verwechselt? Einem Schauspieler, einem Abgeordneten der *Cortes*[52] oder irgend einem anderen Promi? Sollte das zutreffen,

52 *Cortes* heißt das spanische Parlament.

werde ich mich den Teufel darum kümmern und tunlichst alles unterlassen, was den Irrtum aufklären könnte. Des Rätsels Lösung ist im Psalm 23 zu finden: »Der Herr ist mein Hirte, nichts wird mir fehlen.«

Der Sitzungssaal gliedert sich in zwei Teilräume. Im oberen steht ein Ausziehtisch. Um ihn herum sind hufeisenförmig acht Ratssessel aufgestellt. An der Stirnseite führt eine Tür zum Balkon. Über der Tür hängt ein roter Wandteppich mit einem Wappen, dessen Krone ins Auge sticht. Spanien ist schließlich Monarchie. An den Seitenwänden hängen zwei Fahnen: rechts die rot-gelb-rote Spaniens, links die grün-weiß-schwarze Extremaduras. Im unteren Raum stehen teils aufgereiht, teils aufgestapelt Stühle für Besucher.

Javier trudelt ein. Gemeinsam waschen wir Wäsche. Wo könnten wir sie zum Trocknen aufhängen? Javier erdreistet sich und hängt seine Sachen an der schmiedeeisernen Brüstung des Balkons auf. Käme jetzt der Bürgermeister vorbei, wären wir entlarvt. Von wegen Promis! Nichtsdestoweniger getraue auch ich mich, es Javier nachzumachen. Schließlich möchte ich nicht gegen das sechste Pilgergebot verstoßen: Trage keine schmutzigen Socken! Von der repräsentativsten Stelle des Rathauses, wo zu großen Feiern Fahnen wehen, flattern nun Socken, Hemden und Schlüpfer im Wind. Um es vollends auf die Spitze zu treiben, fehlte nur noch, dass Javier vom Balkon aus zu den Bürgern von Valdesalor eine Rede schmetterte. Dem Himmel sei's gedankt, hält das Volk von Valdesalor samt und sonders Siesta.

Wir schieben die Ratssessel zu Seite, rollen unsere Luftmatratzen aus und machen das, was nicht nur das Volk von Valdesalor, sondern alle Spanier, die etwas Grütze im Kopf haben, um diese Nachmittagsstunde tun: Wir betreiben Augenpflege. Bevor ich vom Schlaf übermannt werde, geht mir noch der Gedanke durch den Kopf, wie grotesk unsere Situation ist. Ehrfurcht gebietende Landesfahnen, königliche Wappen, noble Ratssessel und mittendrin in diesem festlichen Rahmen zwei armselige Schlucker, deren Duett für Bass- und Tenorschnarcher alles andere als harmonisch, geschweige denn feierlich klingt.

Als wir aufwachen, macht sich bereits im Vorzimmer des Bürgermeisters die Sekretärin zu schaffen. Und unsere Wäsche baumelt noch vom Balkon herab! Kleinlaut bitten wir die Sekretärin, unsere Pilgerpässe abzustempeln. Sie folgt unserer Bitte, ohne ein einziges Wort über unsere vom Balkon herabhängende Schande zu verlieren, als ob dies das Natürlichste auf der Welt wäre. Stattdessen sagt sie: »Bitte tragen Sie sich in das im Sitzungssaal ausgelegte Pilgerbuch ein! Und schieben Sie, wenn Sie frühmorgens das Rathaus verlassen, die Schlüssel unter die Tür. Ich wünsche ihnen noch einen erholsamen Aufenthalt in Valdesalor!«

»Was kostet die Übernachtung?«, will Javier wissen.

»Sie ist gratis.«

Wir staunen Bauklötzer. In Valdesalor, das keine Pilgerherberge hat, ist der Pilger König. Ach was, Kaiser! Wie lange noch? In zehn, spätestens zwanzig Jahren, wenn sich hier die Pilger auf die Füße treten werden wie derzeit auf dem *camino*, wird auch auf dem Silberweg die Pilgerherrlichkeit ein Ende gefunden haben.

Auf einem Ständer liegt das Pilgerbuch. Wir schreiben unsere Namen mit einer so sauberen Schönschrift, als trügen wir uns in das Goldene Buch der Stadt ein. Die letzte Eintragung stammt von »meinem Dänen«. Peter hatte die Gastfreundschaft dieser pilgerfreundlichen Gemeinde vor zwei Tagen genossen.

Ich schreibe in meinem Tagebuch, als die Tür aufgeht und – vor lauter Überraschung und Freude springe ich auf – Ana, Irena und Wanda hereinspazieren. Sie hätten, erzählen sie, in der Pilgerherberge von Aldea del Cano Siesta gehalten und sich danach nochmals auf den Weg gemacht.

Gemeinsam gehen wir zur Abendmesse. Die wenigen alten Frauen in der Kirche lassen sich an den Fingern einer Hand abzählen. Der Pfarrer beschließt, die heilige Messe in der Sakristei zu lesen. Irena verteilt an alle ein Christus darstellendes

Andachtsbildchen, das – wie die Polin hervorhebt – eine heilig gesprochene polnische Klosterschwester gemalt habe.

Nach der Messe sitzen wir auf einer Steinbank vor dem Rathaus. Ich frage Irena: »Was war das Besondere, was das Heiligmäßige an der Klosterschwester, die das Bild des segnenden Christus gemalt hatte?«

»Das Besondere war ihre Einfachheit, das Heiligmäßige ihr Gottvertrauen. Der Herr schenkte ihr die Gnade, in den Herzen der Menschen lesen zu können. Helena Kowalska, wie Schwester Faustyna mit bürgerlichem Namen hieß, wurde 1905 in Głogowiec, einem Dorf nahe unserer Heimatstadt Łódź, geboren. Als Zwanzigjährige trat sie, nachdem sie etliche Hindernisse hatte überwinden müssen, in den jungen Orden von der Muttergottes der Barmherzigkeit ein. Hingebungsvoll und mit größter Ernsthaftigkeit, als hätte davon der Fortbestand der Menschheit abgehangen, verrichtete sie die einfachsten Arbeiten in Küche und Pforte, in Bäckerei und Gärtnerei. Ab ihrem sechsundzwanzigsten Lebensjahr erschienen ihr öfters Jesus und die Muttergottes. Während einer der Erscheinungen hatte Jesus sie beauftragt, ein Bild von ihm so zu malen, wie sie ihn sehe, und unter dem Bild zu schreiben: Jesus, ich vertraue auf Dich! Der Herr erwählte Schwester Faustyna zur Sendbotin seiner unergründlichen Barmherzigkeit; sie sollte alle Menschen ermuntern, auf die Tiefe seiner Barmherzigkeit zu vertrauen. Jesus nannte sie seine Sekretärin, diktierte ihr das Rosenkranzgebet zur Barmherzigkeit Gottes und versprach, wer den Rosenkranz beten und die Andacht zur Barmherzigkeit Gottes verbreiten werde, dem werde er in der Todesstunde nicht Richter, sondern barmherziger Erlöser sein. Schwester Faustyna starb im Alter von dreiunddreißig Jahren in Kraków-Łagiewniki. Heute steht dort eine Basilika, in der das Gnadenbild verehrt wird. Im Jahr 2000 erhob Papst Johannes Paul II. Schwester Faustyna als Heilige zu Ehre der Altäre und führte zugleich ein neues Kirchenfest ein, das am ersten Sonntag nach Ostern gefeiert wird, den Barmherzigkeitssonntag.«

Ich betrachte das Andachtsbildchen. Auffällig daran sind zwei Lichtstrahlbündel, die aus dem Herzen Jesu zu quellen scheinen, ein rotes und ein blassblaues.

»Was bedeuten die beiden Strahlen?«

»Der Evangelist Johannes beschreibt in der Kreuzigungsszene, dass ein Soldat mit der Lanze in Jesu Seite stieß und dass sogleich Blut und Wasser herausfloss. Die beiden Strahlen sind Ströme der Liebe, Zeichen für zwei Sakramente. Der blassblaue Strahl symbolisiert das Wasser der Taufe: Im Sakrament der Taufe wurden wir von Gott erwählt. Der rote Strahl symbolisiert das Blut der Eucharistie: Mit seinem Blut erlöste uns Jesus.«

Lange Zeit sitzen wir schweigend da. Im Nu wird es dunkel. Unsere Augen schwimmen im sternübersäten Himmel. Tief atmen wir den Frieden dieser Nacht ein. Die Polinnen lehren mich ein Jakobusgebet, das mir wie ein Psalm vorkommt.

Du lässt mich auf dem Weg nie im Stich,
auf Schritt und Tritt bist Du mir nahe.
Du befreist meine Seele von Unbill,
meinen Verdruss wandelst Du in Freude.
Bin ich auf dem Weg gereizt, besänftigst Du mich,
bin ich niedergeschlagen, schenkst Du mir neue Hoffnung.
Du freust Dich mit mir, wenn ich glücklich bin,
plagen mich Schmerzen, leidest Du mit mir.
Deine Hilfe kennt keine Grenzen,
grenzenlos ist Deine Treue.
Heiliger Jakobus, Schutzpatron aller Pilger,
begleite mich bis ans Ende meiner irdischen Pilgerschaft!

»Spanien kann sich glücklich preisen, einen so mächtigen Fürsprecher als Landespatron zu haben«, sagt Irena und fügt leise, kaum hörbar hinzu, »Auch ich verehre den heiligen Jakobus. Seit vierzehn Jahren kämpfe ich mit seiner Hilfe gegen den Krebs an.«

Spaniens Geschichte, geschrieben mit Steinen

15. Tag: Dienstag, 14. August 2007
Von Valdesalor nach Casar de Cáceres

Aufstehen will ich,
die Stadt durchstreifen,
die Gassen und Plätze,
ihn suchen,
den meine Seele liebt.
Das Hohelied 3,2

Im Dunkeln stehle ich mich, die auf Matten schlafenden Polinnen übersteigend, aus dem Sitzungssaal, schließe, um ja kein Geräusch zu machen, im Zeitlupentempo die Tür, ziehe mich, mir dabei viel Zeit nehmend, im Treppenhaus an, presse, die Matratze einrollend, Luft aus meinem tragbaren Bett aus, packe, Schlafsack und Luftmatratze, Trinkflasche und sonstige Habseligkeiten hineinstopfend, den Rucksack voll und mache mich, den transportablen zehn Kilo Schrank schulternd, auf den Weg. Mögen sich meine Mitpilger weiterhin ungestört von innen begucken!

Die ersten drei Kilometer gehe ich zwangsweise auf der Nationalstraße, weil der Einstieg in den Pilgerweg nicht aufzufinden war. Schuld daran mag neben der Dunkelheit die neu gebaute Autobahn haben. Vom dreiteiligen Morgenkanon lasse ich das Singen weg. Mir steht nicht der Sinn danach. Immer noch hänge ich der gestern aufgeworfenen und nicht zu Ende gedachten Frage nach Tod und Leben nach. Warum ängstigt mich der Tod? Als Christ müsste ich mich auf das ewige Leben freuen! Ich zweifle nicht an der Unsterblichkeit der Seele, dennoch klammere ich mich krampfhaft an das irdische Leben fest.

Warum? Hängt es damit zusammen, dass ich mir kein konkretes Bild vom ewigen Leben machen kann? Meine Vorstellung vom Leben ist an Leib gebunden, den winzigen eines Neugeborenen, den starken eines Erwachsenen, den gebrechlichen eines Alten. Ein Leben ohne Leib ist für mich schlechterdings unvorstellbar. Die Verheißung der zukünftigen Herrlichkeit, Gott von Angesicht zu Angesicht zu schauen, ist für mich gleichfalls unausdenkbar.

Selbst der neue Himmel und die neue Erde, in der sich Gerechtigkeit und Friede küssen werden und es kein Leid geben werde, erscheinen mir, wenn auch überaus wünschenswert, so doch ganz und gar wirklichkeitsfremd. Auch die Vorstellung, liebe Verstorbene im Himmel zu sehen, Eltern und Geschwister, Freunde und Bekannte oder solch große Menschen wie Sokrates und Guardini, bereitet mir Schwierigkeiten, weil ich mir diese Menschen nicht ohne Leib vorstellen kann. Womöglich überwiegt aber das Festhalten am irdischen Leben gegenüber der Freude, im Reiche Gottes zu leben, damit zusammen, dass ich trotz aller Hoffnung auf die unendliche Barmherzigkeit Gottes mich dennoch davor fürchte, meiner schlechten Taten wegen im dritten Quadranten des Achsenkreuzes zu landen, im Ort der Finsternis und Marter. In den Jahren meiner Kindheit wurde in der Kirche hoch von der Kanzel herab viel und oft von der ewigen Verdammnis gepredigt. Das hat Spuren hinterlassen.

Mir wird bewusst, dass ich seit Jahren den Gedanken an Leiden und Sterben zu verdrängen versuche, freilich ohne Erfolg. Hilfreicher wäre es, das Sterben Stück für Stück einzuüben. In Wirklichkeit sterbe ich Tag für Tag, nur müsste ich es mir stärker bewusst machen. Abschied nehmen ist so ein tägliches Sterben. Wie oft sagen wir zu Menschen auf Wiedersehen, ohne die Hoffnung zu haben, sie wiederzusehen! Menschen, die mit mir ein Stück des Weges gepilgert, werde ich nicht mehr sehen: nicht Peter, nicht die baskische Familie und auch nicht die Polinnen. Das Leben ist fürwahr ein Sterben in Etappen.

Noch immer über Tod und Leben nachsinnend, erreiche ich Cáceres. Die Randbezirke der zweitgrößten Stadt Extremaduras sind mit abbröckelnden Häuserfassaden, verschmutzten Bars, lärmenden Fabriken nicht gerade das, was Aug' und Ohr eines Pilgers erfreuen könnte. Wie beglückend dagegen wirkt auf mein Gemüt die auf einer Anhöhe liegende Altstadt: ein Ensemble bestens erhaltener Adelspaläste und Kirchen. Keine Stadt der Welt ist berechtigter das Adjektiv »alt« in dem Wort »Altstadt« zu führen als Cáceres, sind doch hier auf einer Fläche von weniger als einem Quadratkilometer zwanzigtausend Jahre spanischer Geschichte erlebbar. Genau genommen, beträgt das Areal dreihundert mal vierhundertfünfzig Meter, und darin ist nicht nur die Geschichte in steinernen Dokumenten verewigt, sondern auch die prähistorische Zeit.

Bereits in der Altsteinzeit lebten hier in Höhlen Menschen. Diese Vorfahren – das vermuten einige Paläontologen – seien von Nordafrika auf die Iberische Halbinsel herübergezogen. Andere Paläontologen nehmen an, und einige Funde sprechen dafür, dass von Osten kommende Völker der indo-skythischen Rasse zuerst die Halbinsel besiedelt hätten. Diese namenlosen, von Griechen im Nachhinein doch mit Namen versehenen Stämme, die Iberer, schufen in Höhlen Zeichnungen, deren künstlerische Vollkommenheit uns Heutige staunen lässt. Sind es in Nordspanien, in der bekannten Höhle von Altamira, farbige Tierdarstellungen, deren Stil erstaunliche Parallelen zur Gegenwartskunst aufweist, so sind es in Cáceres, in der weniger bekannten Höhle von Maltravieso, geheimnisvolle Handabdrücke. Darüber, was die vor zwanzigtausend Jahren lebenden Steinzeitkünstler mit den Geheimzeichen ausdrücken wollten, zerbrechen sich die Kunsthistoriker den Kopf.

Jahrtausende später drangen über die Pyrenäen in mehreren zeitlich aufeinander folgenden Wellen Kelten ein. Nach und nach vermischten sich die Eindringlinge mit der Urbevölkerung. Für die Mischrasse erfand unsere Sprache, dieses wunderbare Werkzeug menschlicher Kultur, den zutreffenden

Namen »Keltiberer«. Den uneinheitlichen Volksstämmen der Keltiberer war eines gemeinsam: ihre kriegerische Wildheit. Einer der keltiberischen Stämme, die Lutonen, besiedelte den Hügel von Cáceres. Dabei mochten die Lutonen etwas genutzt, was ihre Vorfahren schon beherrscht hatten: Die Kelten hatten bereits in Gallien wohlorganisierte, durch Mauern bewehrte Siedlungen gebaut.

Nach den Kelten kamen die Römer. Sie begannen früh an der Küste und am Unterlauf großer Flüsse Städte zu gründen, so im Jahre 205 vor Christus Itálica im Guadalquivir-Becken. Es dauerte aber noch fast dreihundert Jahre, bis die Römer die sich in Bergen erfolgreich verteidigenden Keltiberer besiegt haben. Demzufolge sind die Städte im Landesinneren erst später erbaut worden, Cáceres um das Jahr 30 v. Chr.

Auf der kleinen außerhalb der Stadtmauer liegenden Plaza de Santa Clara stehend, werde ich von den ersten Eindrücken der Altstadt in Bann gezogen. Vor mir der Komtur-Palast mit dem gut erhaltenen Festungsturm; daneben das Haus Sanches-Paredcs, des hohen Richters am Königshof, mit einem ums Fenster herumlaufenden Fischfries; weiter rechts zwei Türme der Stadtmauer: der westliche und der östliche Mérida-Turm. Hinter mir die Einsiedelei und das Kloster der heiligen Clara. Eine Tafel informiert über mehr als sechzig geschichtsträchtige Sehenswürdigkeiten.

Durch das Mérida-Tor trete ich in die Altstadt ein und bleibe, vom Rundblick fasziniert, auf der Plaza de las Veletas stehen. Vor mir der Palast der Wetterfahnen, geschmückt mit stei nernen Wappen. Der Prachtbau, heute ein archäologisches Museum, birgt in seinen Mauern steinerne Zeugen aus prähistorischer Zeit, so eine Grabstele mit einem sonnnenartigen Nimbus, so einundsiebzig geheimnisvolle, zwanzigtausend Jahre alte Handabdrücke, aber auch Funde der keltiberischen Zeit, so mehrere Eberfiguren. Hinter dem Palast erinnern Tore und Türme aus dem ersten Jahrhundert an die Stadtgründer, die Römer. Nach steinernen Zeugnissen der Westgoten suche ich ver-

Torre de Bujaco, einer der maurischen Verteidigungstürme in Cáceres

geblich. Dieser germanische Stamm hat in Cáceres keine Bauten errichtet. Im Gegenteil. Während der jahrzehntelangen Kämpfe zwischen Arianern und Katholiken wurde das Erbe der Römer größtenteils zerstört. Viele steinerne Zeugnisse dagegen hinterließen die Mauren. Ich stehe auf maurischen Überresten, denn die Plaza de las Veletas und der Palast der Wetterfahnen wurden auf den Ruinen des arabischen Alcázars erbaut. Ein *aljibe*, eine unterirdische, mit Hufeisenbögen prunkende Zisterne, funktioniert noch heute. Am eindrucksvollsten bezeugen die vielen Türme und Tore der vollständig erhaltenen Ringmauer die Herrschaft der Mauren. Die Ummauerung der Stadt war nötig geworden, weil bei Cáceres lange Zeit die Grenze zwischen dem Reich der Almohaden im Süden und den Königreichen León und Kastilien im Norden verlief. Trotz der wehrhaften Mauer eroberten 1166 Christen die Stadt. Drei Jahre später wurde in Cáceres der Orden der Santiagoritter gegründet, der sich im Kampf gegen die Mauren hervortat. Drei Jahre nach der Gründung des Ritterordens fiel die Stadt erneut an die Almohaden. Dieses Wechselspiel erlitt sie insgesamt dreimal. Ab dem 13. Jahrhundert, als die Reconquista bis über die Sierra Morena vordrang, konnten die Christen die Stadt halten. Als endlich Frieden herrschte, geschah das, was zwangsläufig geschehen musste: Die Adelsgeschlechter der Stadt begannen sich gegenseitig zu bekämpfen. Dies konnte geschehen, weil sich die katholischen Königreiche León, Aragón und Kastilien selbst bekriegten. Die Kämpfe zwischen den Adelsgeschlechtern wurden abrupt beendet, als nach der Heirat von Ferdinand II. von Aragón mit Isabella von Kastilien der spanische Nationalstaat entstand. Königin Isabella ließ die Wehrtürme, stolze Wahrzeichen der altadeligen Familien, schleifen. Allein der Geschlechterturm am Palast von Don Diego de Cáceres Ovando durfte stehen bleiben als Dank dafür, dass sich Don Diego im Krieg gegen Portugal ausgezeichnet hatte. Der schlanke, zinnenbewehrte Turm prangt an der Plaza de las Veletas nicht nur zum Erstaunen der Touristen, sondern auch zur Freude der Störche. Er trägt den zutreffenden Namen »*Torre de las Cigueñas*«, auf Deutsch Storchenturm. Wie warm wirkt der braune Bruchstein, wie kontrastreich dazu die weiße, unregelmäßige Quaderung der Ecken und wie harmonisch die mit hufeisenförmigen Bögen verschönerten Doppelfenster am Palast!

Das Jahr 1492 gilt als Wendepunkt spanischer Geschichte. Es fixiert rückgewandt das Ende der achthundert Jahre dauernden Besetzung der Halbinsel durch die Mauren. Am 2. Januar 1492 kapitulierte der letzte arabische Herrscher Granadas vor den Heeren der Katholischen Könige Ferdinand und Isabella. Zugleich beginnt in diesem Jahr eine neue Ära. Christoph Kolumbus landete, auf Geheiß Isabellas nach Westen segelnd, am 12. Oktober 1492 in der Neue Welt, in Amerika, doch war er zeitlebens davon überzeugt, einen neuen Seeweg nach Indien gefunden zu haben. Es begann – die vielen neuen Länder und das viele Gold ermöglichten es – das Goldene Zeitalter Spaniens. Der Sohn Don Diegos, Frey Nicolás de Ovando, wurde 1501 von Isabella zum Statthalter der Inseln und des Landes Westindien ernannt.

Die in Westindien durch Raub reichgewordenen oder von der Krone reichbeschenkten Konquistadoren entfalteten in Cáceres, Hunderte von Palästen bauend, ein ungeahntes Wirtschaftswachstum. Sogar dem Enkel des Aztekenkönigs Montezuma II. gehörte innerhalb der Stadtmauern ein Palast. Die vielen aus dem gleichen warmen Bruchstein erbauten Paläste unterscheiden sich lediglich in dekorativen Elementen der Fassaden. Durch enge Gassen gehend, Haus für Haus bewundernd, entdecke ich hier ein Sonnenrelief oder gotisches Spitzbogenfenster, dort steinerne Wappen oder Medaillons der Alten und Neuen Welt. Einige Fassaden bestechen durch Mudéjarstil, dessen kufische Schriftzeichen eine Hinterlassenschaft der unter christlicher Herrschaft arbeitenden Mauren, den Mudejaren, ist, andere beeindrucken durch plateresken Stil, dessen ornamentale Fülle gleichfalls auf maurische Einflüsse zurückführbar ist. Auf Schritt und Tritt ist das Goldene Zeitalter spürbar. Dieses endete, als im Jahre 1588 die Armada im Ärmelkanal von der englischen Flotte besiegt wurde. Der Untergang geschah auf See. Seine Folgen in Cáceres sind nur indirekt bemerkbar: Prachtbauten aus späterer Zeit fehlen gänzlich. Doch selbst wenn es zu dem Niedergang der einstigen Weltmacht nicht gekommen wäre, hätten in der Altstadt keine neuen Paläste gebaut werden können, weil es dafür an Platz gefehlt hätte.

Die *Cuesta*[53] *Campañia* hinabschlendernd, gelange ich zu der Kirche des heiligen Franz Xaver. Unter mir kann ich, über die kleine Plaza de San Jorge schauend, den Palast de los Golfines de Abajo bewundern, der sich rühmt, oftmals die Katholischen Könige beherbergt zu haben. Die mudéjare und platereske Stilelemente vereinende Fassade des ehrwürdigen Palastes ist zur Plaza Santa María ausgerichtet. Ein unscheinbarer Balkon hat große Geschichte geschrieben. Ein Balkon in Verona wurde

53 *cuesta* (spanisch: abfallende Straße)

zum Symbol der Tragödie des Liebespaares Romeo und Julia. Der kleine Balkon des Palastes de los Golfines de Abajo, auf dem kaum zwei Menschen nebeneinander Platz finden, könnte symbolhaft für die Tragödie des spanischen Volkes stehen. Francisco Franco y Bahamonde wurde auf diesem Balkon zum *Caudillo* ernannt, zum Haupt des Staates oder, abträglicher ausgedrückt, zum Häuptling, denn er herrschte fürwahr wie ein blutrünstiger indianischer Häuptling vierzig Jahre lang. Der von 1936 bis 1939 tobende Bürgerkrieg markiert das dunkelste Kapitel spanischer Geschichte. Die Wunden des Bürgerkrieges sind bis heute nicht vernarbt. Immer noch kämpfen Hinterbliebene der damals Ermordeten erfolglos vor den Gerichten um Wiedergutmachung. Francos Diktatur führte nach außen zur Selbstisolierung Spaniens. Das ist keine ferne Geschichte. Diese Abkapselung habe ich Anfang der sechziger Jahre während einer Rundreise durch Spanien drastisch zu spüren bekommen.

Durch den Sternbogen verlasse ich die Altstadt und gelange auf die Plaza Mayor. Auf diesem Platz – dem größten nicht nur Cáceres', sondern der ganzen Extremadura – wurden seit dem 16. Jahrhundert Märkte und Viehmessen abgehalten. Innerhalb der Stadtmauern mangelte es hierfür an Platz. Ich überquere die Plaza, drehe mich um und weide nochmals meine Augen am Anblick der Altstadt. Die halbe Altstadt grenzt an die Längsseite der Plaza Mayor. Vom Mérida-Tor bis zum Sternenbogen gehend, habe ich die Geschichte Spaniens, Schicht für Schicht, in Steinen gelesen, angefangen in Zeiten, da Jäger mit Speer und Faustkeil, mit Pfeil und Bogen nach Bären und Hirschen jagten, bis hin zu der Zeit, da deutsche Flugzeuge der Legion Condor, Franco im Bürgerkrieg helfend, über iberische Städte und Dörfer donnerten. Die Fassaden der Plaza Mayor betrachtend, lasse ich nochmals, diesmal jedoch in umgekehrter Reihenfolge, tiefer und tiefer in die Vergangenheit vordringend, die steingewordene Geschichte Spaniens Revue passieren. Aus dem 18. Jahrhundert stammen die Einsiedelei des Friedens und der nach Plänen von Churriguera errichtete Sternbogen. In churrigueresker Manier, der verschwenderischen spanischen Spielart des Barockstils, wurde auch die Westfassade der Kathedrale von Santiago de Compostela erbaut, die eindrucksvollste und zugleich umstrittenste Kirchenfassade Spaniens. Die prunkvollen, aus dem 16. Jahrhundert stammenden Arkaden der Plaza Mayor beschwören das Goldene Zeitalter herauf. Die Paläste von Montezuma und Mayoralgo sind Zeugen der Konquistadorenzeit. Erinnert der Predigerturm an die isabellinische Zeit, so ruft der Turm der Kräuter die Zeit der Reconquista in mir wach. Der aus dem 12. Jahrhundert stammende Uhrturm wiederum ist ein steinerner Zeitzeuge der Mauren und der Römer: Er wurde von Mauren erbaut und wird von der Statue einer römischen Göttin geschmückt. Römische Statue und maurischer Turm weisen auf zwei unterschiedliche Deutungen des Stadtnamens hin. In Cáceres sind der Name der römischen Fruchtbarkeitsgöttin Ceres und zugleich das arabische Wort für Burg, *alcázar*, enthalten.

Die Sonne hat auf ihrem Weg den höchsten Punkt am Himmel erreicht. Bis zum Etappenziel, Casar de Cáceres, sind es zwölf Kilometer. Bevor ich mich auf den Weg mache, stärke ich mich in einer Bar mit einem *bocadillo con queso y jamón* und *café con leche*, natürlich *grande*[54].

Nahe der Stierkampfarena verlasse ich die Stadt in nördlicher Richtung. Ein nach Osten gerichtetes Schild weist nach Guadalupe. Der mozarabische Pilgerweg verläuft stets in nördlicher Richtung. An seinem Ende, in Santiago de Compostela, wird der heilige Jakobus als Pilgerapostel und, zwar nicht in dem Maße wie im Mittelalter, doch immerhin auch heute noch ersichtlich als *matamoros*[55] gefeiert. Der Legende nach soll Jakobus den Spaniern im Kampf gegen die Mauren, hoch zu Ross, das Schwert in der Hand, geholfen haben. Das wahre Herz Spa-

54 Mit Käse und Schinken belegtes Brötchen und großer Milchkaffee.
55 *matamoros* (spanisch: Maurentöter)

niens aber schlägt nicht in Santiago de Compostela, sondern in einem kleinen Ort in der Provinz Cáceres, in Guadalupe, wo die heilige Jungfrau angebetet wird. Die schwarze Figur aus Eichenholz soll vom heiligen Lukas geschnitzt worden und über Byzanz nach Rom gekommen sein. Es heißt, dass sie die Pest von der Ewigen Stadt abgewandt habe. Papst Gregor der Große schenkte sie der spanischen Kirche. In der Sierra de Guadalupe wurde die schwarze Madonna vor den Mauren versteckt. Dort fand sie im 14. Jahrhundert ein Hirte. Das schildert der Name Guadalupe: *Guada* bedeutet im Arabischen Fluss oder trockenes Flusstal und *lubein* verstecken. Im Jahre 1531 erschien die schwarze Madonna einem zum Christentum bekehrten Azteken, und so wurde sie auch zur Nationalheiligen der Lateinamerikaner.

Die Sonne brennt brutal. Gut, dass die gefürchtete *calina* ausbleibt, eine staubige, von der erhitzten Erde verursachte Lufttrübung, die im heißen spanischen Sommer tagelang anhält. Und gut, dass der Weg nicht von Anfang bis Ende auf der asphaltierten Straße verläuft, wie im Raju-Führer angedroht, sondern streckenweise über Felder.

Die Pilgerherberge von Casar de Cáceres befindet sich im ersten Stock eines alten Hauses. Im Treppenhaus ist es dunkel. Die schwere Holztür knarrt. Im Schlafraum ist kein einziges Bett belegt. Am Geländer des offenen Fensters hängen Hemd und Socken, unverkennbar Javiers Wäsche. Aus dem zweiten Schlafsaal kommt mir der einzige Gast entgegen: Javier. Der Katalane, frisch und munter nach genossener Siesta, geht in eine Bar, um sich an Tapas zu laben. Ich bin hundemüde. Meine Kräfte reichen gerade noch aus, um Schuhe und Socken auszuziehen. Wie ein Stein falle ich aufs Bett und schlafe augenblicklich wie ein Stein.

Als ich aufwache, sind etliche Betten von Radpilgern besetzt. Ich dusche mich und gehe in die Pfarrkirche zur Messe. Ein älterer, schwarz gekleideter Herr gesellt sich zu mir. Als er vernimmt, dass ich Deutscher sei, redet er ununterbrochen auf mich ein. Das einzige Wort, das ich verstehe und das er oft wiederholt, ist Luther.

Der riesige, von unzähligen Figuren überladene Hauptaltar gliedert sich in drei horizontale und sieben vertikale Zonen. In der breiteren mittleren vertikalen Zone sind Mariä Himmelfahrt, darüber Mariä Krönung im Himmel und zu oberst ein Kreuz und Gott Vater dargestellt. Alle Figuren protzen vor lauter Gold, das den Völkern Amerikas geraubt worden ist. Und wäre es bloß beim Gold- und Silberraub geblieben! Ein bekanntes Schriftwort lautet: Der Herr lässt seine Sonne aufgehen über Reiche und Arme. Doch in die Silberhöhlen, in denen Krieger und Feldarbeiter, Frauen und Kinder vierzehn Stunden am Tag malochen mussten, drangen weder am Vor- noch am Nachmittag Sonnenstrahlen ein. Welch Unrecht haben wir Christen den Mayas, Azteken und Inkas angetan! Und welch Unrecht tun wir ihren Nachkommen in Süd- und Mittelamerika im Zuge der Globalisierung noch heute an!

Nach der Messe ist die Zeit so weit fortgeschritten, dass in Lokalen warmes Essen angeboten wird. Mitten auf der Straße sind vor einer Bar Tische aufgestellt. Die meisten sind besetzt, was ein gutes Zeichen ist. Als Pilger bekomme ich das Tagesmenü zum halben Preis. Als Vorspeise gibt es einen großen gemischten Salat, als Hauptspeise Seehecht, dazu Brot, eine Flasche Mineralwasser und in einem Krug Rotwein. Nach dem Hauptgang bin ich so satt, dass ich, was bei mir noch nie vorgekommen ist, auf die Nachspeise verzichte. Dafür trinke ich umso mehr Wein in der Hoffnung, alsbald gut schlafen zu können.

Leider trog meine Hoffnung. Auf einer Bank vor der Pilgerherberge streiten sich zwei *extremeños* so laut, dass vom Schlafen keine Rede sein kann. Es klingt, als würden Maschinengewehre Salven abfeuern. Gegen zwei Uhr, als die *extremeños* die Munition verschossen haben, schlafe ich ein.

Du sollst nicht verlassen den markierten Weg!

16. Tag: Mittwoch, 15. August 2007
Von Casar de Cáceres nach Cañaveral

Der Herr ist dein Schatten über deiner rechten Hand,
dass dich des Tages Sonne nicht steche.
Psalm 121

Um fünf Uhr wache ich auf und mache mich schnellstens auf den Weg. Das geplante Tagespensum beläuft sich auf knapp vierzig Kilometer. Obwohl ich in der Nacht bestenfalls drei Stunden geschlafen habe, fühle ich mich dank der ausgiebigen gestrigen Siesta frisch und fit.

Der sandige Feldweg steigt leicht an. In der Schwärze des Himmels leuchten ab und an Sternschnuppen auf. Nach einer Stunde werden ein paar schwach schimmernde Sterne sichtbar. Den Orion, Wahrzeichen des heiligen Jakobus, zu suchen, ist zwecklos. Das Sternbild wandert am Himmel, wie einst der Pilgerapostel auf Erden gewandert war. Jakobus zog allerdings von Ost nach West, wohingegen der Orion von Nord nach Süd zieht und damit im Sommer über der südlichen Hemisphäre strahlt. Wie anders der Polarstern. Er bleibt stets an gleicher Stelle, wie auch der wahre Morgenstern, Maria, stets für uns da ist. Unsere Sonne taucht des Nachts unter und verschwindet zuweilen auch tagsüber hinter Wolken. Nicht so die wahre Sonne: Christus leuchtet immer.

Nach zwei Stunden entdecke ich am Wegrand den ersten Granitkubus. Welch Erleichterung! Ich habe bereits befürchtet, mich auf einem Holzweg zu befinden, wie vor Tagen zwischen Castilblanco de los Arroyos und Almadén de la Plata. In der Morgendämmerung tauchen rechts und links des Weges mächtige Felsbrocken auf. Sie erinnern mich an Felsformationen in meiner Heimat, im Riesengebirge: an Mittagsstein und Pferdekopf, an Pilgersteine und Mädelsteine. Die Felsbrocken scharf ins Auge fassend, versuche ich in ihren Umrissen Tiere oder geometrische Körper ausfindig zu machen. Rechter Hand benenne ich einen Felsen als Wal, einen anderen als Sphinx, linker Hand diesen als Spat, jenen als stumpfen Kegel. Einer der Steine ist sehr einfach zu benennen, gleicht er doch, was seine Form anbelangt, einem Brotlaib wie ein Ei dem anderen; in seinen Ausmaßen indes ist er unendlicher größer als ein Brot. Schlagartig erscheint vor meinem inneren Auge eine Kindheitsszene, die längst im Unterbewusstsein untergetaucht war. Meine Mutter schickt mich zum Bäcker, Brot zu kaufen. Ein sommerlicher Platzregen hört soeben auf. Das viele Wasser steht auf der Straße bis zum Rinnstein hoch. Welch himmlisches Vergnügen, barfuß im Wasser zu waten oder vom Gehsteig auf die Straße zu hüpfen und Wasserfontänen hochspritzen zu lassen! In der Bäckerei angekommen, erschrecke ich zu Tode. Das Geld, das mir die Mutter gegeben, habe ich unterwegs verloren. Zwei mal stakse ich die Straße auf und ab, taste im Wasser mit Hand und Fuß, finde aber die Münzen nicht. In meiner Not haste ich in die Pfarrkirche und bitte inbrünstig den heiligen Antonius, mir zu helfen, das verlorene Geld wiederzufinden. Noch einmal wate ich entlang des Rinnsteins, auch diesmal erfolglos. Schweren Herzens schleiche ich nach Hause. Die Mutter machte sich schon Sorgen, weil ich so lange weggeblieben war. Unter Tränen beichte ich mein Verschulden. Mich herzend, weint die Mutter mit mir. Obwohl das erhoffte Wunder ausgeblieben war und ich die Münzen nicht gefunden hatte, geschah dennoch etwas wahrhaft Wunderbares: Ich habe die unendliche Liebe meiner Mutter verspürt.

Weit unter mir schillert, in einem Kessel eingebettet, teils adriablau, teils apfelgrün der Alcántarasee. An dem Farbenspiel weiden sich meine Augen. In dem Stausee werden die gewaltigen Wässer vom Tajo, dem mit über tausend Kilometern längsten Strom Iberiens, gebändigt. Der Fluss entspringt in Aragonien, fließt von Ost nach West, sich zwischen Kastilischem Scheidegebirge und der Sierra de Guadalupe durchzwängend, mithin quer über die ganze Pyrenäenhalbinsel, und mündet bei Lissabon in den Atlantik. Seine Wässer hätten es viel kürzer zum Mittelmeer gehabt, aber die Natur geht nicht immer den Weg des kleinsten Widerstandes.

Der markierte Weg führt nach einer Haarnadelkurve in westlicher Richtung. Ich müsste mehr Richtung Osten gehen. Von hier oben sehe ich unter mir die entlang des Stausees verlaufende Nationalstraße. Kurzerhand entschließe ich mich, auf dem teils steinigen, teils mit Büschen dicht bewachsenen Gelände querfeldein abzusteigen. Ginster und Heidekraut kratzen an meinen Beinen. Ich krempele die Socken hoch, was leider keinen spürbaren Erfolg zeitigt, weil die trockenen Gräser hüfthoch wachsen. Süße Jasmin- und Lavendeldüfte entschädigen mich überreichlich, Düfte, die nicht nur die Nase erfreuen, sondern auch den Geist beflügeln. Unten angekommen, werde ich für die Übertretung des ersten Pilgergebots – Du sollst nicht verlassen den markierten Weg! – bestraft. Ein über zwei Meter hoher Maschendrahtzaun versperrt den Weg zur Straße. Zum Glück ist der Zaun nicht mit Stacheldraht abgeschlossen. Ich versuche den Rucksack im weiten Bogen über den Zaun zu werfen, was erst im zweiten Anlauf gelingt. Nun folgt die ungleich schwierigere Prozedur. Der Drahtzaun biegt sich bedrohlich unter meiner Bärenmasse, bringe ich doch gut achtzig Kilogramm Lebendgewicht auf die Waage. Die Eskapade ist vom Erfolg gekrönt. Weder bin ich mit Hemd oder Hose am Zaun hängengeblieben, noch habe ich mich, auf die Straße hinunterspringend und mit allen Vieren auf dem Asphalt landend, verletzt. Neuer Schreck fährt mir in die Glieder. Hat der Rucksack den Wurf schadlos überstanden? Ist der zugeschweißte Olivenbeutel geplatzt, und schwimmen womöglich meine Sachen im Öl? Ist vielleicht der Yoghurtbecher zerbrochen? Geschwind untersuche ich den Rucksack. Weder das eine Übel noch das andere ist eingetroffen. Der heilige Jakobus und mein Schutzengel haben es nicht leicht mit mir. Sie müssen, wie so oft, Mehrarbeit leisten.

Der Weg auf der Nationalstraße zieht sich elendig lang. Ein Verkehrsschild kommt zum Vorschein: Fußgänger, und das heißt in dieser Einöde Pilger, müssen demnach auf der linken Straßenseite gehen. Auf einer langen Brücke überquere ich den Río Altamonte, der alsbald im Tajo mündet. Links der Nationalstraße, unmittelbar am Stausee, verlaufen Eisenbahnschienen. Ein mickriger Bahnhof wird sichtbar. Just fährt ein Zug ein. Mich überkommt die Versuchung, eine kurze Strecke mit dem Zug zu fahren. Mit allen mir zur Verfügung stehenden Kräften unterdrücke ich dies Verlangen. Ich habe heute bereits das erste Pilgergebot nicht eingehalten. Ich darf nicht auch noch das neunte Gebot – Du sollst nie ans Aufgeben denken! – übertreten. Wieder eine Brücke. Die erste Brücke hier über den Tajo ließ Trajan bauen. Sie ermöglichte eine Verbindung zwischen den römischen Provinzen Baetica und Lusitanien. Wie breit der Strom ist! Wie hoch die felsigen Ufer! Im Altertum war der Fluss berühmt, weil sein Sand reichlich Goldkörnchen enthielt. Strabon, der in Rom um die Zeitenwende lebende griechische Geograph, schreibt über Iberien: »In keinem Land der Erde hat man bisher Gold, Silber, Kupfer und Eisen in solchen Mengen und in gleicher Qualität gefunden.« Als Schüler habe ich von Tajos Goldreichtum, Adam Mickiewicz[56], den polnischen Goethe, lesend, erfahren. Nun bin ich enttäuscht. In meiner kindlichen Phantasie hatte ich von Abenteuern am Tajo-Bach geträumt, hatte mir ausgemalt, wie ich Gold in großen Mengen aus dem Flusssand auswasche. Und nun dieser übergroße, ganz und gar unromantische Strom!

Zwischen Tajo und Minho siedelten fast fünfzig verschiedene keltiberische Völkerschaften. An der Tajo-Quelle hatten

56 Adam Mickiewicz, Dziady, 4. Teil, Vers 976

sich im 6. Jahrhundert vor Christus die Lusonen, ein Stamm der Lusitaner, niedergelassen. Nach und nach eroberten sie den Unterlauf des Tajo bis zu seiner Mündung. Über die Lusonen wissen wir sehr viel. Sie bespannten ihre Boote mit Lederhaut; zogen Ziegenfleisch jedem anderen Fleisch vor; steinigten Elternmörder. Ihr langes Haar befestigten sie mit einem Band um die Stirn, allerdings nur dann, wenn sie kämpften. Unsere Sportler ahmen es ihnen nach.

Die Sonne brennt stärker. Der Weg auf der Nationalstraße wird eintöniger. Der Silberweg ist eine Art Wüste, eine Wüste, die überraschenderweise zur Quelle meines Lebenssinnes wird. Der Rückzug aus der Vielfalt der Sinneseindrücke ausschließlich auf die Empfindung der Hitze führt zur Innerlichkeit. Mir wird bewusst, wie klein, wie unbedeutend meine Alltagsproblemchen sind, die daheim so riesengroß, so unüberwindlich erscheinen.

Die Sonne verbrennt die Haut und leert obendrein auch meinen Kopf. Irgendwann ist mein Geist nicht mehr fähig, sinnvolle Gedankengänge zu fassen, geschweigedenn zu meditieren. Bei dieser Hitze erscheint alles viel zu anstrengend. Was ich allein noch vermag, ist, den Rosenkranz zu beten und, abwechselnd mit den Rosenkranzgesätzen, Lieder zu singen.

Dort, wo der Stausee endet, zweigt der Pilgerweg von der Nationalstraße ab. Schatten gibt es mangels Bäume nach wie vor nicht. Der Weg steigt in Serpentinen steil an. Am Vormittag konnte ich, von der Hochebene zum Stausee hinabsteigend, potentielle Energie, die ich auf Grund der erhöhten Lage besaß, in Bewegungsenergie umformen. Um die Hochebene erklimmen zu können, muss ich jetzt Bewegungsenergie in Lageenergie umwandeln. Der Satz von der Erhaltung der Energie drückt es nüchtern so aus: Energie wird weder erzeugt noch vernichtet, sondern nur von einer Form in eine andere umgewandelt, wobei die Gesamtenergie gleich bleibt. Von den dabei auftretenden seelischen Kämpfen weiß der Energieerhaltungssatz allerdings nichts.

Ein einzelnstehender Olivenbaum wächst abseits des Weges. Sein Schatten zieht mich magisch an. Auf allen Vieren krieche ich den Hang hinauf. Welch Labsal, ohne Schuhe und ohne Socken im Schatten zu liegen! Bedauerlicherweise rutsche ich den steilen Hang langsam, aber unaufhörlich ab. Ich sammle ein paar größere Steine und schichte sie zu einem Fußschemel auf. Nun ist der Genuss, im Schatten ruhen zu dürfen, vollkommen. Das Wort des Psalmisten geht an mir in Erfüllung: Der Herr ist mein Schatten; des Tages Sonne sticht mich nicht.

Vor lauter Erschöpfung bin ich eingeschlafen. Als ich aufwache, ist der Himmel leicht bewölkt. Ein Windhauch bewegt die Gräser. Die Siesta hat mir gut getan, wie auch das Lüftchen mir jetzt gut tut. Mit neuen Kräften geht es auf der gewellten Hochebene weiter. Macchiadüfte erfreuen die Nase, wildrosenähnliche Blüten beglücken das Auge. Nach drei Stunden ist mein Kräftevorrat erneut verbraucht. Auf einer Anhöhe wird, Gott sei's getrommelt und gepfiffen, Cañaveral sichtbar. Der Weg verläuft zickzackförmig, so komme ich dem Ziel kaum näher. Für den letzten Kilometer – ich wandere nicht mehr, ich schleppe nur noch meinen Körper vor mich her – benötige ich eine dreiviertel Stunde. Auch wenn ich mich gegen das achte Pilgergebot versündige – Du sollst nicht mit großen Strecken prahlen! –, die vierzig Kilometer wollen kein Ende nehmen. Eine kleine gotische Brücke, Puente de San Benito, muss überquert werden, dann geht es zur Kirche hinauf. Die achthundert Meter lange romanische Brücke von Mérida beeindruckte mich durch sechzig gewaltige Steinbögen, dagegen ist diese kleine einbögige Brücke einfach nur schön.

In Cañaveral gibt es keine Pilgerherberge. Ein Hostal liegt am Ende des langgestreckten Dorfes. Das bedeutet, noch einmal eine letzte Kraftanstrengung zu vollziehen. Wie gestern so falle ich auch heute wie ein Stein ins Bett. Am 15. August feiert die Kirche das Fest »Mariä Himmelfahrt«. Der Gedenktag der Aufnahme Mariens mit Leib und Seele im Himmel ist für uns Christen ein Tag der Freude, wenn wir an Jesu Verheißung

Gotische Brücke (Puente de San Benito) vor Cañaveral

glauben, dass auch unser sterbliches irdisches Leben dereinst die Vollendung bei Gott finden werde. Im Gegensatz zu gestern schaffe ich es heute nicht, soviel Energie aufzubringen, um die Kirche aufzusuchen. Auch zu der *fiesta*, abends zu Ehren Mariens gefeiert, gehe ich nicht hin.

Stierkampf mit Drahtesel

17. Tag: Donnerstag, 16. August 2007
Von Cañaveral nach Galisteo

Die Alten nannten den Menschen »viator«,
einen, der ein Leben lang »auf dem Weg« ist.
Theo Schmidkonz

Gestern Abend glaubte ich nach der langen, ermüdenden Etappe, dass ich heute Morgen nicht fähig sein würde, aus dem Bett zu kriechen, doch der Nachtschlaf hat wieder einmal Wunder vollbracht und die Erschöpfung aus Kopf und Bein verjagt. Im Hostal kann ich – im Land der Spätaufsteher eine Seltenheit – um halb sieben frühstücken.

Eine andere Überraschung: Draußen ist es kalt und windig, fast stürmisch. Schnellen Schrittes marschiere ich los, um auf die Betriebstemperatur zu kommen. Nach zwei Kilometern verlässt der Pilgerweg die Nationalstraße und steigt hoch ins Gebirge, anfangs recht sacht, auf den letzten hundert Höhenmetern, in einer Schneise mit viel Geröll bis hinauf zum Bergpass, recht schroff.

Das Steigen bereitet mir keine Schwierigkeiten, denn der Rucksack fühlt sich am Morgen halb so schwer an wie am Abend, obwohl er, die Proviantlast in Anschlag bringend, zweifellos mehr wiegt.

Während ich *Puerto de los Castaños*, den Bergpass der Kastanien, erklimme, geht die Sonne auf. Mag sein, dass sie Tag für Tag aufgeht, aber just hier und jetzt – da hat wahrlich der Herr die Sonne für mich aufgehen lassen. Und welch unvergleichlicher Sonnenaufgang! Daheim hätte ich dieses Naturschauspiel vielleicht nicht einmal zur Kenntnis genommen. Hier erlebe ich dieses mystische Spiel Morgen für Morgen.

Vor gut einem Jahrhundert, als in Preußen der Tourismus anfing und es in Mode kam, in die Sommerfrische ins Riesengebirge zu verreisen, da ließen sich gutbetuchte Berliner des Nachts von Koppenträgern in Sänften hoch tragen, um von der Schneekoppe aus, dem schlesischen Olymp, den Sonnenaufgang zu bewundern. Des Öfteren sahen sie oben nichts, denn Rübezahls böse Buben, Nebel, Regen und Schnee, hielten und halten noch immer das Gebirge mehr als zweihundert Tage im Jahr eisern im Griff. Wenn der Herr des Riesengebirges samt seinen bösen Buben ausnahmsweise mal schlief und die Ausflügler den Sonnenaufgang nicht verpassten, so wirkte das Naturschauspiel auf die Sommerfrischler mit Sicherheit nicht so überwältigend wie jetzt auf mich, weil sie es nicht im Schweiße ihres Angesichts erarbeiten mussten.

Jede Pore meiner Haut atmet die Morgenfrische; mein Geist schwebt in den Höhen; meine Seele singt vor lauter Freude dem Schöpfer Danklieder.

Im Süden überblicke ich die Hochebene, auf der ich gestern gewandert, im Norden erscheint ein Höhenzug nach dem anderen bis hin zum Horizont. Allein der Gedanke daran, diese Bergrücken übersteigen zu dürfen, lässt mein Herz höher schlagen. Auf abfallendem Pfad geht es durch ein Kiefernwäldchen. Die Föhren tragen übergroße Zapfen. Die Kiefern werden von Steineichen und diese von entrindeten Korkeichen abgelöst. Viele Stämme erscheinen rostrot, einige, vor längerer Zeit entrindet, schwarz. Der anfangs gut ausgetretene Pfad wird schwächer und verliert sich im Wald. Ich bin gezwungen, mich nach den auf Baumstämmen gezeichneten gelben Pfeilen zu orientieren. Dann tritt das Befürchtete ein: Ich finde keine Pfeile mehr. Mag sein, dass ich, von der Sonne geblendet, eine Richtungsänderung übersehen habe. Es kann aber auch sein, dass Pfeile mit der Entrindung verschwunden seien. In nördliche Richtung weiter gehend, hoffe ich, irgendwann einen Pfeil zu entdecken. Vergeblich. Je länger ich gehe, desto unsicherer werde ich. Ein Bach, von west nach ost fließend, versperrt mir den Weg. Sollte es der in meiner Karte eingezeichnete *arroyo*[57] sein, müsste ich, dem Bachverlauf folgend, nahe Grimaldo, einem kleinen Dorf, auf die Nationalstraße stoßen. Querfeldein gehend, ab und zu Zäune übersteigend, komme ich tatsächlich in Grimaldo an. Im Dorf gibt es eine Bar, die um diese Morgenzeit leider verschlossen ist. Eine Errungenschaft der modernen Zeit hat in diesem Erdenwinkel, wo sich Fuchs und Hase gute Nacht sagen, Einzug gehalten: der Getränkeautomat. Dieser personalersetzende Diener schluckt meinen Euro, schenkt mir aber im Gegenzug den gewünschten Kakao nicht. Das ist halb so schlimm, trage ich doch im Rucksack eine Zwei-Liter-Flasche, vollgefüllt mit Wasser. Was ich jetzt austrinke, kann ich anschließend am Dorfbrunnen auffüllen. Könnte ich doch die Gelassenheit, die ich auf dem Pilgerweg verspüre, im Alltag daheim beibehalten!

Ein am Gartenzaun lehnender Bauer gibt mir bereitwillig Wegauskunft: Ich müsse hinter Grimaldo die Nationalstraße verlassen und Richtung Holguera auf einer Nebenstraße gehen, die nach einem halben Kilometer vom Silberweg gekreuzt werde. Alles ist so, wie der als Landwirt verkleidete Engel es beschrieben hat.

Der Pilgerweg verläuft eine längere Strecke auf einem von Schafköteln übersäten Feldweg. Es geht sich weich wie auf einem Perserteppich. Im weiteren Verlauf haben hiesige Engel einen anderen Teppich für mich ausgelegt: Stroh. In der Luft hält sich nach wie vor starker Schafgeruch. Der Himmel ist eine einzige Bläue. Die Sonne strahlt, setzt mir aber des frischen Windes wegen nicht allzu stark zu. Habt Dank ihr Windengel!

Der Weg verläuft zuweilen über sanfte Hügelkuppen, zuweilen über langgezogene Bergrücken. Links oben wird der Gipfel des Cobildo sichtbar, rechts unten ein kleiner Stausee,

57 *arroyo* (spanisch: Bach, Bachbett, Rinnsal)

dessen Wasseroberfläche giftgrün schimmert. Die Landschaft ändert sich: Tafelberge kommen in Sicht. Die Berge sehen so aus, als wären ihnen die Kuppen abgeschnitten worden. Nach mehreren Kilometern ändert sich die Landschaft abermals. Ein weites Tal wird von einem mäandernden Bewässerungskanal durchzogen. Kanal und kleine Gräben leiten das vom Río Jerte abgezweigte Wasser zu jedem Quadratmeter Boden hin. Wasser und Sonne haben das Tal in eine grünende Oase verwandelt. Hier wächst Mais und Weizen, dort Tabak und Zuckerrübe. Auch Obst und allerlei Gemüse wird angebaut. Im Kontrast zu ihren sich kaum unterscheidenden Grüntönen heben sich die Blüten der Luzerne violettstrahlend ab. Dieses bis zu einem Meter hochwachsende Futterkraut wird hier sechsmal im Jahr geschnitten.

An Brombeersträuchern pflücke ich trockene, aber süß schmeckende Beeren. Im Schatten einer Weide setze ich mich an den Rand des Kanals, halte Hände und Füße in das strömende kalte Nass. Wie ist das Leben schön!

Auch wenn die Pause keine Siesta gewesen ist, sind in mir dennoch neue Lebensgeister erwacht, deren Neugier und Energie mich vorantreiben. In der Ferne taucht Galisteo auf. Von dem Städtchen ist nur eine lange, hohe Mauer sichtbar, über die eine Kirchturmspitze hinausragt. Der Pilgerweg verläuft entlang des Bewässerungskanals und mäandert wie dieser, wodurch ich mich manchmal Galisteo nähere und dann wieder vom heutigen Etappenziel entferne. An der riesigen Stadtmauer angekommen, fällt mir auf, dass sie aus Kieselsteinen erbaut ist. Eine Kieselsteinmauer, allerdings die einer Kirche, sah ich vor Jahren in Polen, in Nowa Huta, deutsch Neue Hütte. Der Grund, weshalb dort die Kirche aus Kieselsteinen erbaut wurde, ist kurios. Die Kommunisten wollten verhindern, dass in der binnen kürzester Zeit aus dem Boden gestampften Arbeitervorzeigestadt ein Gotteshaus gebaut werde. Der neue Mensch brauche zum Glücklichsein keinen Gott, lautete ihr Wahlspruch, ganz im marxistischen Sinne, dass Religion Opium für das Volk sei. Der katholischen Kirche wurde für den Bau eines Gotteshauses keine Genehmigung erteilt. Nachdem aber Hüttenarbeiter – die neuen Menschen! – auf die Straße gegangen waren und monatelang dagegen demonstriert hatten, genehmigten schließlich die trickreichen städtischen Behörden den Kirchbau, verweigerten aber die Zuteilung von Baustoffen, scheinheilig behauptend, dass es an diesen mangele. Zement und Ziegel, hieß es, benötige man für den Bau von Fabriken und von Wohnungen für die Helden der Arbeit. Schließlich wollte man laut Fünfjahresplan das Bruttosozialprodukt des im Untergang befindlichen kapitalistischen Landes Italien überfliegen und dasjenige Frankreichs einholen. Die Kommunisten hatten die Rechnung ohne den Wirt, die tiefgläubigen Polen, gemacht. Schüler und Omas, Handwerker und Akademiker buddelten in ihrer Freizeit in Gebirgsbächen Kieselsteine aus. Bauern brachten die Steine aus weit entfernten Gegenden, aus den Beskiden und der Hohen Tatra, auf Fuhrwerken nach Nowa Huta, und so wurde Anfang der siebziger Jahre die Kirche »Mutter Gottes, Königin Polens« erbaut, der Stolz der Krakauer Diözese und deren Oberhirten Karol Kardinal Wojtyłła. Die Architektur – die Kirche ähnelt einer Arche – weist weit in die Zukunft. Was jedoch bedeutungsvoller ist: Gläubige füllen die Kirche sonntags wie werktags während der Gottesdienste bis auf den letzten Platz aus.

Warum die Mauren die Stadtmauer von Galisteo ausgerechnet aus Kieselsteinen erbaut hatten, wird wohl ein Geheimnis bleiben, waren doch die Araber große Meister im Brennen von und im Bauen mit Ziegeln.

Islamische Städte enthielten im Mittelalter eine Reihe von Gebäuden, die typische Bestimmungen aufwiesen: Moschee als Ort des Freitagsgebets, Burg als Zentrum der politischen Macht, Kornspeicher zur Sicherung der Versorgung und Bäder als Stätten der Entspannung. Alles war von einer Stadtmauer eingeschlossen, deren Anordnung entweder kreisförmig oder, wie hier in Galisteo, quadratisch war. Die erste Form war charakteristisch für islamische Städte der Abbasiden, die letztere für diejenige der Omaijaden. Dieser formale Unterschied zwischen beiden Herrscherhäusern war zweitrangig, verglichen mit dem grundsätzlichen: der Wahl der Nachfolger des Islamstifters Mohammed. Der Kalif[58] musste bei den Abbasiden ein direkter Nachkomme Mohammeds sein, bei den Omaijaden lediglich ein Angehöriger des Stammes der Koraisch, dem auch Mohammed angehört hatte. Diese Unstimmigkeit führte zur Entzweiung. Noch heute besteht das Schisma: die Spaltung der Muslime in Schiiten und Sunniten.

Das Rathaus von Galisteo ist geschlossen. Eine vorbeigehende schwarz gekleidete *señora* spricht von sich aus mich an, was in Spanien noch immer an Sittenlosigkeit grenzt, und beschreibt mir den Weg zu der außerhalb der Stadtmauer liegenden Pilgerherberge. Auch diese ist geschlossen. Während ich unschlüssig vor der Türe stehe, eilt von irgendwo her die *hostalera* herbei. Die Pilgerherberge erweist sich als eine Wohnung, bestehend aus Küche, Bad, Diele, Wohnzimmer und zwei Schlafräumen. Alles steht mir für sechs Euro zur Verfügung. Derweil ich Wäsche wasche, bringt die *hostalera* eine Karaffe, vollgefüllt mit Wasser und Eiswürfeln, sowie eine Flasche Bier.

Nach dem Duschen kehre ich in das Zentrum der Stadt zurück. Auf einer vor dem Rathaus aufgebauten Bühne werden Lautsprecher ausprobiert: ein ohrenbetäubendes Spektakel. In Galisteo wird die *feria*[59] mehrere Tage gefeiert, kein Wunder, heißt doch die Pfarrkirche *Iglesia de la Asunción*[60].

In einer Seitenstraße spielen Kinder. Auf durchlöcherten, teils auf der Straße, teils auf dem Bürgersteig liegenden Matratzen sitzen Buben und Mädchen wie auf ansteigenden Rängen einer Stierkampfarena. Zwei Jungen führen eine Corrida vor. Einer, der »Torero«, schwenkt einen zerfetzten, schmutzig

58 *jalifa rasul Allah* heißt soviel wie Nachfolger des Gesandten Gottes
59 Kirchweihfest, Patronatsfest
60 Mariä Himmelfahrt

scharlachroten, die »*muleta*«[61] darstellenden Vorhang, der andere, der den Stier spielt, rast auf einem verrosteten, sattel- und schutzblechlosen Fahrrad heran. Im letzten Augenblick springt der »Torero« zur Seite und lässt den »Stier«, unter Klatschen und Olé-Rufen der *aficionados*[62], ins Leere laufen. Der »Torero«, mit einer Hand die Hüfte stützend, mit der anderen die »*muleta*« schwenkend, verbeugt sich elegant wie ein waschechter Matador und nimmt stolz die Huldigungen der zuschauenden Kinder entgegen. Die *aficionados* werfen als Zeichen der Anerkennung Bonbons in die »Arena«. Ein Mädchen entreißt dem »Torero« aus der Hand die »*muleta*« und spielt nun ihrerseits den Stierkämpfer.

»*Toro, toro*«, ruft sie und reizt den »Stier« zum Angriff.

Wieder rast der »Stier« heran. Mit geschlossenen Füßen und am Boden ausgebreiteter »*muleta*« erwartet das Mädchen den »Stier«. Sie will mutiger sein als vorher der Junge und lässt den »Stier« äußerst nahe herankommen. Dann, die Füße immer noch fest geschlossen, die Fersen erhoben, schwingt sie mit ausgestreckten Armen die »*muleta*« im Halbkreis und beugt Kopf und Oberkörper weit nach hinten. Aber nicht weit genug. Sie wird unterm Aufschrei der zuschauenden Kinder von den »Stierhörnern«, dem Fahrradlenker, zu Boden gestoßen. Sofort springt sie auf. Sie ist, Gott und ihrem Schutzengel sei Dank, nicht verletzt worden. Irgendwo, im Kino oder Fernsehen, habe ich solch eine Szene gesehen, aber ich kann mich nicht an wann und wo erinnern. Womöglich habe ich das bloß geträumt.

Aus einer Bar dröhnt vielstimmiges Gebrumme auf die Straße. Männer und Frauen, Wein trinkend, schieben und schubsen sich in dem schwülen, verräucherten Raum, drängeln sich um einen Tresen. In dem zum Biergarten umgewandelten Hof geht es ruhiger zu. An einem vom Sonnenschirm beschatteten Tischchen lasse ich mich nieder. Milchkaffee trinkend, schrei-

61 Stab mit rotem Tuch
62 begeisterte Anhänger des Stierkampfes

be ich in meinem Tagebuch. Am Nachbartischchen sitzt ein Paar, wahrscheinlich Eheleute, mit Sicherheit aber Touristen, da sie mit den anderen scherzenden und grölenden Gästen keinen Kontakt halten und als einzige keinen Wein trinken. Intuitiv spüre ich, dass sie sich über mich unterhalten. Als ich aufschaue, begegne ich dem Blick der Frau.

»*Est-ce que vous êtes un pèlerin français?*«, fragt sie mich.

»*Non, moi, je suis Allemand.*«[63]

»Oh, das habe ich geahnt und meinem Mann gleich gesagt. Dann sind wir Landsleute. Jean, mein Mann, ist Franzose. Wir beide sind Liebhaber des Silberweges. Vor fünfzehn Jahren pilgerten wir zum ersten Mal von Sevilla nach Santiago. Damals hatten wir auf dem Weg keinen einzigen Pilger getroffen. Und der Silberweg war nicht mit gelben Pfeilen markiert. Seit zwei, drei Jahren wandern, insbesondere im Frühjahr und Herbst, viele Pilger, und Radpilger begegnet man zuhauf selbst im Sommer. Pilgern Sie allein?«

»Ja –«

»Oh, das könnte ich nicht. Ich brauche immer jemanden, mit dem ich meine Gedanken austauschen oder einfach klönen kann. Wozu hat mir Gott sonst die Zunge geschenkt? Ich liebe Sprachen über alles, allem voran die französische. Es mag unwahrscheinlich klingen, aber ich habe mich in Jean verliebt wegen seiner unnachahmlich-spaßigen Art der Wortbetonung. Außerdem könnte ich in einem Land, in dem kein Französisch gesprochen wird, nicht leben. Ist es nicht die formschönste, geistreichste, klangvollste Sprache der Welt? In dem Wort *jardin*[64] beispielsweise, wie warm klingt das ›j‹! Es ist, als schiene die Sonne auf Gartenblumen. Und erst das ›i‹! Es hört sich an, als zupfte jemand auf der Harfe das hohe C. Und –«

»*Ma chérie!*«[65] unterbricht sie im warmen Bariton ihr Mann und flüstert ihr etwas ins Ohr, worauf sie, mir zugewandt, sagt:

63 »Sind Sie ein französischer Pilger?« »Nein, ich bin Deutscher.«
64 jardin (französisch: Garten)
65 »Mein Liebling.«

»Oh, Entschuldigung, Sie wollen sicherlich ihre Tageseidrücke für sich und den Rest der Welt schriftlich festhalten.«

Im Tagebuch weiter schreibend, fällt mir auf, dass von den Eheleuten die Frau ununterbrochen palavert, während ihr Mann nur ab und zu mit dem Kopf nickt. Ich stehe auf und verabschiede mich von ihnen. Beide reichen mir die Hand. Als ich bereits auf der Straße bin, ruft meine Landsmännin mir hinterher:

»*Bonne route!*«[66]

In einem Lebensmittelgeschäft kaufe ich Brot, Käse und Oliven sowie Joghurt und Mineralwasser. Auf dem Weg zur Pilgerherberge hege ich die stille Hoffnung, dass ich dort Javier vorfinden werde. Doch weder der Katalane noch ein anderer Pilger hat sich eingefunden. Das Bett hängt unter meiner Bärenschwere bis zum Fußboden durch. Ich probiere andere Betten aus, auch diese hängen durch. Nun mache ich das, was ich von Javier in der Pilgerherberge von Alcuéscar abgeschaut habe: Ich lege die Bettmatratze auf den Fußboden.

Meine Gedanken wandern zu dem Ehepaar zurück. Welch kuriose, wenn nicht gar krumme Wege die Liebe gehen kann! Die Deutsche hat sich in die französische Sprache und erst danach, genauer gesagt, erst dadurch in ihren Mann verliebt. Wie facettenreich die Liebe sein kann! In Pantoffelkino und Kintopp, diesen Illusionsbunkern, wird sie ausschließlich auf den Geschlechtsakt reduziert. Dabei unterschieden schon die alten Griechen in der Liebe zwischen Sex, der sinnlichen Sphäre des menschlichen Geschlechtslebens, die zur körperlichen Eigenliebe neigt, und Eros, der seelisch-geistigen Anziehungskraft der Geschlechter, die in der Hingabe an den Partner gipfelt, bis hin zur Agape, der innigsten Zuneigung, die in der schenkenden Liebe kulminiert und kein Begehren mehr kennt.

66 »Einen guten Weg!«

Graue Zellen arbeiten ohne Auftrag

18. Tag: Freitag, 17. August 2007
Von Galisteo nach Oliva de Plasencia

Freude ist die warme Sonnenseite
des Geistes und des Leibes.
Jean Paul

Heute Morgen gehe ich zum ersten Mal los, ohne zu wissen, welches Etappenziel ich anstrebe. Bis zu dem elf Kilometer entfernten Carcaboso zu gehen, ist für eine Tageswanderung zu kurz. Aldeanueva del Camino, die nächst folgende Möglichkeit um zu übernachten, ist neunundvierzig Kilometer entfernt. Eine so lange Strecke an einem Tag zurückzulegen, erfordert eine Leistung, die meine körperliche Fitness nie und nimmer erbringen kann. Ich könnte aber zwischen Carcaboso und Aldeanueva del Camino bei Mutter Grün mich einmieten.

Der Pilgerweg verläuft auf einer Asphaltstraße, die mit der alten Römerstraße übereinstimmt. Beiderseits der Straße breitet sich ein geometrisch angelegter Wald aus. Pappeln, in Reih und Glied stehend, ähneln den von korinthischen Kapitellen gekrönten Säulen eines griechischen Tempels. Statt steinerner Akanthusblätter bilden grüne Pappelkronen lebende Säulenabschlüsse.

Aldehuela del Jerte, das erste Dorf. Die Bar – um diese frühe Stunde natürlich geschlossen. Am Dorfbrunnen sitzt ein alter Mann, die Baskenmütze tief im Gesicht. Er habe in München gearbeitet, erzählt er mir, doch sei er vor lauter Heimweh krank geworden. Zum Abschied ruft er mir »pfüad di« zu.

Weiter auf der schnurgeraden Asphaltstraße. Als ich mich umdrehe, erblicke ich weit hinten das deutsch-französische

Ehepaar. Ich hätte nie geglaubt, dass sie zu Fuß pilgerten, so sauber und adrett gekleidet, wie sie gestern aussahen.

Links der Straße wachsen Kakteen, hoch wie ein Haus. Laut des Sevillaner Wegführers müssten hier römische Meilensteine stehen, doch zu Gesicht bekomme ich sie nicht.

Ohne daran zu denken, geschweige denn im Gehirn danach zu kramen, erscheint vor meinem inneren Auge die gestrige »Corrida« und, fast wie eine Offenbarung, erwacht die Erinnerung daran, wo ich diese Szene »gesehen« habe. Es war weder im Kino, noch im Fernsehen und auch nicht im Traum. Meine grauen Zellen, die des Nachts unendlich viele Fäden, hier knüpfend, dort knotend, verbunden haben, stricken nun das Lösungswort in imaginären Lettern: Hemingway. Der Literaturnobelpreisträger glorifizierte in vielen *Short stories* den Stierkampf. In einer der Kurzgeschichten erzählt er von einem Stierkampfspiel. Es sind jedoch nicht Kinder, sondern Jugendliche, ein Kellnerlehrling und ein Küchenjunge, die eine Corrida spielen, auch nicht auf der Straße, sondern in einem leeren Speisesaal, und als Stier rast nicht ein Fahrrad heran, sondern der Küchenjunge mit einem Stuhl, an dessen zwei Beinen Tranchiermesser angebunden sind. Der gravierendste Unterschied: Das Spiel endet für den die Schürze wie eine Muleta schwingenden Kellnerlehrling tragisch. Er wird im Unterleib verletzt und stirbt, bevor der Arzt ankommt. Die vielen Abweichungen mochten dafür verantwortlich gewesen sein, dass mir gestern die vor etlichen Jahren gelesene Kurzgeschichte nicht eingefallen war. Auch bin ich heute Morgen, im Gegensatz zu gestern Abend, frisch und munter, körperlich wie geistig. Jetzt schaffen es sogar die emsig strickenden grauen Zellen, den Titel der Kurzgeschichte aus dem Gehirnarchiv ans Tageslicht zu ziehen: »Die Hauptstadt der Welt«.

In Carcaboso ist die Bar geöffnet. Während ich auf die *tortilla francesa*[67] warte, lässt mich die Kellnerin wissen, dass auf dem

67 Omelett mit Erdbeermarmelade

Weg nach Aldeanueva del Camino ein einsames Gehöft, grob dreizehn Kilometer von hier entfernt, stehe. Die Bauersleute seien pilgerfreundlich. Dort könne ich den Wasservorrat nachfüllen. Auf meine Frage, ob ich dort auch übernachten könnte, weiß sie keine Antwort. Ich beschließ dennoch, es zu probieren. Sollte mir keine Übernachtung im Haus gewährt werden, könnte ich ruhigen Gewissens im Hof oder Wald meine Luftmatratze ausbreiten, würde es sich dabei doch um einen Notfall handeln.

In einem Park ruhe ich mich auf einer Holzbank aus. Das Vergnügen wird mir nicht lange gegönnt. Jemand hat den Wasserhydranten der Besprengungsanlage aufgedreht, und so flüchte ich im Sturmschritt. Bevor ich mich erneut auf den Weg mache, suche ich die Kirche »Apostel Jakobus« auf. In der Fensterrose ist Jakobus nicht als Apostel mit Buch, wie dem Namen der Kirche nach zu erwarten wäre, sondern als Maurentöter mit Schwert dargestellt. Vor dem Kirchenportal stehen die unterwegs von mir vermissten römischen Meilensteine.

Hinter Carcaboso biegt der Weg nach Süden ab, und so bin ich gezwungen, statt von der Sonne wegzugehen, ihr eine Zeit lang entgegenzuwandern. So manches Mal habe ich in meinem Leben die Erfahrung gemacht, stückweise einen Weg zu gehen, der mich scheinbar vom angestrebten Ziel wegführte, um im Nachhinein festzustellen, dass der Umweg letztendlich für mich heilsam gewesen ist. So erlebte ich als junger Mensch eine Phase, da mir der Besuch des sonntäglichen Gottesdienstes Schwierigkeiten bereitete. Ich kämpfte dagegen an und ging trotzdem Sonntag für Sonntag mit stets wachsendem Widerstand zur Messe. Ein befreundeter Priester – ausgerechnet ein Priester! – riet mir, zeitweise auf den Kirchgang zu verzichten. Ich folgte seinem Rat, was nicht wirkungslos geblieben ist. Bereits nach wenigen Wochen verspürte ich einen wahrhaftigen Hunger nach der heiligen Messe. Mir ist bewusst geworden, wie lebensnotwendig der sonntägliche Gottesdienst für mich ist.

Der Weg verläuft auf einer kurzen Strecke entlang einer offenen Wasserleitung. Ich halte beide Hände bis zu den Ellbogen in das strömende kalte Wasser. Ein Lebensbronn! Mir ist, als würde ich wahrhaftig jünger. Etwas Ähnliches, jedoch von umgekehrter Wärmewirkung verursacht, erlebte ich vor Jahren am Baikalsee im kalten sibirischen Winter. Mit Freunden wanderte ich auf Skiern durch die Taiga. Es fror Stein und Bein. Da stießen wir auf heiße Quellen, groß wie ein Teich. Die Temperatur der Luft: weit unter zwanzig Minusgraden, die des Wassers: höher als dreißig Wärmegrade. Wir badeten und wollten aus dem Lebensbronn nicht mehr hinaus. Ob damals das Bad im heißen Wasser angenehmer war oder ob die heutige Erfrischung im kalten Wasser wohltuender ist, wüsste ich nicht zu sagen, doch das weiß ich, dass ich hier am liebsten stundenlang verweilen möchte. Gleichwohl muss ich weiter gehen.

Im Schatten einer Korkeiche halte ich Siesta. Der Schatten ist porös, doch ich weiß mir zu helfen. Der Rucksack, hochkant gestellt, bietet Kernschatten, wenn auch, der kleinen Fläche wegen, leider nur meinem sonnengeplagten Kopf. Ich könnte so gut ruhen, wären da nicht die kleinen schwarzen Teufelchen, gemeinhin Fliegen genannt. Sie werden von meinem Schweiß angezogen wie Männer vom Frauenparfum. Als ich weiter gehe, machen auch sie sich auf den Weg. Ihre Treue scheint ewiglich zu währen. Die Brüder und Schwestern der hier fliegenden Teufelchen begleiteten mich, sich von Tag zu Tag abwechselnd, seit ich Sevilla verlassen hatte. Etwas weniger Anhänglichkeit wäre mir lieber.

Beeindruckend der runde steinerne Pferch, beeindruckender die hier und da liegenden Steinformationen, am beeindruckendsten die Hellhörigkeit der *Extremeño*-Engel. Der Raju-Wegführer warnt vor acht Steinmauern, über welche der Pilger klettern müsse. Die *Extremeño*-Engel mussten meine Schritte von weitem gehört haben, denn sie haben Tore und Gatter gebaut, so dass ich über keine einzige Mauer klettern muss.

Bevor ich die zweite Rast mache, halte ich gründlich Ausschau nach dichten Schatten werfenden Bäumen und untersuche, ob sich der Boden darunter einigermaßen flach erstreckt. Obwohl ich recht betagt bin, finden mich manche Wesen dennoch begehrenswert. Außer auf die fliegenden schwarzen Teufelchen wirkt mein nicht gerade jugendlicher Körper auch auf Ameisen anziehend. Sie erfreuen sich an meinen Händen und Füßen, am Kopf und Bauch, selbst am Po. Die Verständigung zwischen den fleißigen und scheinbar auch neugierigen Hautflüglern muss enorm sein, denn ihre Zahl wächst flugs auf hundert und aberhundert. Gegen diese zahlenmäßige Übermacht komme ich nicht an, und so überlasse ich den schattigen, ebenen, ach so idyllischen Rastplatz den emsigen Geschöpfen zur Alleinverfügung. Die Luftmatratze einrollend, streife ich mit der Hand über einen Ast, und schon steckt ein Schiefer in meinem Zeigefinger. Was immer ich jetzt auch mache – Einpacken des Proviants, Schnüren der Wanderschuhe, Schultern des Rucksacks –, stets sticht mich der unselige Schiefer. Mir kommt es vor, als bräuchte ich für alle Tätigkeiten den Zeigefinger meiner rechten Hand.

Gegen sieben Uhr erreiche ich das einsam gelegene Gehöft, die *finca* »Venta Quemada«. Ein Hund, frei auf dem Hof herumlaufend, bellt mich an. Die Bäuerin, vom Gebell aufmerksam gemacht, tritt vor das Haustor.

»Könnte ich bitte Trinkwasser bekommen?«, frage ich sie.

Wortlos nimmt sie meine leere Flasche und verschwindet hinter der *finca*. Nach kurzer Zeit, während welcher der Hund ununterbrochen bellt, kehrt sie zurück und reicht mir, wieder wortlos, die vollgefüllte Wasserflasche.

»Danke sehr. Besteht die Möglichkeit, bei Ihnen zu übernachten?«

»Nein. Zu dieser Jahreszeit bekommen Sie mit Sicherheit ein freies Bett in der städtischen Herberge.«

»Ich bin heute bereits fünfundzwanzig Kilometer gewandert. Es ist Abend und bis Aldeanueva del Camino sind es nochmals fünfundzwanzig Kilometer. Ich bin müde. Könnte ich nicht doch –«

»Wenn Sie den Silberweg verlassen und auf der Straße nach Oliva de Plasencia gehen, sind es nur fünf Kilometer.«

Um bei Mutter Grün zu übernachten, fehlt nun die Rechtfertigung. Eine Strecke von fünf Kilometern zu gehen, auch wenn ich kaputt bin, ist kein Notfall, und so mache ich mich schweren Herzens und müden Leibes nochmals auf den Weg. Auf der Straße fahren viele Autos. Es ist Freitag, Wochenendbeginn. Ärgerlich ist, dass ich morgen auf dieser ätzenden Straße werde wieder zurückgehen müssen. Entrindete Korkeichen begrenzen die Straße. Ockergelb die frisch, rostrot, braun bis schwarz die früher entrindeten Stämme. Aus den angekündigten fünf Kilometern sind sieben geworden.

Die städtische Herberge von Oliva de Plasencia ist – wie nicht anders zu erwarten war – geschlossen. An der Tür hängt ein Zettel mit zwei Namen, Monica und Carlos, und deren Telefonnummern. Ein heranhumpelnder alter Mann deutet an, dass ich nicht telefonieren bräuchte. Er ruft ein etwa achtjähriges Mädchen und beauftragt sie, Monica zu holen. Dann verschwindet er in einem nahen, baufälligen Haus. Nach einer viertel Stunde kommt er erneut, sagt nur ein Wort: »*paciencia*«, was auf deutsch Geduld heißt, für mich aber Engelsgeduld bedeutet, und verschwindet, stark hinkend, hinter der Straßenbiegung. Es vergeht abermals eine viertel Stunde. An der Straßenbiegung kommt das Mädchen zum Vorschein und bleibt dort stehen. Sie legt die Hände zusammen, bettet den Kopf schräg darauf und verschwindet. Das Zeichen habe ich wohl gesehen, aber nicht verstanden. Ob das Mädchen schlafen gehen will oder ob Monica schläft, ist daraus nicht hervorgegangen. Um nicht noch weitere Zeit zu verlieren, rufe ich Carlos an. Leider meldet er sich nicht. Bei Monica schaltet sich der automatische Anrufbeantworter ein. Jetzt stecke ich in der Patsche. Ich bin vergeblich sieben unendlich lang sich hinziehende Kilometer gekrochen.

Auf einem Platz kickt ein Vater mit seinem Sohn Fußball. Ich schildere ihm meine Notlage und frage ihn nach einem

Hostal. Er kenne Monica, sagt er, sie arbeite in einer Bar am Stadtrand. Dann befiehlt er seinem Sohn, mich zu der Bar zu führen. Monica ist in der Bar allein und dürfe, so sagt sie, diese nicht schließen. Telefonisch fordert sie eine Vertretung an. Nach geraumer Zeit, inzwischen ist es zehn Uhr geworden und ich bin physisch wie psychisch an meine Grenzen angelangt, kommt die Aushilfe.

Monica begleitet mich zur Herberge. Ich bin von der städtischen Herberge angenehm überrascht. Dunkle Eichenbalken im Essraum verbreiten nebst gediegenem Mobiliar mittelalterliches Flair. Das Bett ist frisch bezogen, das Bad blitzblank. Der Kühlschrank ist mit Milch und Mineralwasser, Käse und Wurst, Butter und Marmelade gefüllt. Das Erfreulichste aber: Ich muss morgen nicht auf der ätzenden, verkehrsreichen Straße zurücklatschen, sondern kann, wie mir Monica, ein Dreieck skizzierend, zeigt, auf einem die Hypotenuse bildenden Feldweg gehend, auf den Silberweg bei Cáparra stoßen.

Auf so viele gute und schöne, von der Außenwelt her einströmende Reize antworten prompt meine kleinen, den höheren seelischen Leistungen dienenden Hirnkämmerchen, indem sie den physischen und psychischen Limes vertreiben. Die grauen Zellen, zuständig für das positive Denken, gewinnen Oberhand: Ich freue mich auf den morgigen Pilgertag.

Karl V. oder Der große Verzicht

19. Tag: Samstag, 18. August 2007
Von Oliva de Plasencia nach Aldeanueva del Camino

Das Jenseits erschließt sich
dem Irdischen im Verzicht.
Reinhold Schneider

Die Füße tragen mich westwärts, meine Gedanken fliegen ostwärts, in die Berge der Sierra de Gredos. Dort, am Ufer des Flusses Yuste versteckt, liegt, eine Tageswanderung von hier entfernt, das Hieronymitenkloster San Jéronimo de Yuste, das untrennbar mit dem Leben Karls V., nein, mit dem Sieg des Kaisers über das Leben, verbunden ist. Und wie grandios war sein Leben, wie titanisch sein Kampf, wie gewaltig sein Lebenswerk! Der sechsjährige Karl wird, während andere Knaben Ritter und Räuber spielen, Herzog von Burgund und den Niederlanden, nachdem sein Vater, Philipp der Schöne, früh verstorben ist. Mit sechzehn Jahren, Gleichaltrige lernen in Klosterschule Latein oder am Hofe die Ritteretikette, wird er, ohne ein Wort Spanisch sprechen zu können, König von Spanien und Neapel-Sizilien. Er ist knapp neunzehn Jahre jung, ein Alter, in dem andere auf der Sorbonne oder in Salamanca die sieben Freien Künste studieren, da wählen ihn die deutschen Kurfürsten zum Kaiser des Heiligen Römischen Reiches Deutscher Nation, und zwar einstimmig. Zeit, sich auf das hohe Amt vorzubereiten, bleibt ihm nicht. Kaum zum Römisch-deutschen Kaiser gewählt, muss er in Kastilien gegen aufständischen Comuneros kämpfen, die ihre alten ständischen Rechte durch die Krone verletzt sehen. Schwieriger und langwieriger verlaufen die gegen Franz I. von Frankreich in Navarra, Oberitalien und Burgund geführten Kriege um die Vorherrschaft im Abendland, die alle siegreich für den Kaiser enden. Auffällig das Zusammentreffen von Ereignissen am Tag des heiligen Matthias. Am 24. Februar 1500 wird Karl in Gent geboren; am gleichen Tag des Jahres 1525 besiegt er Franz I. in der Entscheidungsschlacht bei Pavia und 1530, wieder am Tag des heiligen Matthias, wird er durch Papst Klemens VII. in Bologna zum Kaiser gekrönt. Zu den vier, über zwanzig Jahre lang sich hinziehenden Kriegen gegen Frankreich kommen andere hinzu: Türkenkriege – die Osmanen drangen bis Wien vor –, Feldzüge gegen Tunis und Algerien, Eroberungen Mexikos und Perus. Selbst in Asien wird ein Land, das sich über siebentausend Inseln erstreckt, von Karl V. in Besitz genommen. Die Seefahrer, die im Dienste Spaniens neue Länder entdecken, waren selbst keine Spanier. Die Neue Welt wurde von einem Genuesen, das Inselreich in Asien von einem Portugiesen entdeckt. Und wie die Neue Welt nicht nach Kolumbus, so wurde auch das Inselreich in Asien nicht nach Magellan benannt. Karl V. ließ es zu Ehren des Kronprinzen und späteren Königs Philipp II. Philippinen nennen, obwohl es hätte Magellanien heißen müssen, hatte doch sein Entdecker Magellan im Kampf gegen die Eingeborenen sein Leben lassen müssen. Die Länder Karls V. erstreckten sich über die ganze damals bekannte Welt. Er herrschte über ein Reich, in dem die Sonne nicht unterging. Während sich auf die habsburgischen Länder in Europa die Nacht senkte, weckte die Morgensonne die Filipinos auf, brannte die Mittagssonne über den Südseeinseln, vergoldeten die letzten Strahlen der Abendsonne das amerikanische Kolonialreich.

Der »Reisekaiser« hielt sich während seiner vierzig Jahre dauernden Herrschaft bloß sieben in Spanien auf, hatte aber dennoch in seinem Kronland vieles bauen und noch vieles mehr umbauen lassen. So die Burganlagen von Gibraltar zum Schutz der Seefahrt, so das Colegio de San Luis in Tortosa für die Erziehung getaufter Araber, so den über hundert Kilometer langen, den Fluss Ebro schiffbar machenden Canal Imperial, so auch die zahlreichen Residenzen, darunter seine liebste, in der er sich die meiste Zeit aufgehalten hatte, den Alcázar von Sevilla. Unter ihm begann die Pflege des maurischen Erbes auf der Alhambra und der Abbau der ertragreichsten Quecksilberminen in Almadén. Trotz der zahlreichen, zeitaufwendigen Aufgaben verbrachte er vor folgenschweren Entscheidungen stets mehrere Tage betend und meditierend im Kloster Montserrat.

Das gemeine Volk hat viel von seinem Kaiser gehalten und große Hoffnung auf ihn gesetzt, was in einem bekannten Volkslied besungen wird:

»Ich hoff, die Sach soll werden gut,
so Carolus, das edel Plut,
die Sach tut für sich nehmen.«

Sein wichtigstes Ziel zu verwirklichen, blieb Karl verwehrt. Die Errichtung einer weltumspannenden katholischen Universalmonarchie scheiterte an dem umwälzendsten Ereignis seiner Zeit: der von Martin Luther eingeleiteten Reformation. Der Kaiser versuchte auf religiösem wie auf politischem Gebiet das selbst gesteckte Ziel zu erreichen, ohne Erfolg. Das Tridentinische Konzil konnte keine Einigung herbeiführen, weil die Protestanten nicht nach Trient gekommen waren. Im Krieg gegen den Schmalkaldischen Bund der protestantischen Fürsten siegte zwar der Kaiser in der Schlacht bei Mühlberg an der Elbe und nahm sogar den sächsischen Kurfürsten gefangen, doch führten schließlich die überkonfessionelle Fürstenrebellion gegen den übermächtig gewordenen Kaiser, der Widerstand aller um ihre Freiheit fürchtenden Reichsstände und Reichsstädte sowie der erneute Angriff durch Frankreich, das mit den deutschen Fürsten gegen den Kaiser koalierte, dazu, dass im Augsburger Religionsfrieden die Protestanten reichsrechtlich den Katholiken gleichgestellt wurden und die Untertanen dem Bekenntnisstand des Landesherren folgen mussten. Die Formel »wessen Land, dessen Glaube« wurde zwar im Namen des

Kaisers verkündet, von ihm jedoch nicht gebilligt. Den Kaiser hinderten religiöse Skrupel, die vereinbarten Regelungen mitzutragen.

Und nun geschieht das Unglaubliche. Der erste Ritter des Reiches und Träger des Goldenen Vlieses legt die von Feuersteinen und Feuerstählen glänzende Ordenskette ab. Der erste König von Gesamtspanien, mit dessen Regentschaft die Herrschaft des Hauses Habsburg in Spanien begonnen, dankt ab. Der Römisch-deutsche Kaiser, der auf dem Höhepunkt seiner Macht gestanden und über so viele Länder geherrscht, wie kein anderer Kaiser vor oder nach ihm, verzichtet auf die Kaiserkrone. Von Stund' an befolgt er bis zum äußersten das Wort des heiligen Johannes vom Kreuz: »Um alles zu besitzen, sollst du nichts mehr besitzen. Um alles sein zu können, so wünsche nichts mehr zu sein.«

Der Verzicht auf die Macht ist Karls größter Sieg. Der große Verzicht, zugleich die große Umkehr, ist der erste Schritt auf dem Weg, seine Seele von der ewigen Verdammnis zu retten. Karl, der sonst mit seinem aus hundert und aber hundert Höflingen zählenden Hof in Prunk und Pomp umherzog, geht ohne Begleitung, ohne Geld und ohne Schutz bei Regen und Winterskälte von der Kantabrischen Küste bis in die Extremadura. In der Bergeinsamkeit des Klosters von Yuste gewährt ihm Gott achtzehn Monate Zeit, sich auf den Tod vorzubereiten. Karl weilt zwar noch unter den Lebenden, aber er ist ein lebender Toter, ein Nichts. Er liest die Bibel, hört täglich – vom Schlafgemach kann er den Hochaltar der Klosterkirche sehen – die heilige Messe und geißelt sich sogar. Anlass zur Buße bietet sein Leben in Hülle und Fülle: die Plünderung Roms durch seine Truppen, seine Politik der harten Hand, sein übersteigerter Stolz und die schweren, seinen Feinden zugefügten Demütigungen. So musste nach dem Schalkaldischen Krieg der württembergische Herzog Ulrich trotz hohen Alters vor dem Kaiser auf die Knie fallen. Weltliche Freuden sind dem Dahinschwindenden dennoch vergönnt. Seiner Leidenschaft für

Zeitmesser frönend, repariert er Uhren. Und die größte Wonne: Ein blonder, zehnjähriger Junge namens Jeronim, besucht ihn täglich und versüßt ihm, dem Sterbenden, die letzten Wochen. Posthum erringt Karl einen weiteren Sieg. Im Testament bekennt er sich zur Vaterschaft Jeronims, dem die Regensburger Bürgerstochter Barbara Blomberg, Karls frühere Geliebte, das Leben geschenkt hatte. Dieses nichteheliche Kind wird später unter dem Namen Juan de Austria berühmt. Als Admiral der spanischen Flotte wird er in der Seeschlacht vor Lepanto im Golf von Korinth einen vernichtenden Sieg über die Osmanen erringen und die moslemische Seeherrschaft im Mittelmeer brechen.

All das spielte sich vor einem halben Jahrtausend ab. Inzwischen hat sich politisch wie kirchlich vieles geändert. Die Länder haben, die Europäische Union gründend, eine bis dahin nicht für möglich gehaltene wirtschaftliche Einheit erzielt. Die Konfessionen haben sich dank der ökumenischen Bewegung weitestgehend versöhnt. Die Landschaft der Extremadura hingegen als auch die trockenen, heißen Sommer sowie die regenreichen, kalten Winter sind die gleichen geblieben wie in den Tagen Karls V. Auch dieser Feldweg ist gleichermaßen staubig wie damals.

Nochmals werde ich tief in die Vergangenheit zurück versetzt, diesmal um zwei Jahrtausende. Vor mir türmt sich himmelhoch der Triumphbogen von Cáparra. In Wirklichkeit erreicht er lediglich eine durchschnittliche Höhe. Der Eindruck enormer Höhe entsteht, weil der Triumphbogen, seiner ihn früher umgebenden Tempel, Thermen und Foren beraubt, in der weiten Landschaft allein steht. Uns sind Triumphbögen meist im Ensemble mit anderen Baudenkmalen bekannt. So wird der Septimus-Severus-Bogen auf dem Forum Romanum von Kurie und Kapitol begleitet. Der römische Bogen von Cáparra beeindruckt mich durch seine Verlassenheit in der Landschaft wohl auch deshalb, weil ich, seit fünf Tagen mutterseelenallein pilgernd, mich einsam fühle.

Der römische Bogen (arco) von Cáparra

Während ich mich auf den Silberweg vorbereitete, beschäftigte mich die Frage, ob ich einen Fotoapparat mitnehmen sollte. Letztendlich entschied ich mich dagegen. Den Ausschlag gab die Befürchtung, mich könnte die Suche nach eindrucksvollen Fotomotiven davor ablenken, über mein Leben nachzudenken, dem eigentliche Zweck meines Pilgerns. Im Nachhinein bin ich noch aus einem anderen Grund darüber froh, den Fotokasten daheim gelassen zu haben. Kein Schwarzweißbild und keine Farbaufnahme könnte den Bogen von Cáparra so abbilden, wie ich ihn sehe. Fotos sind wohl objektiv, geben aber nicht die Gefühlslage des Fotografierenden wieder. Ob ich zur Stunde, da ich eine Aufnahme gemacht, fröhlich oder traurig, frisch oder müde war, ist auf dem Papierbild nicht ersichtlich. Wie anders dagegen verhält es sich mit dem Bild des Triumphbogens von Cáparra, das ich in meinem Gedächtnis speichere. Es bewahrt meine tiefe Einsamkeit auf.

Das Monument von Cáparra ähnelt mehr einem Tempel denn einem Triumphbogen. Sowohl bei den alten römischen Triumphbögen, wie denjenigen Trajans in Mérida oder Konstantins in Rom, als auch bei den neuzeitlichen, wie dem Siegestor in München oder dem Brandenburger Tor in Berlin, werden stets zwei Seiten betont: die Vorderfront und die Rückfront. Der im Querschnitt quadratische Arco de Triumfo von Cáparra hingegen sieht von allen Seiten gleich aus: Auf allen vier Seiten wölben sich dieselben Bögen. Kein Fries und keine Skulptur schmücken ihn. Womöglich war es überhaupt kein Triumphbogen. Wozu es auch immer zu Römerzeit gedient haben mochte, heute lädt sein langgestreckter Kernschatten Pilger zur Rast ein. In seinem Schatten verweilend, hat sich mein Leib ausgeruht, meine Seele nicht.

Den Weg versperrt ein Hochwasser führender Fluss, Río Ambroz. Eine Brücke ist weit und breit nicht zu sehen. Steinblöcke, vom Wasser umspült, bilden eine Art Furt. Von Stein zu Stein springend, erreiche ich, von unsichtbaren Engelflügeln gestützt, das andere Ufer.

Der Feldweg mündet in einer zweispurigen Straße. Neben der Straße verläuft ein von Büschen und Bäumen gesäumter Grasstreifen. Der unter den Bäumen sich hinziehende Trampelpfad ist holprig, bietet aber Schatten. Von der Straße her rufen Radpilger mir etwas zu, was ich der großen Entfernung wegen nicht verstehe. Sie steigen ab, führen ihre hochbepackten Drahtesel über den breiten Grasstreifen und fragen mich, ob ich Wasser, Kekse, Schokolade oder sonst etwas haben möchte. Völlig fremde Menschen sind um mich besorgt. Welch Balsam für meine Seele! Wir reden über Tod und Teufel in einer aus spanischen, deutschen und englischen Vokabeln durchwobenen Primitivsprache. Beim Abschied drücken die Radpilger mit vielen Worten ihre Hochachtung darüber aus, dass ich solch lange Strecken alleine gehe. Ich revanchiere mich mit einem anderen Kompliment: Sie hätten es bei der sengenden Sonne schwerer als ich, weil auf die Straße kein Schatten falle. Das mache ihnen nichts aus, rufen sie mir von weitem zu, denn der Fahrtwind bringe genügend Abkühlung. Sehr lange sehe ich die radelnden Engel, kleiner und kleiner werdend, auf der schnurgeraden Straße dahinflitzen. Irgendwann verschwinden die Punkte am Horizont, und aus meiner Seele entschwindet die Einsamkeit. Ich gehe ja nicht alleine. Auf Schritt und Tritt begleiten mich sichtbare und unsichtbare Engel.

Eine Baustelle, eine Brücke für die neue Autobahn, dahinter die Nationalstraße N-630. Vom Pilgerweg keine Spur, weder ein Granitkubus noch ein gelber Pfeil. So gehe ich auf der Nationalstraße. Ohne Vorankündigung geht die Nationalstraße in eine beidseitig von mannshohen Maschendrahtzäunen begrenzte Autobahn über. Bis Aldeanueva del Camino sind es sechs Kilometer. Der gut zwanzig Meter breite Mittelstreifen ist gegenüber der Fahrbahn abgesenkt. In seiner Mitte verläuft eine ausgetrocknete Regenrinne. Mangels einer Alternative gehe ich auf dem Mittelstreifen. Die vorbeirauschenden Autos kann ich hören, aber nicht sehen, so tief ist die Absenkung. Der Mittelstreifen wird enger und besteht fortan allein aus der schmalen Regenrinne. Ich bin gezwungen, die Autobahn zu verlassen. Die zusätzliche Schwerstarbeit, mich vor den rasenden Kraftpaketen zu schützen, wollte ich meinem Schutzengel nicht aufbürden, hält er doch auch sonst schon seit Tagen seine Flügel an allen Ecken und Enden über mich. Ich klettere über den Maschendrahtzaun, wobei ich diesmal den Rucksack nicht hinüberwerfe, sondern vorsichtig von oben hinablasse. Entlang des Zauns zu gehen, ist der vielen Gräben und dichten Sträucher wegen unmöglich. In der Hoffnung, auf einen Weg oder eine Straße zu stoßen, schlage ich mich querfeldein durchs Gebüsch. Nach ein paar hundert Metern gelange ich auf einen Waldpfad und – ich traue meinen eigenen Augen nicht – entdecke einen Granitkubus. Engel, die ich nie zu Gesicht bekommen werde, oder doch dereinst in der ewigen Seligkeit, haben den wegweisenden Stein für mich aufgestellt.

Aldeanueva del Camino macht seinem Namen alle Ehre. Das Dorf besteht fast nur aus einer Straße, dem *camino*. Niedrige Häuser reihen sich dicht an dicht. Zwischen den Wohnhäusern könnte selbst ein Floh mit angelegten Ohren nicht hindurch hüpfen. In einem der einstöckigen Häuser ist die Pilgerherberge untergebracht. Die Tür steh offen. Ein Pilger, Ralf aus Flensburg, freut sich aus tiefster Seele, einen Deutschen zu sehen. Wortkaskaden und Gedankenketten, seit langem in seinem Kopf aufgestaut, stürzen wie ein reißender Gebirgsbach aus seinem Mund in die Freiheit und umspülen mich:

»Seit ich vor vierundzwanzig Tagen in Sevilla gestartet, bin ich keinem Pilger, geschweige denn einem deutschen begegnet. Glücklicherweise beherrsche ich halbwegs die spanische Sprache. In Andalusien konnte ich mich mit den Leuten oft und gern unterhalten, denn die Andalusier lieben diebisch, ein Pläuschchen zu halten. In der Extremadura musste ich mir ausgefallene Sachen einfallen lassen, um die sprachfaulen *extremeños* in ein Gespräch zu verwickeln, und selbst dann antworteten sie meist nur einsilbig. Gott sei Dank bot der Weg allerlei Kurzweil. Zuweilen ging es abenteuerlich zu. In der Sierra Morena konnte ich mich vor einem angreifenden Stier in letzter Sekunde in ein Gehöft retten. Hinter Casar de Cáceres ging mir das Trinkwasser aus. Ich litt unsäglichen Durst. An einer kleinen Eisenbahnstation fing ich das vom Klimaaggregat herunter tropfende Wasser auf und trank es hastig wie ein verdurstender, im letzten Atemzug eine Oase mit Brunnen findender Wüstenwanderer. Vorgestern war ich unterwegs so kaputt, dass ich an nichts mehr denken konnte und, um nicht aufzugeben und die Pilgerherberge doch noch zu erreichen, bis zur Bewusstlosigkeit den Namen des Zielortes vor mich hergestammelt habe: Aldeanueva, Aldeanueva, Aldeanueva.«

»Das kann ich gut nachvollziehen. Ich war gestern fix und fertig und habe auf den letzten Kilometern vor Oliva de Plasencia, einen Fuß vor den anderen mechanisch setzend, immer und immer wieder das Lied ›Vom Aufgang der Sonne bis zu ihrem Niedergang‹ gesungen. Gehst du den Silberweg zum ersten Mal?«

»Nein, sowohl den Silberweg als auch den französischen Jakobsweg bin ich schon öfters gegangen, das erste Mal im Jahr 1992.«

»Und warum machst du dich immer wieder von neuem auf den Pilgerweg?«

»Mich interessiert, was sich im Laufe der Zeit auf dem Weg alles ändert. Und ich rede gern mit den Leuten. Paulo Coelhos Tagebuch ›Auf dem Jakobsweg‹ motivierte mich am Anfang. Ich sprach sogar mit Menschen, die Coelho begegnet waren. Sie erzählten mir, dass der bekannte Autor des Öfteren längere Strecken mit dem Bus zurückgelegt habe. Das hat mich enttäuscht.«

»Wie kommt es, Ralf, dass du so lange Urlaub hast?«

»Ich bin selbständig, ein freischaffender Designer, und nehme mir einfach Zeit, wenn ich wandern will.«

»Wollen wir in eine Bar gehen und ein paar Tapas essen?«

»Nein, danke. Ich bin nicht hungrig. Ich lebe nach Hemingways Devise: ›Angeln ist die einzige Philosophie, die satt macht.‹ Ich habe meine Angel dabei und fische unterwegs. Vorgestern fing ich einen ellenlangen Karpfen. Ich bot den Fisch in einem Restaurant dem Wirt an und bekam im Tausch ein üppiges Menü geschenkt. Aber mit dem Angeln wird es in den nächsten Tagen wegen meiner Hand nichts werden.«

Erst jetzt bemerke ich, dass sein linkes Handgelenk bandagiert ist.

»Hast du dich verletzt?«

»Nein, es ist bloß eine Überanstrengung. Gestern wurde ich im Krankenhaus verarztet, sogar unentgeltlich. Mir wurde empfohlen, mich drei Tage lang zu schonen. Deshalb habe ich heute einen Ruhetag eingelegt. Geh allein in die Bar! Ich lege mich inzwischen aufs Ohr. Ein Nickerchen tut meinem lädierten Handgelenk und meiner nicht minder lädierten Seele gut.«

Die nahe gelegene Bar ist brechend voll. Alt und Jung steht Schulter an Schulter. Im Dorf wird das Fest Mariä Himmelfahrt den vierten Tag in Folge gefeiert. Ich genehmige mir iberischen Schinken und ein Bier. Der noch dünner als hauchdünn geschnittene *Bellota*-Schinken entfaltet im Mund den vollen Geschmack. Nähme der Wirt an der in Spanien ausgetragenen Weltmeisterschaft der Schinkenschneider teil, bei der es darauf ankommt, den Schinken möglichst dünn zu schneiden, und wäre ich zum Schiedsrichter bestellt, so würde der Wirt zum Sieger der *cortadores* gekürt. Heute könnte ich, wenn ich wollte, mehrere Flaschen Bier verkasematuckeln, ist doch das von mir freiwillig gewählte Tageslimit von zwanzig Euro noch lange nicht erreicht, da ich bisher keinen Cent ausgegeben habe. Die Pilgerherberge ist gratis. Es wird lediglich um ein *donativo*, eine kleine Gabe, gebeten. Dennoch belasse ich es bei einem Glas Bier. Schließlich möchte ich morgen beim ersten Hahnenschrei aus den Federn kriechen.

Vor der Pilgerherberge sitzt Ralf auf einem klitzekleinen Korbstühlchen, winkt mit beiden Händen mir zu und ruft:

»Dein *compañero*, Javier, ist da. Nachdem er heute die überlange Etappe von Carcaboso aus gegangen ist und sich obendrein verlaufen hat, ist er total erschöpft und schläft jetzt wie ein Stein.«

Zwei Radpilger kommen an. Die hochbetagte *hostalera* hat für das junge Pärchen viel Verständnis und quartiert die in einem fort miteinander Flirtenden im ersten Stock ein, so dass sie unter sich sein können.

Ich bin müde, kann aber nicht einschlafen. Die Fiesta ist im vollen Gange. Tiefe Bässe dröhnen überlaut. Ich befürchte, dass meine Trommelfälle platzen könnten. Aus einem Tempotaschentuch drehe ich ein Paar Ohrstöpsel. Nun klingt das Bumbum gedämpfter. Irgendwann übermannt mich der Schlaf.

Ohne Pilgerpass – kein Pilger

20. Tag: Sonntag, 19. August 2007
Von Aldeanueva del Camino nach Calzada de Béjar

O Mensch, lerne Tanzen,
sonst wissen die Engel im Himmel
mit dir nichts anzufangen.
Heiliger Augustinus

Auf der kleinen Plaza wird um sechs Uhr morgens noch gefeiert. Junge Männer, Glas und Weinflasche in den Händen, grölen Trinklieder. Arbeiter bauen eine Bühne ab, um sie wahrscheinlich andernorts heute aufzubauen. Hoffentlich nicht in Calzada de Béjar, meinem Etappenziel!

Hinter Aldeanueva del Camino gelange ich auf einen kolossalen, zu dem kleinen Dorf so ganz und gar nicht passenden Kreisel. Nun heißt es, aufs höchste aufzupassen, um nicht auf die Autobahn zu gelangen. Doch ausgerechnet jetzt versagt mein drittes Auge. Bei der herrschenden Dunkelheit kann ich die Schilder nicht lesen. Glück im Unglück: Eine nahe gelegene Tankstelle, deren Lichter anzeigen, dass sie im Betrieb ist. Passende Batterien für meine Funzel gibt es nicht, so kaufe ich eine neue, wasserdichte Taschenlampe. Mögen Engel mich davor bewahren, mir von ihrer Wasserundurchlässigkeit auf dem Silberweg Gewissheit verschaffen zu müssen!

Zurück zum Kreisel. Mit Hilfe des neuen dritten Auges ist es ein Leichtes, die Straße nach Baños de Montemayor ausfindig zu machen. Nur wenige Autos sind unterwegs, weil Sonntag ist. Das dritte Pilgergebot – Du sollst selbst an Feiertagen nicht rasten! – hat auch sein Gutes.

Die Straße steigt in Serpentinen hoch ins Gebirge hinauf. Gegen die Dunkelheit hilft die Taschenlampe, gegen die Kälte eine schnelle Gangart. Die Gipfel der Zweitausender erglühen in ersten Sonnenstrahlen. Nach und nach breitet sich an den Osthängen ein heller Streifen bis ins Tal hinab. Die Westhänge bleiben von tiefer Dunkelheit umhüllt.

Das Radpilgerpärchen, schwer in die Pedale tretend, überholt mich. Als die Straße steiler wird, steigen sie ab, schieben ihre Packesel und werden von mir überholt.

»Du hast es gut«, rufen sie mir zu. »Dir macht der Wind bei weitem nicht so viel zu schaffen wie uns, zumal er von vorne bläst.«

Als die Straße flacher wird, werde ich erneut überholt. Das Überholspielchen wiederholt sich noch einmal.

Baños de Montemayor. Der Name *baño*, Bad, Heilbad, sagt alles über das hoch in den Bergen gelegene Städtchen. Die Römer schätzten die Heilquellen von Montemayor und widmeten diese den Caparensischen Nymphen, Göttinnen des Wassers. Wahrscheinlich war hier bereits ein halbes Jahrtausend vor den Römern eine Kultstätte der Keltiberer. Das Heilbad ist heute noch im Betrieb. Viele Kurgäste kommen hierher wegen des aus dem Boden hervorquellenden, schwefelhaltigen, zweiundvierzig Grad warmen Wassers. Ich erfreue mich am mittelalterlichen Flair des Städtchens: den winkeligen Gassen, den stillen Plätzen. Eine Fünf-Mann-Kapelle mit Kindern im Schlepptau kommt mir entgegen. Sie spielen abwechselnd Flamencos, Dixieland-Jazz und Stierkampfmärsche. Der Saxophonist, der Schlagzeugspieler sowie die zwei Klarinettenbläser tragen allesamt gelbe Hemden. Den Trompetenspieler, der zugleich Dirigent ist, zeichnet ein rotes Hemd aus. Ein Anführer muss sich schließlich irgendwie vom Fußvolk unterscheiden!

Auf der Plaza stehen vor einem Café Menschen in einer langen Schlange, obwohl im Café Plätze frei sind. Alle, die draußen Schlangestehenden und die im Café Sitzenden, sind hierher wegen der warmen *churros* gekommen. Die Ölkringel sind ein typisches spanisches Gebäck. Ich wärme mich mit einem großen Milchkaffee auf und genieße die knusprigen *churros*. Die Fünf-Mann-Kapelle kehrt im Café ein und sorgt für ausgelassene Stimmung.

Hinter Baños de Montemayor verläuft auf einer Länge von zwei Kilometern die alte, bestens erhaltene Römerstraße. Von Hand behauene, rechteckige, vierzig mal sechzig Zentimeter messende Granitplatten bilden den Belag. Die Straßenbreite von anderthalb Metern bot einst Platz genug für die von Ochsen gezogenen, auf Scheibenrädern fahrenden Karren und für die neben den schweren Wagen einhergehenden Fuhrleute. Zu beiden Seiten hin neigt sich die Straße leicht ab, so kann Regenwasser abfließen. Eine technisch überzeugende Lösung der praktisch veranlagten Römer. Das gut ausgebaute Straßennetz sicherte Roms Herrschaft in den Provinzen. Auf Fernstraßen, insbesondere den gepflasterten, konnten die Legionen schnell von Rom in die beherrschten Gebiete gelangen. Das reichsweite Straßennetz diente zusammen mit Relaisstationen auch der Staatspost. Später ermöglichte es die rasche Ausbreitung des Evangeliums.

Links unten schlängelt sich in Serpentinen die Nationalstraße. Die Römerstraße hingegen verläuft schnurgerade, allerdings auch sehr steil. Den Reitpferden der Römer mochte diese Steilheit nichts ausgemacht haben, wohl aber den schwere Karren ziehenden Ochsen. Ich drehe mich um. Unten, auf der Westseite des Tals spiegelt die Wasseroberfläche eines Sees die Sonnenstrahlen wider. Vor Baños de Montemayor habe ich den See von der Straße aus nicht gesehen. Von hier oben wirkt der von Bergen umragte See in seiner Stille überaus erhaben.

Als ich auf der Nationalstraße ankomme, versetzt mir die seit Stunden auf den Asphalt prasselnde Sonne einen Wärmeschock. Ein Wappen mit Leu und Tor zeigt den Beginn der Region Castilla-León an. Der Löwe steht für León, das Burgtor für Kastilien. Auch ohne Wappenschild sticht der Beginn einer neuen Region ins Auge. Es ist zum einen die Vegetation: Links und rechts der Straße prangen Blumengärten in den buntesten Farben. Zum anderen sind es die gegenüber den Granitkuben in der Extremadura dreimal so hohe Wegsteine. Ihre obere Seite ist schräg abgeschnitten und trägt ein eingeritztes V, wohl die Abkürzung für *vía*, Weg, und ein achtstrahliges Zeichen, das einen Stern oder die Sonne symbolisieren könnte. Darüber hinaus markieren die gewohnten gelben Pfeile den Pilgerweg.

Hinter der Passhöhe kommt der erste auf kastlischem Boden liegende Ort zum Vorschein: Puerto de Béjar. Eine Tankstelle. Diese segensreiche Stätte ist für Autos wichtig, für Pilger noch wertvoller. Hier kann ich die Wasserflasche auffüllen und die Toilette aufsuchen. Hinter der Tankstelle zweigt der Pilgerweg von der Nationalstraße ab. Es ist wieder die alte, allerdings hier ungepflasterte Römerstraße. In enger Schlucht geht es ständig abwärts. Über mir verläuft auf Betonpfeilern in schwindelerregender Höhe die Nationalstraße. Ein Bild wie in den Schweizer Bergen.

Auf der Talsohle überspannt eine Brücke den Río Cuerpo de Hombre. Ein sonderbarer Name für einen Fluss: Menschenkörper. Die Brücke, wohl römischen Ursprungs, wirkt in ihrer Massigkeit sehr stabil. Vitruv, der römische Baumeister und große Theoretiker, hätte an diesem Bauwerk seine helle Freude gehabt. Eine Tafel informiert über Brücke und Römerstraße. Daraus wird ersichtlich, wie römische Straßen unterhalb der Steinpflasterung aussahen. In einem ausgehobenen Graben wurden zuerst die Straßenränder mit Steinblöcken eingegrenzt. Danach wurde der Graben in mehreren Schichten mit Steinen und Schotter, mit Sand und Mörtel ausgefüllt und zuletzt mit Platten oder flachen Steinen gepflastert. Im Tagebuch notiere ich den Namen der Brücke, Puente de la Magdalena, und den des östlich gelegenen Berggipfels, Peña Negra, Schwarzer Fels.

Hinter der Brücke steigt der Weg leicht an. Ein fast Sturmstärke erreichender Wind zwingt mich, meinen kostbaren Sonnenschutz, den Hut, mit beiden Händen festzuhalten. Den Abkühlung spendenden Wind empfinde ich als Geschenk des

Himmels. Nachdem ich Brot und Bananen aufgegessen sowie Wasser und Yoghurt ausgetrunken habe, fühlt sich der Rucksack viel leichter an. Ein ähnliches Gefühl der Erleichterung stellt sich im Leben ein, wenn wir es schaffen, unnötigen Ballast abzuwerfen oder liebgewonnene, aber nicht mehr hilfreiche Angewohnheiten aufzugeben.

Am Eingang von Calzada de Béjar steht auf einer Anhöhe, von Hecke und Gatter umzäunt, die Pilgerherberge. Javier ist bereits da. Er musste mich überholt haben, als ich in Baños de Montemayor das Café aufgesucht hatte. Die Pilgerherberge besteht aus einem geräumigen Aufenthaltsraum und aus zwei großen Schlafräumen mit einer Menge von Betten. Wir gönnen uns den Luxus, zwei getrennte Zimmer zu belegen.

Nach dem Duschen sitzen wir im Schatten der Pilgerherberge und trinken Wasser. Javier unterbricht die Stille:

»Ist das hier nicht herrlich? Einfach nur dasitzen und zuschauen, wie Kühe grasen. Unterwegs habe ich einen Kaiseradler gesehen. Und diese Ruhe! Und diese Landschaft!«

»Ja, ein wunderschöner Tag. Ein Sonntag. Verglichen mit den zwei letzten Marathon-Etappen waren heute die dreiundzwanzig Kilometer eine Kaffeetour. Und diese majestätischen Berge! Berge sind wahrlich ein Ort, um selbst still zu werden, ein Ort, wo nicht nur der Wind, sondern auch der Geist ständig zu wehen scheint.«

Wir gehen in die Herberge hinein, um Siesta zu halten. Zuvor will ich mich noch in die Pilgerliste eintragen. Die Nummer meines Pilgerpasses kenne ich nicht auswendig. Zweimal durchwühle ich den Rucksack, finde aber mein *credencial* nicht. Ohne Pilgerpass darf man in Pilgerherbergen nicht übernachten, selbst dann nicht, wenn man viel Geld böte. Damit soll ein Ausarten des Pilgerns in puren Tourismus verhindert werden. Um von einer Jakobusgesellschaft einen Pilgerpass ausgestellt zu bekommen, benötigt man ein Empfehlungsschreiben des Gemeindepfarrers. Nun stehe ich ohne Empfehlungsschreiben und ohne Pilgerpass da und bin, bei Lichte gesehen, das heißt, mit den Augen eines Bürokraten betrachtet, gar kein Pilger. Wo konnte ich meinen Pilgerpass verloren haben? Zwei Möglichkeiten fallen mir ein. Entweder habe ich ihn in der Pilgerherberge von Aldeanueva liegen gelassen, oder er ist an der Magdalenen-Brücke aus dem Tagebuch hinausgerutscht. Ich beschließe, die fünf Kilometer bis zur Brücke zurückzugehen. Javier bietet sich an, mich zu begleiten. Ich lehne sein Angebot dankend ab. Der Katalane hat sich doch von den Strapazen der gestrigen Etappe noch nicht erholt. Und selbst wenn er mitkäme, helfen könnte er mir doch nicht.

Nun folgen sechzig lange, bange Minuten. Hoffentlich liegt mein Pilgerpass unter der Infotafel! Sollte ich ihn dort verloren haben, besteht zusätzlich die Gefahr, dass der Wind ihn in den Río Cuerpo de Hombre geweht haben könnte. Sollte er in die Wasserfluten gefallen sein, bekäme ich ihn nicht wieder zu Gesicht.

Ich kann es kaum fassen! Mein *credencial* liegt tatsächlich im Gras unter der Infotafel. Vor lauter Freude möchte ich am liebsten tanzen, doch befürchte ich, ein zufällig Zuschauender könnte mich für meschugge halten. So singe ich stattdessen aus voller Kehle »Danke, dein Heil kennt keine Schranken …« Wieder einmal hat mein Schutzengel, mit seinen ausgebreiteten Flügeln mein *credencial* gegen Wind abschirmend, mir geholfen. Wieder einmal hat mich der Weg gelehrt, wie abhängig ich bin, vornehmlich abhängig von der Hilfe der Engel.

Der Rückweg zieht sich in die Länge. Der Wind hat nachgelassen. Um so stärker brennt, von keinem Wölkchen verhüllt, die Sonne. Dennoch kann die brütende Hitze meine Fröhlichkeit nicht trüben. Der wiedergefundene Pilgerpass hat meinen Füßen Flügel verliehen.

In der Pilgerherberge treffe ich auf Ralf. Er habe, wie er sagt, sich erlaubt, die Dienste der staatlichen Transportgesellschaft in Anspruch zu nehmen und einen Teil der Etappe mit dem Bus zurückzulegen. Die *hostalera* bietet sich an, uns ein warmes Essen zu bereiten. Javier und ich nehmen das Angebot dankbar an. Ralf hingegen meint, er sei von dem königlichen Menü, das er im Tausch für den Fisch bekommen habe, noch immer gesättigt.

Als Vorspeise gibt es Nudeln. Danach Fleisch mit Eiern und Tomatensalat. Während wir zum Abschluss Melonen essen, setzt sich Ralf zu uns. Wir reden über Gott und die Welt.

»Bei uns in Spanien ist Paella das Nationalgericht, die je nach der Gegend unterschiedlich zubereitet wird. Und was ist die typisch deutsche Speise?«

»Schwierig zu sagen«, antwortet Ralf. »Früher war Eisbein und Sauerkraut zweifelsohne das deutsche Gericht schlechthin. Heute sind es wohl McDonalds Hamburger. Aber Spaß bei Seite. Es gibt viele für einzelne Regionen typische Gerichte. In der Pfalz ist es der Saumagen, in meiner Heimat der Labskaus. Die bayerische Küche wiederum wäre ohne Leberkas nicht denkbar.«

Mir fällt auf, wie akzentfrei und mit welch reichem Wortschatz Ralf spanisch spricht. Als er gestern sagte, er beherrsche nur halbwegs die spanische Sprache, da hat er stark untertrieben.

»In Puerto de Béjar und neben der Magdalenen-Brücke habe ich die in Kastilien wegweisenden Steine gesehen. Javier, kannst du mir sagen, was das eingeritzte achtstrahlige Zeichen symbolisieren soll?«

»Diese Steine markieren nicht den Silberweg, sondern machen auf Sehenswürdigkeiten aufmerksam. Der Pilgerweg wird in Kastilien lediglich durch gelbe Pfeile gekennzeichnet.«

Die ausgebliebene Siesta und im stärkeren Maße die zusätzliche Strafrunde haben mich müde gemacht, und so gehe ich früh zu Bett. Ralf und Javier palavern noch lange miteinander. Sie sprechen spanisch, und das, worüber sie sprechen, kommt mir auch spanisch vor.

Der Silberweg – ein Sinnschenker

21. Tag: Montag, 20. August 2007
Von Calzada de Béjar nach Fuenterroble de Salvatierra

Das Gehen ist eine Meditation
im Leib und mit dem Leib.
Anselm Grün

Über den Bergen weht starker Wind. Javier zieht sich so warm an, als ob nicht Sommer, sondern Winter wäre. Während ich losziehe, kocht der Katalane Kaffee. Calzada de Béjar ist ein armes Dorf. Die Gemarkung Hurdes gehört zu den ärmsten Gebieten Spaniens. Trotz seiner Armut macht das Dorf dank der hölzernen Balkone und der vielen Blumen einen properen Eindruck. Seit dem Mittelalter hat sich hier kaum etwas verändert.

Der Weg, flach verlaufend, erfordert keine große Anstrengung. Die weite Hochebene ist ringsum von Bergen begrenzt: im Westen Sierra de Quilama, im Norden Sierra de Frades, im Osten Sierra de Ventosa und im Süden Montes de Tras la Sierra. Der Weg führt mich durch Altkastilien, das von dem niedriger gelegenen Neukastilien durch das Iberische Scheidegebirge getrennt ist. Meine treuen Begleiter, die kleinen schwarzen Teufelchen, halten sich in dieser frühen Morgenstunde der Kälte wegen versteckt. Um mich herum und in mir breitet sich eine mich beglückende Stille aus. Je ruhiger ich werde, desto mehr verspüre ich die Nähe Gottes. Es ist so, wie Burkhard Saul es ausdrückt: »Ohne Zufuhr von Information entsteht das Gefühl von Ewigkeit und Endlosigkeit, der ›Atem Gottes‹ wird spürbar.«

Nirgendwo könnte ich mich so tief in Gedanken versenken, nirgendwann so intensiv über Gott und mein Leben nachdenken, wie hier und jetzt. Wo denn sonst wäre es mir möglich, vierundzwanzig Stunden am Tag ungestört darüber nachzusinnen, warum ich auf der Welt bin und was Gott mit mir vorhat. Auf dem Pilgerweg ist das möglich. Das allein ist der Sinn des Weges. Das viel zitierte Zen-Wort »Der Weg ist das Ziel« meint nichts anderes, als dass der Weg uns den Sinn schenken kann. Luise Rinser drückt das so aus: »Den Weg gehend, erfährt man den Sinn.« Wir begegnen Gott nicht erst am Ziel, sondern schon auf dem Weg.

Heute verleitet mich der Weg dazu, über meinen Namenspatron zu sinnieren. Es heißt, Name sei Programm. Gilt das auch für meinen Vornamen? Graf Norbert von Xanten, der spätere Erzbischof von Magdeburg und Gründer des Prämonstratenserordens, hatte nicht immer ein heiligmäßiges Leben geführt. Erst nach dem dreiunddreißigsten Lebensjahr wurde er das, was sein Name im Althochdeutschen besagt, Nordberaht, der im Norden Glänzende. In jungen Jahren ging sein Streben auf Karriere und irdische Freuden aus. Er war Chorherr in Xanten und Kaplan am Hofe Kaiser Heinrichs V., was ihn jedoch nicht daran hinderte, das Leben in vollen Zügen zu genießen. Eines Tages reitet er von Xanten am Rhein nach Vreden an der Berkel, um sein Liebchen aufzusuchen. Da greift Gott buchstäblich wie ein Blitz in sein Leben ein. Norbert wird unterwegs von einem Gewitter überrascht. Ein ungeheurer Blitz schlägt vor ihm ein und wirft Ross und Reiter zu Boden. Ein Damaskuserlebnis. Von Stund' an bemüht sich der einst stolze Graf, fromm zu sein, stellt sich vollauf in den Dienst Gottes, und der Herr verhilft ihm in seinem Lebenskampf zum Sieg. Das Merkwürdige, aber nicht Zufällige ist, dass ich am gleichen Tag und im gleichen Monat geboren bin, an dem der heilige Norbert neugeboren wurde, am Tag seiner Saulus-Paulus-Bekehrung.

Das Leben von Heiligen betrachtend, sollten wir zur Nachahmung angeregt werden. Aber bin ich fähig, den Spuren des heiligen Norbert zu folgen? Wir »normale« Christen, zumindest die meisten von uns, leben unseren Glauben mehr schlecht als recht. Wir leben einfach in den Tag hinein, ohne uns an Gottes Gebote zu halten. Wir wurden zwar getauft, gingen zu Erstbeichte und Erstkommunion, ließen uns firmen und kirchlich trauen, und gehen vielleicht noch ab und zu sonntags in die Kirche, etwa zu Weihnachten oder Ostern, aber unseren Alltag in Familie und Beruf leben wir so, als wären wir nie getauft, nie gefirmt worden. Wir führen ein Leben, wie es der heilige Norbert in jungen Jahren geführt hatte. Wie anders dagegen verlief Norberts Leben nach seiner Umkehr! Wie anders verlief und verläuft Leben und Werk vieler Christen, die auf eine andere Art umgekehrt, die konvertiert sind! Edith Stein, die ihren Glauben bis zum Martyrium gelebt, John Henry Newman, der das katholische Leben in England erneuert hat oder Werner Bergengruen, dessen Romane und Novellen das Glaubenszeugnis schlechthin sind. Das gleiche gilt für das Werk der Dichterin Gertrud von le Fort. Um wahrhaft christlich zu leben, sind indes weder Damaskuserlebnis noch Konversion nötig. Unsere Taufe ist hierfür die notwendige und zugleich hinreichende Bedingung. Wie die Zellen unseres Leibes in sich einen genetischen Code bergen, so wohnt unserer Seele dank der Taufe ein Sinncode inne. Jener fixiert unsere physischen Eigenschaften, dieser unseren Lebenssinn. Aber wir müssen als Erwachsene diesen Sinncode entschlüsseln und, was ungleich schwieriger ist, danach leben.

Vor Valverde de Valdecasa holt mich Javier ein. Im Dorf ist die einzige Bar geschlossen, und so gehen wir, zweisprachig schweigend, weiter: Javier schweigt auf Spanisch, ich auf Deutsch. Wie beglückend, nebeneinander zu gehen und zu schweigen! In diesem Schweigen tut sich die Ruhe des Geistes kund. Uns verbindet das Schweigen stärker, als wenn wir noch so viel miteinander redeten. Ebenso verbindet uns die gemeinsame körperliche Anstrengung. Als der Weg steiler wird, kann ich Javiers Tempo nicht mithalten und lasse mich zurückfallen.

Ich brauche mich dessen nicht zu schämen, schließlich bin ich doppelt so alt wie der Katalane.

In Valdecasa wartet Javier vor einer Bar. Er hat in Erfahrung gebracht, dass die Bar in einer halben Stunde geöffnet werde. Aus einer halben Stunde wird eine ganze. Pünktlichkeit ist nicht gerade eine spanische Tugend. Auf die Minute exakt fängt in Spanien allein der Stierkampf an.

Nachdem die Bar geöffnet worden ist, bekommen wir den heiß geliebten *café con leche* noch lange nicht. Die junge Bedienung schaltet zuerst den Fernseher ein und schaut sich an, zwischen mehreren Programmen hin- und herschaltend, was so alles übertragen wird.

Endlich bedient sie die Kaffeemaschine, doch bis diese warm wird, vergeht abermals eine geraume Zeit. Dennoch hat sich die lange Wartezeit gelohnt. Der Milchkaffee schmeckt paradiesisch. Wer diesen Kaffee trinkt, der kann ahnen, welche Genüsse uns im Himmel erwarten.

Als ich weiter gehe, fragt mich ein im Garten jätendes Mütterchen, ob sie mir etwas zu essen bereiten könne. Ich bedanke mich herzlich und setze zu tiefst berührt meinen Weg fort. So eine Gastfreundschaft kann man auf dem *camino*, wo täglich hunderte Pilger durch Dörfer ziehen, kaum noch erleben. Und wie wird es in zehn Jahren auf dem Silberweg zugehen?

Unterwegs stoße ich auf etwas, was in dieser Form allein in Spanien oder Polen vorkommen kann. Eine Frauen-Basketball-Mannschaft aus Sevilla hat anlässlich eines Sieges in der ersten Liga hier ein Pilgerdenkmal aufgestellt: einen *Bosque Peregrino*, einen kunstvollen Pilgerwald.

Fuenterroble de Salvatierra gilt unter den Pilgern als der gastfreundlichste Ort des Silberweges. Angefangen mit dem Pfarrer über den Schultheiß bis hin zum ärmsten Bauern sind alle zutiefst auf das Wohl der Pilger, das seelische wie das leibliche, bedacht. Am Eingang der Pilgerherberge steht, auf Balken geschrieben, ein Spruch auf Spanisch und Latein, auf Holländisch und Flämisch, auf Russisch und Deutsch: »Ich habe meinen Engeln aufgetragen, dich auf dem Weg zu beschützen«. Wie oft haben die himmlischen Heerscharen diesen Auftrag an mir erfüllt!

Elisabeth, eine junge Dresdnerin, verrichtet hier seit fünf Tagen den Dienst der *hostalera*.

»Warum machst du das und warum gerade hier?«, will ich von ihr wissen.

»Vor ein paar Jahren bin ich den *camino* gegangen und war beeindruckt von dem ehrenamtlichen Dienst der vielen, auch deutschen *hostaleros* und *hostaleras*. Ich studiere in Eichstätt Philologie. Einer von meinen Professoren kennt den hiesigen Pfarrer und hat mir diese Stelle vermittelt.«

»Wie sind deine ersten Eindrücke?«

»Pfarrer Don Blas kümmert sich rührend um mich. Und die Pilger sind allesamt freundlich. Abends essen wir alle zusammen. Auch du bist zur heiligen Messe und zum Abendessen eingeladen.«

Die Pilgerherberge ist eine kirchliche Einrichtung. Das wird am Raum der Stille, der zu Gebet und Meditation einlädt, deutlich. Schriften über den Silberweg, darunter deutsche Pilgerberichte, liegen hier aus. Im Hof befindet sich in einem einfachen Anbau der Schlafsaal und, daran anschließend, ein sauberes Bad mit Dusche und WC.

Nach der Siesta suche ich die Pfarrkirche Santa María la Blanca auf. Die dreischiffige Wehrkirche diente während der *reconquista* als Burg und Gotteshaus. Wie gut, dass die erste Bestimmung in unserer Zeit nicht mehr gefragt ist! Im Altarraum stehen acht mannshohe Holzfiguren, aber nicht hoch oben in Nischen, sondern unten auf dem Fußboden. Nahe und auf Augenhöhe stehend, lösen sie in mir eine sonderbare Empfindung aus. Mir ist, als sprächen Christus, Maria und Jakobus unmittelbar mit mir.

Seitlich angebrachte Griffe deuten darauf hin, dass die Figuren bei Prozessionen mitgetragen werden. Außer diesen Standbildern fällt ein Kurbelrad auf, an dem zwölf kleinere und größere Schellen angebracht sind. Am liebsten möchte ich das Rad drehen, um den Klang der Schellen zu hören.

An der Außenwand der Kirche informiert eine Tafel, beginnend mit der prähistorischen Zeit, über die Geschichte des Silberweges. Auf dieser Route trieben Tartessiner Handel, eroberten Karthager unter Hannibal die Bergvölker Iberiens, stießen Römer bis an die nördliche Küste Iberiens vor. Auf dieser Straße zogen Mauren nach Norden, um die Halbinsel zu erobern, und ein paar Jahrhunderte später die Heere der katholischen Königreiche nach Süden, um das Land zurückzuerobern. Auf diesem Weg pilgerten zahllose Mozaraber nach Santiago de Compostela, und auf diesem Silberweg gehe auch ich, ein Stäubchen im großen Universum und doch unauslöschlich eingeschrieben in der Hand Gottes. Einerseits bin ich ein Nichts, andrerseits ein Universum im Kleinen. Ohne etwas schaffen oder leisten zu müssen, bin ich, dank der Gnade Gottes, ein Auserwählter.

Auf dem Kirchhof ist ein kurzes Stück der Römerstraße, von einem tiefen Schacht durchkreuzt, aufgebaut. Im Querschnitt ist ersichtlich, wie die einzelnen Sand-, Stein- und Schotterlagen aufgeschichtet waren.

Kurz vor 19 Uhr kommt Don Blas mit dem Auto zur Pilgerherberge, holt Carlos, Eduardo sowie mich ab und bringt uns zu dem vier Kilometer entfernten Dorf Casafranca, wo heute Abend der Gottesdienst gefeiert wird.

Der Pfarrer nennt sieben Dörfer, die er seelsorglich zu betreuen hat. Unterwegs erfahre ich, dass Carlos Radpilger und Eduardo, den ich seiner langen Haare wegen für einen Hippie gehalten habe, Missionar in Jakarta ist. In Indonesien, erzählt Eduardo, missioniere er seit zehn Jahren. Nun sei er auf Heimaturlaub und besuche alte Freunde.

Die heilige Messe feiern beide Priester in Konzelebration. Vor dem Schlusssegen werden Carlos und ich aufgefordert, zum Altar zu kommen. Der Missionar legt die rechte Hand auf Carlos' Kopf, der Pfarrer seine auf mich. Gemeinsam sprechen sie über uns den verkürzten irischen Segen:

»Der Herr sei vor dir,
um dir den rechten Weg zu zeigen.
Der Herr sei neben dir,
um dich in die Arme zu schließen und dich zu schützen.
Der Herr sei unter dir,
um dich aufzufangen, wenn du fällst.
Der Herr sei in dir,
um dich zu trösten, wenn du traurig bist.
Der Herr sei über dir,
um dich zu segnen.
So segne dich der gütige Gott.«

Der Segen stärkt mich spürbar. Mir ist, als flöße Hoffnung und Zuversicht in mich. Diesen Segen hätte ich gern in Sevilla empfangen gehabt.

Nach dem Gottesdienst warten Carlos und ich auf dem Kirchplatz auf die Priester. Männer und Frauen aus dem Dorf umringen uns, befragen uns nach unseren Wegerfahrungen und berichten über ihre eigenen. Don Blas bringt uns zur Pilgerherberge zurück und holt zugleich Elisabeth und Javier ab, um mit ihnen in ein anderes Dorf zu fahren und dort die nächste Messe zu feiern.

In einer Bar esse ich ein Omelett. Carlos kommt herein. Wir trinken zusammen ein Bier. Carlos erzählt viel über sich.

Gestartet sei er in Mérida. Morgen wolle er bis Salamanca radeln. Dort werde für ihn in diesem Jahr der Pilgerweg enden. In Salamanca würden zu Besuch seine Frau und seine zwei Kinder weilen, nach denen er schon große Sehnsucht verspüre. Familie sei für ihn das größte und schönste auf der Welt. Zusammen hätten sie vor, nach Hause, nach Madrid, zurückzufahren. Zehn Jahre lang habe er als Unternehmensberater in Schanghai gearbeitet, wo er seine Frau kennen und lieben gelernt habe.

Als der Madrilene erfährt, dass ich mit meinen Kindern nach Santiago gepilgert sei, bittet er mich, ausführlich darüber zu erzählen. Er stellt sich das spannend vor, später einmal mit seinen Kindern den *camino* zu gehen.

Wir schlendern zur Pilgerherberge zurück. In der Küche kocht Elisabeth Suppe, decken Radpilger den Tisch, schnippelt Don Blas Salat. Den hilfsbereiten, gastfreundlichen Pfarrer beobachtend, muss ich an das Wort Jesu denken: »Wer euch aufnimmt, der nimmt mich auf.«

Ralf ist nicht gekommen. Er wollte, um sich zu schonen, kürzere Strecken wandern.

Der Mensch dem Menschen Weg zu Gott

22. Tag: Dienstag, 21. August 2007
Von Fuenterroble de Salvatierra nach San Pedro de Rozados

Nicht dass der Glauben aus Menschlichem stammte;
Gott ist's, der ihn wirkt –
aber er wirkt ihn im Menschenwesen,
und so ist der Mensch dem Menschen Weg zu Gott.
Romano Guardini

Bislang habe ich meinen Flies lediglich als Kopfkissen benutzt. Heute Morgen dient er mir auch als Wärmespender. Inzwischen kenne ich mich mit dem Wetter in Kastilien aus und weiß, dass es zwar jetzt bitter kalt ist, in drei Stunden aber die Sonne unbarmherzig brennen wird.

Der Feldweg mäandert, obwohl weit und breit kein Fluss zu sehen ist. Neben einem Kreuz erhebt sich eine armselige, aus Ästen und Zweigen aufgebaute Hütte. Auf einer Holzscheibe steht der Name »Antonio«. Die einsame Lage der Hütte wäre Antonius dem Einsiedler recht gewesen. Der Gottesmann erlangte, nachdem er viele Menschen geheilt, einen großen Bekanntheitsgrad. Er verwies stets darauf, dass nicht er den Menschen Heil und Heilung bringe, sondern Gott allein auf die Bitte der Kranken hin, dennoch suchten ihn immer mehr Menschen auf. Daraufhin zog der erste christliche Asket und Vater der Mönche nach Oberägypten in eine äußere und innere Wüste, um, von Mensch und Welt abgeschieden, in Gebet und Askese zu leben.

Ich bete den lichtreichen Rosenkranz. Während ich das Gesetz »Jesus, der auf dem Berg verklärt worden ist« spreche, geht die Sonne auf. Christus, die wahre Sonne, geht nie unter. Christus, die unbesiegbare Sonne, die Sonne der Gerechtigkeit, leuchtet immer.

Der Feldweg mündet in einer Schotterstraße. Seit über einer Stunde habe ich keinen gelben Pfeil mehr gesehen. Habe ich mich wieder einmal verlaufen? Ein Auto hält an. Ein Engel, der in diese verlassene Gegend gefahren sein mochte, um mir zu helfen, und wohl einzig und allein aus diesem Grunde einst den Führerschein gemacht haben mochte, erklärt mir, wie ich auf den Silberweg zurück gelangen könne. Ich müsse querfeldein durch Felder und Wälder nach Westen gehen. Orientieren solle ich mich am weithin sichtbaren, die Landschaft beherrschenden Gipfel des Berges Pico de la Dueña.

Nachdem ich Andalusien und die Extremadura hinter mir gelassen, pilgere ich schon den dritten Tag durch Kastilien. Ich überlege, wie ich dieses Land und seine Bewohner mit wenigen Worten treffend schildern könnte. In der Statistik werden Daten mit Hilfe sogenannter Lagemaßen, wie Modus oder Median, verdichtet. Hanns Buisman, der exzellente Kenner Spaniens, hat sich für die Charakterisierung von Land und Leuten etwas Ähnliches wie ein Lagemaß ausgedacht. Statt sich eines Wortschwalls zu bedienen, nennt er einen Land und Leute kennzeichnenden Maler: repräsentativ für Andalusien und Andalusier Bartolomé Murillo, für Extremadura und *extremeños* Francisco Zurbarán. Und fürwahr geben die Gemälde des Sevillaners Murillo, etwa das Bild der Melonen essenden Kinder, zutreffend die Diesseitsfreude und Leichtigkeit der Andalusier wieder. Und die Gemälde des auf dem Lande in Fuente de Cantos geborenen Zurbarán, so die vielen gemalten Mönche und Heiligen, spiegeln eindrucksvoll die religiöse Inbrunst und Strenge der *extremeños* wider . Welcher Maler könnte sinngemäß Kastilien und die Kastilianer repräsentieren? Buisman nennt keinen.

Diego Velázquez? Dank genialer Bildkomposition und einer Entmaterialisierung, erzielt durch impressionistische Lichtbehandlung, ist er ein Meister der spanischen Kunst. Seine Porträts des königlichen Hofes sind höchste Bildniskunst. Als Repräsentant für das Kastilische kommt er jedoch nicht in Frage. Seine Sujets sind zu höfisch. Er war nun einmal Hofmaler und Schlossmarschall in Madrid.

Francisco Goya? Wie Velázquez gehört er zu den berühmtesten spanischen Malern. Seine Anklagen gegen die Unbilden des Krieges, gegen Gewalt und Grausamkeit, gegen Erniedrigung des Menschen sind, was Genauigkeit und Ausdruckskraft betrifft, unvergleichlich. Das Dämonische, Symbolische und Psychologische, das Groteske, Rätselhafte und Revolutionäre in seiner Bildersprache haben universelle Bedeutung, weisen aber kaum kastilisches Kolorit auf.

Verbleibt der Maler El Greco[68]. Domenicos Theotokopulos wurde zwar nicht in Spanien, sondern auf Kreta geboren, lebte aber vier Jahrzehnte in Kastiliens Hauptstadt, in Toledo. Die Überlänge seiner aus innerer Bewegung sich dehnenden Figuren spiegeln wider wie bei keinem anderen spanischen Maler die kastilische Besessenheit, das Unmögliche erzwingen zu wollen. Dramatische Gestik und Aufwärtsschweben seiner Gestalten sind Entsprechungen der religiösen Ergriffenheit und Innerlichkeit der Kastilianer. Der visionäre Stil El Grecos gibt die mystische Entrücktheit einer Teresa von Ávila oder eines Johannes vom Kreuz überzeugend wieder. Mit der Darstellung der glühenden Hingabe großer Heiliger gelang El Greco am eindringlichsten, das Ekstatische der kastilischen Katholizität auszudrücken. Die Köpfe weisen kein Gleichmaß auf und ähneln in ihrer asketischen Knappheit den Gesichtern der heute lebenden Kastilianer. Zweifelsohne repräsentiert »Der Grieche« zuinnerst das Kastilische.

Je mehr ich mich dem Gipfel des Pico de Dueña nähere, desto mehr Holzkreuze laden zu Gebet ein. Hielte ich meine Augen geschlossen, käme ich dennoch am Gipfel an, wenn ich

---

68 *el greco* (spanisch: der Grieche)

dem Gehör nachginge und den Lärm anpeilte, den die rotierenden Windräder machen. Der Gipfel wird von einem riesigen Kreuz der Santiago Ritter gekrönt, das trotz seiner Größe von den wuchtigen Windrädern überragt wird. Für unsere Zeit recht bezeichnend: Ist nicht Technik dem modernen Menschen wichtiger als Gott?

Ich erreiche den höchsten Punkt der Route zwischen Sevilla und Astorga. Obwohl die Rundsicht vom Gipfel aus zum Verweilen einlädt, gehe ich, ohne eine Pause zu machen, weiter. Ich flüchte so weit hinunter, bis das störende Gesumm und Gebrumm der Windräder nicht mehr zu hören ist. Selbst von hier bietet sich mir, im Gras liegend, noch eine schöne Aussicht. Der Wind sorgt dafür, dass mich kein schwarzes Teufelchen ärgert. Dennoch mache ich mir nichts vor, ahnend, dass am Fuße des Berges die treuen Gesellen meiner harrten. Meine Augen weiden sich an fliegenden Blumen: An Schmetterlingen, die in den buntesten Farben schillern. Lavendelduft erfreut meine Nase. Diese Idylle ist wie geschaffen, um zu meditieren. Sie lädt ein, sich in sich selbst zu versenken und über Gott und Mensch nachzusinnen.

Bei der Vorbereitung auf den Silberweg habe ich vorsorglich ein paar Sinnsprüche in mein Tagebuch niedergeschrieben. Jetzt bietet sich mir die Gelegenheit, über einen von Romano Guardini stammenden Satz nachzudenken: »Der Mensch ist dem Menschen Weg zu Gott«. Ich krame in meinem Gedächtnis und versuche, die Wahrheit dieser Aussage durch eigene Erfahrungen zu belegen.

Viele Menschen haben mir den Weg zu Gott geebnet, so meine Mutter. In der schweren Nachkriegszeit, als wir weder Brot zu essen, noch Kohle zu heizen hatten, verzweifelte sie nie, sondern setzte ihre Hoffnung voll und ganz auf Gott. Und welche Opfer hatte sie in späteren Jahren gebracht, damit ich studieren konnte!

So mein Religionslehrer. Als die Kommunisten den Religionsunterricht in der Schule verboten hatten, schaffte es der

Oblatenpater, dass unsere Klasse freiwillig und geschlossen nach Schulschluss zum Kloster ging, um seine fesselnden und zugleich lehrreichen Auslegungen der Evangelien und der Kirchengeschichte zu hören.

Mehr noch. Er hatte uns Kindern das Gefühl vermittelt, dass wir Helden im Kampf gegen den Atheismus wären. Und wie gut er es verstand, uns Ministranten zu motivieren. Im Winter besorgte er von Bauern Pferd und Schlitten und beglückte uns mit Schlittenpartien durch verschneite Wälder. Im Sommer – ich sehe das Bild klar vor mir – spielte er, die Soutane hochgerafft, mit uns Fußball. Selbst unser Fußballspiel, sagte er, sei ein Lob Gottes, solange wir fair spielten.

So andere Lehrer. Sie kamen morgens bewusst ein paar Minuten später in die Klasse, damit wir vor dem Unterricht beten konnten, was offiziell verboten war. Auch legten sie ein Glaubenszeugnis ab, wenn sie, den Repressalien seitens der Partei trotzend, sonntags wie werktags zu Messe gingen.

Wollte ich all die Menschen aufzählen, die mich im Glauben geprägt und geführt haben, mein Tagebuch reichte dafür nicht aus. Selbst Romano Guardini müsste genannt werden. Mit welch großer Freude bin ich als Student Sonntag für Sonntag in die Münchner Ludwigskirche geeilt, um die Predigten des begnadeten Theologen zu hören. In einfachster Sprache deutete er die schwierigsten Bilder der Apokalypse! Mir ist, als hörte ich noch jetzt seine Predigtreihe über die einzelnen Sätze des Vaterunsers.

Wie ich befürchtet habe, warten am Fuße des Berges die schwarzen Teufelchen ungeduldig auf mich. Der heiße Asphalt liefert ihnen nicht den gewünschten Geruch, den jetzt mein Schweiß bietet, und so stürzen sie sich in Massen auf mich.

Trotz der dreißig regulären Kilometer und der zusätzlichen Strafrunde – einer Art Buße dafür, dass ich mich verlaufen habe – bin ich, in San Pedro de Rozados ankommend, nicht erschöpft. Javier sitzt auf den Stufen der Pilgerherberge. Wieder einmal wird uns der Luxus vergönnt, in zwei getrennten Räumen Siesta halten zu dürfen. Danach schmausen wir in einem kleinen Lokal, in der Bar Las Llaves, *lomo*[69], ein vorzüglich gewürztes Filet, sowie einem nicht minder schmackhaften Salat, und erfreuen uns am trockenen Landwein und frischen Weißbrot. Alles zusammen einschließlich Milcheis kostet sieben Euro. Und wieder einmal ereifern wir uns über die Vorzüge und Nachteile der deutschen und der spanischen Sprache. Die Umlaute findet Javier exotisch. Seiner Meinung nach seien Wortzusammensetzungen ein Kitten ohne Ende, und die deutsche Aussprache sei schlechthin barbarisch.

»Das Wort Er-b-s-t ist für menschliche Zungen unaussprechbar.«

»Das ist kein deutsches Wort.«

»Wie heißt sonst *otoño* auf Deutsch?«

»Ach, du meinst Herbst?«

Indem Javier, wie im Spanischen üblich, das Anfangs-H stumm lässt und die Mitlaute nicht bindet, sondern einzeln betont, klingt es wie das Aufzählen des Alphabets: r, b, s, t.

»Ich verstehe eure Schwierigkeiten bei der Aussprache von Wörtern, in denen mehrere Mitlaute aufeinander folgen. Ihr seid daran gewohnt, dass nach einem Mitlaut jeweils ein Selbstlaut folgt. Aus dem gleichen Grund, aus dem euch die deutsche Aussprache Schwierigkeiten bereitet, fällt es uns, tschechische Wörter auszusprechen. Im Häufen von Mitlauten sind Tschechen Weltmeister. Da gibt es lange Vokabeln ohne einen einzigen Selbstlaut. Im Großen und Ganzen ist aber die Aussprache im Deutschen, verglichen etwa mit derjenigen im Französischen, wo die Hälfte der Buchstaben verschluckt wird, einfach und vor allem eindeutig.«

»Das behauptest du. Ich sehe es anders. Nimm beispielsweise den Selbstlaut e. In dem Hauptwort ›Lebende‹ kommt e dreimal vor und ertönt jedes mal in einer anderen Klangfarbe. In der ersten Silbe wird der Vokal offen und hell, in der zweiten

69 spanisch: Lende

geschlossen und in der dritten dunkel gesprochen. Und in dem bestimmten Artikel ›die‹ hört man das e überhaupt nicht. Ein Selbstlaut – vier Aussprachemöglichkeiten! Da hast du deine Eindeutigkeit.«

»Ich gebe mich geschlagen. Wird die Sprache mit der Muttermilch eingesogen, merkt man ihr die Schwierigkeiten bei der Artikulation nicht an.«

Dann unterhalten wir uns über die nächsten Etappen. Bis Granja de Moreruela sind es sechs gemeinsame Tagesetappen. Dort werden sich unsere Wege trennen. Javier beabsichtigt, auf der galicischen Variante über Ourense nach Santiago zu pilgern, während ich, auf dem Silberweg verbleibend, bis Astorga gehen möchte. Wir tauschen noch unsere Adressen aus und gehen in die Pilgerherberge schlafen.

Mutter der Tugenden, der Wissenschaften und der Künste

23. Tag: Mittwoch, 22. August 2007
Von San Pedro de Rozados nach Salamanca

Steinerner Wald, den die Geschichte einst
den Eingeweiden der Mutter Erde entrissen,
Hort der Stille, sei mir gesegnet,
mein Salamanca!
Miguel de Unamuno

Am Himmel zieht sich von Süd nach Nord ein schmales, langes Wolkenband. Bevor die Sonne aufgeht, erglüht der pfeilförmige Streifen purpurrot: Ein Wegweiser des Himmels, ein Pfeil, der nach Santiago de Compostela weist.

Auf Feldwegen und Asphaltstraßen geht es durch hügeliges Weideland, überwiegend abwärts, bis Salamanca. Auch heute meditiere ich über einen Gedanken von Romano Guardini: »Glauben bedeutet, dass das geschaffene Sein auf Gott hin in Bewegung gerät.« Gott ruft den Menschen. Der Mensch hört den Ruf und sollte antworten, indem er sich, eigene Wünsche und Ziele hintansetzend, auf Gott hin, dem eigentlichen Ziel unseres Lebens, bewegt. Es ist wie bei einem Magneten und einem Eisenklumpen. Der Magnet baut ein Kraftfeld auf – Gott ruft den Menschen. Der Eisenklumpen wird von den magnetischen Feldlinien erfasst – der Mensch hört den Ruf. Damit der Eisenklumpen in Richtung des Magneten in Bewegung gerät, muss er hindernde Reibungskräfte, die ihm der Weg abverlangt, überwinden. So muss auch der Mensch allerlei Hindernisse, wie Trägheit und Bequemlichkeit, Vorbehalte und Wünsche, aus dem Weg räumen. Glauben heißt, sich bewegen, heißt, gegen innere und äußere Widerstände ankämpfen.

Wie Abraham, der Vater des Glaubens, auf den Ruf Gottes hin aufgebrochen und, etwas ganz und gar Neues wagend, in ein fernes und fremdes Land gezogen war, so müssen auch wir, auf Gottes Ruf antwortend, immer wieder aufbrechen, immer wieder neue Erfahrungen machen. Glauben heißt auch aufbrechen, neu beginnen.

Israel verließ auf Gottes Geheiß die Fleischtöpfe Ägyptens und zog durch Wüste und Gebirge ins verheißene Land. Vierzig Jahre lang waren die Israeliten unterwegs. Die ersten Christen nannten sich Anhänger eines neuen Weges. Weg und Unterwegssein kennzeichneten sie. Die Kirche versteht sich als das auf dem Weg sich befindende Volk Gottes. Wir sind mit dem Glauben nie fertig. Das zeigt uns das Leben der Heiligen. Hart an sich arbeitend, wuchsen sie im Glauben und näherten sich mehr und mehr in der Nachfolge Jesu seinem Weg. Wie sich auf dem Pilgerweg Etappen der Freude und der Niedergeschlagenheit abwechseln, so kommen auch im Glauben Gezeiten der Flut und der Ebbe vor. Und wie beim Pilgern so dürfen wir auch im Glauben nie stehenbleiben. Wir müssen stets weitergehen, stets unterwegs sein. Stehenbleiben würde zum Stillstand, zum Rückfall in Unglaube führen. Der heilige Augustinus drückt das so aus: »Am Tage, da du sprichst: Das genügt! bist du schon tot. Immer dazu, immer voran, immer weiter. Bleib nicht auf dem Weg stehen, geh nicht zurück, verlass nie die Bahn! Wer nicht weitergeht, tritt auf der Stelle.« Glaube ist immer auch ein Unterwegssein, ein Wachsen.

Wenn wir glaubend unterwegs sind, gehen wir nie ins völlig Unbekannte hinein. Als Glaubende können wir uns orientieren, uns ausrichten am Weg Jesu. Jesus lebte und predigte nicht immer an ein und dem gleichen Ort. Mit Freunden zog er von Dorf zu Dorf, wanderte durch Judäa und Galiläa. Damit wir auf unserem irdischen Pilgerweg nicht in die Irre gehen, hat uns

Gott, wie Kyrilla Spieker es überspitzt, aber treffend ausdrückt, nicht bloß eine Landkarte geschenkt, sondern gleich vier: die Evangelien. Und, wie ich hinzufügen möchte, schenkt Gott uns obendrein in der Firmung die Fähigkeit, diese Landkarten lesen zu können. Glauben ist immer auch ein Sich-Orientieren, ein Sich-Ausrichten am Leben Jesu.

Die Gegend von Salamanca weckt in mir den Wunsch, Bilder malen zu können. Wie gern möchte ich die vor mir liegende Landschaft auf einer Leinwand in Öl festhalten! Den Weg, der auf einer kurzen Strecke schnurgerade verläuft und beidseitig vom flammenden Gelb der Kornfelder eingerahmt ist. Wie der Weg dann vor dem leuchtenden Grün eines Waldstreifens nach links abbiegt. Wie die Baumkronen eine scharfe Trennlinie zu der Bläue des hohen Himmelsrunds bilden. Und wie in dieser horizontalen Trennlinie, genau in der Verlängerung des geradlinig verlaufenden Wegstückes, eine Einkerbung auftaucht, in welcher der goldgelb funkelnden Turm der salmantinischen Kathedrale sichtbar wird. Es ist, als sollte dem Menschen das Ziel unmittelbar gezeigt werden, auf das hin er pilgert, obwohl ihn Geländewidrigkeiten auf Umwege und Abbiegungen zwingen. Ich fertige flüchtig eine Schwarz-Weiß-Skizze im Tagebuch an und präge den gelb-grün-blau-goldenen Farbakkord in mein Gedächtnis tief ein.

Im Tal des Río Tormes. Die Altstadt von Salamanca liegt hinter dem Fluss. Wieder erinnern steinerne Monumente an Vorgeschichte und Geschichte: ein am Ufer des Río Tormes protzender steinerner Stier, Zeuge der hohen Kultur der Keltiberer, und die mit sechsundzwanzig Bögen über den Fluss sich spannende, unter Trajan erbaute Römerbrücke. Von Keltiberern wurde die Stadt Helmantica genannt. Römer änderten den Namen zu Salmantica. Wie ein mittelalterlicher Pilger, der nach tagelangen Märschen durch Wald und Wildnis überwältigt wurde vom Anblick steinerner Häuser und hoher Kirchen, wenn er diese Stadt erreicht hatte, so taumle auch ich jetzt, Kopf nach oben gereckt, staunend durch die salmantinische Hauptstraße, beeindruckt von Palästen und Kathedralen der Stadt, die nicht zu Unrecht den Beinamen »goldenes Salamanca« trägt, sind doch alle Häuser aus goldgelben Stein erbaut. Und zurecht schmückt sich, der prunkvollen Kirchen wegen, die Stadt auch mit dem Beinamen »Klein-Rom«. Da, rechts, himmelstrebend der Turm der Kathedrale. Eigentlich sind es zwei ineinander verschachtelte Kathedralen: die romanische alte, erbaut um 1100 und die neue, die auf Grund der zweihundert Jahre langen Bauzeit Spätgotik, Renaissance und Barock in sich vereint. Da, links, ein Palast, dessen Wände von handgroßen, steinernen Muscheln übersät sind: *Casa de las Conchas*[70]. Der Bauherr, Don Rodrigo de Maldonado, war Ritter des Santiago Ordens. Vielleicht war dies der Grund für die unzähligen Jakobsmuscheln an der Fassade, ist doch die Muschel eines der vielen Ordenssymbole. Womöglich sollen aber die Muscheln an die Eheliebste des Ordensritters erinnern, deren Familienwappen die Muschel, Symbol der Liebe, schmückte.

Im Tourismusbüro, das im Muschelhaus untergebracht ist, erhalte ich einen Stadtplan und erfahre zugleich, dass die Pilgerherberge erst nach vier Uhr geöffnet werde. So bin ich gezwungen, die Altstadt mit dem Rucksack auf dem Rücken zu erkunden. Zuallererst die Plaza Mayor, die vor dem Umbau der größte Platz der Christenheit war. Miguel de Unamuno, langjähriger Rektor der Universität von Salamanca, nannte die Plaza Mayor »ein Herz, strotzend vor Sonne und Licht«. Der Platz ist fürwahr ein Herz, in dem alle Arterien der Stadt münden, ein Herz, in dem das salmantinische Leben pulsiert. Plaza Mayor ist die gute Stube der Stadt und ihr Festsaal, ist Marktplatz und Konzertsaal, Stierkampfarena und Wandelhalle. Hier verabreden sich Salmantiner und Fremde, hier lustwandeln *caballeros* und *señoras*, hier spielen Kinder und Jugendliche. Der quadratisch wirkende, in Wirklichkeit trapezförmige Platz ist auf allen vier Seiten von dreistöckigen Prachtbauten begrenzt. Oben ver-

70 Haus der Muscheln

Jakobsmuscheln an der Casa de las Conchas in Salamanca

laufen rundum steinerne Balustraden, unten reiht sich Arkade an Arkade. Die Arkadenbögen sind verziert mit Medaillons von Königen, Heiligen und Nationalhelden. An der Nordseite sticht ins Auge das Rathaus, ein Musterbeispiel des Churriguerismus: Scheinbar regellose, kurvige Ornamente überziehen die Fassade. Obwohl Siesta-Zeit ist, tummeln sich auf dem Platz unzählige Salmantiner und Touristen. Die Bodenmarkierungen aus rosa Granit sind zwischen den Steinplatten aus grauem Granit, der vielen Menschen wegen, kaum zu sehen.

Jemand berührt mich von hinten an der Schulter. Ich drehe mich um und traue meinen Augen nicht. In Salamanca wohnen zweihunderttausend Menschen, von denen ich keinen einzigen kenne. Und wer steht vor mir? Carlos! Wir freuen uns aus tiefster Seele. Wir haben zwar in Fuenterroble de Salvatierra nur wenige Stunden zusammen verbracht, doch der gemeinsam empfangene Pilgersegen wirkt nachhaltig auf uns beide. Wieder einmal fühle ich mich in der Fremde daheim. Der Madrilene stellt mir seine Familie vor: Ehefrau, Schwiegermutter und zwei Kinder. Während die Frauen miteinander chinesisch schwatzen, reden wir Pilger Palawatsch. Ich schildere den Verlauf der zwei letzten Etappen. Carlos empfiehlt mir, abends auf die Plaza Mayor zu kommen, um einen urtümlich wirkenden Brauch zu erleben. Mädchen würden im Kreis flanieren, junge Männer im Gegensinn ziehen, um nach einer Braut Ausschau zu halten. Die Schwiegermutter erinnert Carlos daran, dass es für die Kinder höchste Zeit sei, Mittagsschlaf zu halten. Sichtlich gerührt, verabschieden wir uns.

Auf der Rúa Mayor schlendere ich bis zur Universität. Nach Bologna, Paris und Oxford gehört die salmantinische Universität, gegründet 1218, zu den ältesten Hohen Schulen. Sie war in des Wortes wahrer Bedeutung »universitas«, eine Gemeinschaft von Lehrenden und Lernenden. Professoren und Scholaren verbrachten nicht nur ein paar Tagesstunden miteinander bei gelehrten Streitgesprächen. Sie lebten Tag und Nacht zusammen. Gemeinsam feierten sie Feste; zusammen aßen,

Platereske Fassade der Universität von Salamanca

beteten und schliefen sie in den Kollegien. In Salamanca studierten der große Mystiker Johannes vom Kreuz, der bedeutendste spanische Dramatiker Pedro Calderón de la Barca, dem es gelang, ein Welttheater beispiellosen Ausmaßes zu dichten, und Miguel de Cervantes Saavedra, dessen »Don Quijote« der berühmteste Roman aller Zeiten werden sollte. In Salamanca lehrte Miguel de Unamuno, der Vorläufer des modernen Existentialismus. Der salmantinischen Stätte des Geistes verdankt Europa die Vermittlung der arabischen Wissenschaft, die derjenigen des Abendlandes hoch überlegen war. Im Gegensatz zu den Hochschulen von heute, in denen spezialisierende Einzelwissenschaften vermittelt werden, wurde im Mittelalter ein Studium Generale gelehrt. Die Universität von Salamanca war »Mutter der Tugenden, der Wissenschaften und der Künste«. Größter Wert wurde auf die Einübung von Tugenden gelegt. Wir beklagen den Werteverfall, ja, das Fehlen jeglicher Werte in unserer Leistungsgesellschaft. Wenn aber Ethik nicht mehr in allen Studiengängen gelehrt wird, wenn Kardinaltugenden nicht mehr eingeübt werden, wie sollen dann Studenten und Studentinnen eine Vorstellung vom christlichen Menschenbild bekommen?

Die Westfassade des Hauptgebäudes der Universität ist eine steinerne Kaprice, ein architektonisches Juwel des plateresken Stils, der spanischen Sonderform der Frührenaissance. Alles ist wunderlich verziert und verschnörkelt, von filigranen Schmuckelementen überladen und mit einem Gewirr pflanzlicher Ornamente übersät. Der goldschimmernde Stein ändert mit dem Licht immerfort sein Aussehen. König und Papst waren es, die der salmantinischen Hohen Schule das Privileg des Studium Generale verliehen hatten, und deshalb wurden im mittleren Medaillon die Katholischen Könige Ferdinand von Aragon und Isabella von Kastilien dargestellt und an der höchsten, wichtigsten Stelle Papst Alexander IV. inmitten von Kardinälen. Eine reizvolle Venus, in einem rechteckigen Seitenfeld rechts vom Papst, straft die landläufige Meinung vom »finsteren Mittelalter« Lüge. Auf einem Totenkopf sitzt ein Frosch, Symbol der Wollust. Frosch und Totenkopf mahnen die lebenslustigen Studiosi daran, dass sie nach dem Tod alle Ausschweifungen werden sühnen müssen. Andrerseits gilt der Frosch den Studikern als Talisman, der bei Klausurarbeiten hilfreich sein soll. Der Frosch ist zwischen Wappen und Figuren gut versteckt, und so heißt es, dass derjenige, der ihn entdeckt, hellen Geistes sein müsse.

Die lange Zeit maurischer Herrschaft über der Iberischen Halbinsel und, danach, die Jahrhunderte dauernde Nachbarschaft katholischer und maurischer Königreiche zeitigten starke Nachwirkungen in der Baukunst. Abendländische Stilelemente vermischten sich mit morgenländischen. Christliche Baustile verschmolzen mit maurischen. Islamische Eigenheiten, wie ungehemmter Dekorationsreichtum, Arabeske und Maureske, kufische Schriftzeichen und Geflechte pflanzlicher Ornamente, aber auch glasierte Ziegel und Stalaktitengewölbe, Hufeisenform und Blendarkaden, bewirkten, dass in Spanien alle europäischen Baustile zu Sonderformen mutierten. Romanik veränderte sich zum mozarabischen[71] Stil, Gotik zum Mudéjar-Stil[72]; Renaissance fand im plateresken Stil, Barock im Churriguerismus eine maurische Ausprägung. In salmantinischen Kirchen und Palästen können all diese Sonderformen bewundert werden: in der Jakobuskirche der mozarabische, in der Markuskirche und im Muschelhaus der Mudéjar-Stil. Am stärksten vertreten ist der platereske Stil. Gäbe es auf dieser Welt Hauptstädte von Baustilen, so wie es Kapitalen von Staaten gibt, hieße die Hauptstadt des plateresken Stils Salamanca.

Auf dem Weg zur Pilgerherberge komme ich an der Alten Kathedrale vorbei. Im Mittelalter legten die Doktoranden ihre Prüfungen in der Barbara-Kapelle ab. Die Kandidaten mussten die Nacht in der Kapelle betend verbringen. Nach der Promo-

71 *mustarab* (arabisch: arabisch sein wollend)
72 *mudayyan* (arabisch: einer, der bleiben darf)

tion pinselten die frisch gekürten Doktoren mit roter Farbe ein V für Viktor, Sieger, an die Mauern der Kathedrale und verewigten sich mit ihrem Namenszug.

Die Pilgerherberge, neben dem Calixto und Melibea Garten gelegen, ist kein x-beliebiges Gebäude. In diesem Haus spielte sich ein Drama ab, ähnlich der veroneser Tragödie von Romeo und Julia. Der *hostalero*, ein streng blickender Mann, prüft gründlich meinen Pilgerpass, bevor er ihn abstempelt, und weist mir wortlos ein Bett zu. Für die Rolle eines Herbergsvaters scheint er nicht die ideale Besetzung zu sein. Als ich Hemd, Socken und Unterwäsche waschen will, sagt er kurz:

»Gib her, ich lege es, zusammen mit den Sachen der anderen, in die Waschmaschine und anschließend in den Trockner.«

Was Menschenkenntnis anbelangt, bin ich eine Niete. Wieder einmal habe ich einen Menschen falsch eingeschätzt. Nach außen hin wirkt der *hostalero* rauh und abweisend, tatsächlich ist er hilfsbereit und warmherzig.

Nach dem Duschen mache ich mich auf den Weg zum Dominikanerkloster San Esteban. Die Kirchenfassade, überwuchert vom plateresken Dekor, wirkt wie ein Teppich, in dem jede Verzierung Bedeutung hat. Im Zentrum die Steinigung des heiligen Stephanus, Patrons dieser Kirche. Daneben, Buch und Kirchenmodel in den Händen haltend, der wohl größte Theologe aller Zeiten und zugleich Patron der katholischen Hochschulen: der Dominikaner Thomas von Aquin.

Ich bin hierher gekommen, um im Klostermuseum die reichhaltige Missionsausstellung zu sehen. Eine farbenfrohe, alte Holzfigur des Jakobus sticht mir ins Auge, wie könnte es anders sein, bin ich doch ein Jakobspilger. Über dem braunen Untergewand ein innen blaues, außen rotes Obergewand. Auffallend die, vergleichen mit den kleinen Füßen, übergroßen Hände und die kugelrunden, alles sehenden, alles verstehenden Augen. Jakobus ist als Apostel, ein Buch in der linken Hand, und zugleich als Pilgerpatron, Stab und Kalabasse in der rechten, dargestellt.

Wegen der übergroßen Maße fällt ein dominikanisches Chorbuch aus dem Jahr 1525 auf: Die Pergamentseiten messen gut und gern ein Meter mal ein Meter. Handgroße quadratische und rautenförmige Choralnoten sind über fünf Linien verteilt. Es muss sich um eines der frühesten Beispiele des Fünfnotensystems handeln, waren doch für den gregorianischen Choral vier Linien verbindlich. Auch Taktstriche kommen vor, die erst im 17. Jahrhundert üblich waren.

Was die Ausstellung auszeichnet, ist die überaus lehrreiche, mit vielen Exponaten belegte Darstellung der Mission in West (Amerika) und Ost (Philippinen). Im Werk Bartolomé de Las Casas', des »Vaters der Indios«, ist beispielhaft Erfolg und Misserfolg der Dominikanermission erkennbar. Der Indianermissionar, der »edelste Europäer, der den Boden Amerikas betrat«, kämpfte leidenschaftlich gegen die Versklavung und Misshandlung der Indios. Dank seines Einflusses am spanischen Hof, sowohl zu Zeiten Karls V. als auch Philipps II., wurden »Neue Gesetze« erlassen, wonach verboten werden sollte, aus Indios Sklaven zu machen. Konquistadoren und Kolonialherren verstanden es aber, geschickt taktierend, die Vollstreckung der Gesetze zu verzögern, und das, obwohl Las Casas versucht hatte, mit geistlichen Mitteln kämpfend, wie der Verweigerung der Absolution an Sklavenbesitzer, die Befolgung der Gesetze durchzusetzen. Mit seinem Plan, für die Eingeborenen Amerikas eigenständige Gliedstaaten zu gründen, scheiterte der Indianermissionar gänzlich.

Aus der angrenzenden Kirche dringt bis ins Klostermuseum Musik herüber: Wagners Parsifal. Ich verlasse das Museum und eile in die Kirche. Die langsamen, erdentrückten Tonfolgen lassen mich ruhig werden. Die vielfältigen Eindrücke des Tages: das Wiedersehen mit Carlos, die Bilder der Straßen und Plätze, der Kirchen und Paläste, die mannigfachen Baustile und die eindrucksvollen Ausstellungsstücke des Museums – alles fällt von mir ab. In den Sinn kommen mir Patres und Fratres, die ein Leben lang in dieser Kirche gebetet, und berühmte

Menschen, über die ich las, dass sie in diesem Kloster Gastfreundschaft erfahren hatten. Christoph Kolumbus hatte hier mit den ihm wohlwollenden Dominikanern disputiert, bevor er in der salmantinischen Universität vor dem Professorenrat die unglaubliche Hypothese verteidigte, dass man nach Indien gelangen könne, wenn man westwärts segele. Ignatius von Loyola, Gründer des Jesuiten Ordens, hatte hier kurzzeitig gelebt, bevor er zum Studium nach Paris ging, weil er sich dort mehr Freiheit erhoffte. Teresa von Ávila, Gründerin der Unbeschuhten Karmeliter, hatte hier im Sakrament der Vergebung Kraft und Klarheit geschöpft, bevor sie daran ging, den Orden zu reformieren. Heute noch heißt eine winzige Kammer, in der ein Stein als Stuhl dient, Beichtstuhl der heiligen Teresa.

Nach und nach verflüchtigen sich diese Gedanken. Auch die Musik nehme ich nicht mehr wahr. Ich sitze einfach da und fühle, wie Ruhe und Frieden sich in mir ausbreiten. Unbewusst spüre ich, wie die Kirche selbst wohltuend auf mich einwirkt. Es ist aber nicht der monumentale, goldüberladene, churriguereske Hochaltar, den meine Blicke nur flüchtig streifen, und auch nicht das riesige, den Triumph der Kirche darstellende Fresko, die mein Wohlsein herbeiführen. Nein, es ist, wie mir später bewusst wird, als ich gezielt die Kirchenmaße betrachtet habe, der Raum selbst, der mich beglückt, die Harmonie und Reinheit der architektonischen Proportionen: Die Höhe des Kirchenschiffs ist doppelt so groß wie seine Breite, und die Kirche doppelt so lang wie die Höhe der Vierung. Das Zahlenverhältnis von zwei zu eins, die Oktave, gibt die Proportion vom Salomonischen Tempel, dem mystischen Abbild des Himmels, wieder. Im Buch der Weisheit heißt es, dass Gott alles nach Maß geordnet habe. In den Maßen dieser Kirche findet die Schöpfungsordnung des Weltarchitekten ihren sichtbaren Ausdruck.

In kleinen Schritten gehe ich, die verklärten Klänge der Parsifal-Leitmotive in der Seele hörend, die ansteigenden Straßen zur Pilgerherberge zurück. In einem mit sechs Betten ausgestatteten Raum schlafen wir zu fünft: neben mir Nadja, eine Heidelbergerin, die in Berlin studiert, und außerdem drei spanische Radpilger, eine Frau und zwei Männer, die sich unterwegs kennengelernt haben. Sie sei in Mérida gestartet, erzählt Nadja, und gestern in Salamanca angekommen. Morgen wolle sie mit dem Bus nach Sevilla fahren und dort zwei, drei Tage bei ihrer Freundin verweilen, bevor sie nach Deutschland zurückfliege. Den heutigen Tag habe sie in dem Museum des Bürgerkrieges sowie dem der Art Nouveau und Art Déco verbracht, wobei ihr der Museumsbau selbst, die Casa Lis, am besten gefallen habe. Ansonsten gebe es dort viel Kitsch. Sie holt aus dem Rucksack eine Kunstkarte, auf der das riesige Dachfenster der Casa Lis abgebildet ist.

»Das Fenster entwarf Juan Villaplana im Jahr 1995. Ich schenke dir die Karte zur Erinnerung an unsere Begegnung.«

Unvermittelt fragt sie mich:

»Schnarchst du?«

»Ja. Zwar nicht immer, aber immer öfter.«

»Oh je, du schnarchst! Letzte Nacht habe ich kaum zwei Stunden geschlafen. Ein nach Knoblauch riechender Pilger habe so laut gesägt, dass ich befürchtete, mein Trommelfell könnte platzen.«

»Wenn ich zu schnarchen beginne, schubse mich mit dem Ellenbogen. Ich drehe mich dann zur Seite, und du bleibst, für eine Weile zumindest, von meinem Geschnarche verschont.«

»Ich werde dein Geratze bekämpfen und mein Kopfkissen auf dich werfen oder dir einen Boxhieb verpassen.«

»Weshalb pilgerst du auf dem Silberweg?«

»Vor einigen Jahren wanderte ich mit meinem Freund, der unbedingt pilgern wollte, auf dem *camino*. In Burgos trennte ich mich von ihm und fuhr nach Andalusien. Später flog ich nach Santiago de Compostela und ging meinem Freund entgegen. Alle Pilger sprachen mich an und belehrten mich, dass ich in die verkehrte Richtung gehe. Zu guter Letzt verfehlten wir uns noch. Eine der vielen Kuriositäten des *camino*!«

Der *hostalero* kommt herein, schließt einen zweiten Schlafraum auf und wünscht uns eine gute Nacht.

Rasch rafft Nadja Sachen und Schlafsack zusammen.

»Ich verziehe mich in das andere Zimmer. Das ist besser für mich – so schlafe ich hoffentlich die Nacht durch – und auch für dich, weil du von keinem Boxhieb malträtiert sein wirst und ungestört bis in die Puppen schlafen kannst.«

Boxhiebe musste ich nicht einstecken, aber vom ungestörten Schlafen konnte keine Rede sein. Nach Mitternacht werde ich durch ein lautes, von der Haustür herkommendes Pochen geweckt. In der Pilgerherberge rührt sich nichts, obwohl das Klopfen lauter und lauter wird. Ich schalte Licht ein und steige die Treppe ins Erdgeschoss hinunter. Hinter der gläsernen Haustür stehen ein Mann und eine Frau. Der Mann leuchtet mit einer Taschenlampe auf seinen Pilgerpass, um anzuzeigen, dass sie Pilger seien, während die Frau sich schüttelt zum Zeichen, dass ihnen kalt sei. Ich schließe die Tür auf. Überschwänglich bedanken sich beide. Sie sind so müde, dass sie lediglich Isomatte und Schlafsack ausrollen und, ohne sich auszuziehen, sofort einschlafen.

Herberge der Herzen

24. Tag: Donnerstag, 23. August 2007
Von Salamanca nach Calzada de Valdunciel

Wenn ich zum Gebet der Ruhe
und zur Meditation gelangen wollte,
half es mir immer,
Felder, Wasser oder Blumen zu betrachten,
in ihnen fand ich eine Spur des Schöpfers.
Teresa von Ávila

Ich frühstücke mit den Nachtankömmlingen. Es sind Tschechen, ein Ehepaar aus Brno. Sie spricht akzentfrei Deutsch:

»Wir sind auf der Heimreise. Der Bus fuhr gestern in Santiago de Compostela mit mehrstündiger Verspätung ab, und so kamen wir erst in der Nacht in Salamanca an. Im Park war es kalt. Hätten wir auf einer Bank übernachtet, so hätten wir uns erkältet, was dank deiner Wohltat uns erspart blieb. Heute wollen wir mit Bus oder Zug nach Guadalupe weiterfahren.«

Der *hostalero* kommt herein, erblickt das tschechische Ehepaar und fragt barsch, ohne uns einen guten Morgen gewünscht zu haben: »Wer hat euch hereingelassen?«

Schüchtern hebe ich meine Hand. »Ich war's.«

»In der Nacht darf niemand hereingelassen werden«, poltert der *hostalero* und wirft mir einen strafenden Blick zu.

»Ihr Bus hatte Verspätung. Draußen war es kalt. Es sind arme tschechische Pilger, die sich ein Hotel nicht hätten leisten können«, versuche ich meine Handlung zu rechtfertigen.

»Trotzdem hättest du es nicht machen dürfen. Das ist verboten. Ich allein darf die Tür aufschließen.«

Nach einer Weile gibt er mir einen Klaps auf die Schulter und sagt, als wollte er sein Tadeln entschärfen: »Du solltest ein paar Tage länger bleiben und intensiv Spanisch lernen. In Salamanca wird das beste, reinste *castellano* gesprochen.«

»Das geht leider nicht. Wenn ich rechtzeitig in Astorga ankommen soll, muss ich jeden Tag pilgern.«

Die Pilgerherberge verlassend, kommt mir der Gedanke, dass der *hostalero* vielleicht froh gewesen sei darüber, dass ich den frierenden Pilgern geholfen habe, denn er hat sicherlich die strickte Order, niemanden nach 22 Uhr hereinzulassen.

Die Plaza Mayor wirkt um diese frühe Morgenstunde gespenstisch leer. Auf dem Boden entdecke ich eine vergoldete, in Stein eingelassene Jakobsmuschel. Den Touristen soll angezeigt werden, dass durch Salamanca der mozarabischen Jakobsweg führe. Gelbe Pfeile, die den Pilgern den Weg weisen würden, sucht man hingegen an Straßen und Plätzen vergeblich. In der Zamorastraße reiht sich Bank an Bank, eine pompöser als die andere. Geld strebt danach, zu protzen.

Ein Schild weist nach Ávila, dem Geburtsort der heiligen Teresa. Auch Alba de Tormes, an einem Hügel auf der rechten Seite des Río Tormes gelegen, ist nahe: der Sterbeort der Karmelitin. Mich im Spannungsfeld von Geburt und Tod der großen Mystikerin bewegend, kommt mir zwangsläufig das an Höhen und Tiefen überreiche Leben der Heiligen in den Sinn, ein Leben, das einer bedingungslosen Nachfolge Jesu gleicht. In allem, was Teresa tut, ist sie radikal, gemäß ihrer Devise: »Wenn Rebhuhn, dann Rebhuhn, wenn Fasten, dann Fasten.« Als siebenjähriges Mädchen geht sie mit einem ihrer Brüder auf der Straße von Ávila nach Salamanca, um sich im Maurenland für Christus den Kopf abschlagen zu lassen. Die Kinder kommen nicht weit. Ein Onkel findet sie hinter Ávilas Stadtmauer und bringt sie ins Elternhaus zurück. Zwanzigjährig tritt Teresa mehr aus Furcht um ihr Seelenheil, denn aus Liebe zu Gott in ein Karmel Kloster ein. Die Novizin fastet maßlos, geißelt sich, streut Dornen und Brenneseln aufs Bett, erfleht für sich Leiden und übernimmt freiwillig die Pflege einer schwerkranken Schwester, deren Leib mit ekelerregenden Geschwüren übersät ist. All das tut sie, um gegen ihre Eitelkeit anzukämpfen. An den zu starken Selbstzüchtigungen bricht sie zusammen, erkrankt schwer und bleibt drei Jahre lang gelähmt. Psychologen deuten diese Krise als Folge eines Konfliktes: einerseits Teresas Hingabe an Gott, andrerseits ihr Drang zur Welt. Kaum genesen, kämpft sie gegen ihre weltlichen Neigungen weiter. Nach einem zwanzig Jahre lang andauernden Kampf, einer Zeit demütigen Dienstes und glühenden Betens, erlebt sie eine Bekehrung: Angesichts eines Bildes des leidenden Christus, dessen Leib mit furchtbaren Wunden und strömendem Blut bedeckt ist, wird ihr schmerzhaft bewusst, dass Christus um ihretwillen gelitten und sie mit seinem Opfertod erlöst habe. Nicht sie könne sich durch Bußübungen erlösen: alles sei vielmehr Gnade. In ihren Lebenserinnerungen veranschaulicht sie diese Einsicht mit ungewöhnlichen Vergleichen. Ihre Seele ist wie ein großer Garten. Wollte sie – im Bilde: der Gärtner – während einer Dürreperiode die Erde mit Hilfe eines Eimers bewässern, kostete es unendlich viel Mühe und Zeit, ohne dass sie es vollends schaffen würde. Wenn aber der Himmel sich öffnete und es lange regnete, würde die Erde überreichlich getränkt, würden Blumen aufblühen, obwohl der Gärtner selbst nichts dazu getan hätte. Nun fühlt Teresa sich frei. Im Beten kommt es – wie sie es nennt – zum Freundschaftsverkehr: Sie spricht zwar Gott als »Seine Majestät« an, redet aber so vertraut mit ihm wie mit einem Freund. Die knechtische Furcht um ihr Seelenheil wandelt sich im freundschaftlichen Verkehr mit Gott in Freiheit. Erste mystische Erlebnisse, Visionen von Jesus und Engeln, stellen sich ein. Anfänglich befürchtet sie, diese Verzückungen voller Schmerzen und voller Süße könnten Teufelswerk sein. Nach und nach findet sie in Gott ihre existentielle Mitte.

In dem einhundertneunzig Nonnen zählenden Kloster wird die ursprünglich strenge Karmelregel recht lasch gehandhabt. Der gemilderten Regel und der damaligen Zeit gemäß wird wenig gefastet; abends kommen aus der Stadt Edelleute zu Besuch, um die Nonnen zu unterhalten; begüterte Schwestern bringen ihre Dienerinnen mit und wohnen in komfortablen Appartements. Teresa und einige Mitschwestern nehmen an der Verweltlichung, die der ursprünglichen Intention des Karmel widersprach, Anstoß. Während einer Vision wird sie von Jesus beauftragt, ein Kloster mit strengeren Sitten zu gründen, ein Kloster ohne eigene Einkünfte, nur angewiesen auf Almosen. Teresa fürchtet sich vor dieser Aufgabe, doch Gott habe ihr, »einer Ameise, Kühnheit« verliehen, wie sie später schreibt. In Ávila wird das Kloster San José gegen erhebliche Widerstände des eigenen Ordens, aber mit päpstlicher Erlaubnis eingeweiht. Vier Novizinnen werden mit dem rauhen Habit bekleidet. Sie leben nach der alten Karmelregel und verpflichten sich zu vollkommener Armut. In der winzig kleinen Zelle liegt auf dem Boden ein Strohsack, hängt an der Wand ein Kreuz und außerdem gibt es nur noch einen Trinkbecher und eine Wasserschüssel. Kein Schrank, kein Stuhl. Neun Monate im Jahr wird gefastet. Es herrscht strenge Klausur und Schweigepflicht. Der Tag beginnt um 5 Uhr mit der Laudes, endet um 23 Uhr mit der Matutin und ist ausgefüllt mit einander abwechselnden Zeiten der Stundengebete und der Arbeit. Alle Arbeiten werden gemeinsam verrichtet; bei niedrigen Diensten geht Teresa als Oberin voran. Die Nonnen verkaufen Handarbeiten, meist Strickwaren, fordern dafür keinen bestimmten Preis, sondern überlassen es dem Käufer, die Höhe selbst zu bestimmen. Mittags gibt es eine fleischlose Mahlzeit, abends einen aus trockenem Brot bestehenden Imbiss. Kontemplation und Arbeit bilden eine Einheit. Teresa legt das so aus: »Martha und Maria müssen beisammen sein, um den Herrn beherbergen zu können und ihn immer bei sich zu behalten; sonst wird er schlecht bewirtet sein und ohne Speise bleiben. Wie hätte Maria, die immer zu seinen Füßen saß, ihm etwas zu essen gegeben ohne die Schwester?«

Vor einem Bild der Jungfrau Maria legt Teresa ihre Schuhe ab. Die Nonnen sollen barfuß gehen und wie die Ärmsten bekleidet sein. Von nun an werden die nach der reformierten Regel lebenden Karmelitinnen Unbeschuhte oder Barfüßer genannt. Als Folge der eigenen Erfahrung mit Selbstzüchtigungen ist der Oberin Teresa im Gegensatz zu der einstigen Novizin jeglicher Rigorismus fern. Sie warnt ihre Nonnen vor übertriebener Kasteiung: »Gott zieht eure Gesundheit und euren Gehorsam den Bußübungen vor.« Eine Stunde am Nachmittag dient dem Gespräch. Teresa wünscht von ihren Nonnen, dass sie singen, tanzen und fröhlich seien, denn bei Trübsinnigen, so fürchtet sie, habe der Teufel ein leichtes Spiel.

Nach einer Visitation erteilt der Ordensgeneral Teresa die Vollmacht, weitere Klöster in Kastilien zu gründen. In dem kleinen Flecken Durnela, auf halber Strecke zwischen Ávila und Salamanca gelegen, entsteht das erste Männerkloster der Unbeschuhten Karmeliter. Anfänglich sind es zwei Mönche: ein früherer Prior, der das feine Habittuch der Karmeliter mit dem groben der Unbeschuhten tauschte, und ein junger Priester, der just das theologische Studium an der salmantinischen Universität absolviert hat. Teresa nennt ihn scherzhaft mal einen kleinen Seneca, seiner Gelehrsamkeit wegen, mal einen halben Mönch, seiner nur ein Meter fünfzig messenden Körperlänge wegen. Aus diesem »halben Mönch« wird später der große Mystiker Johannes vom Kreuz. Beide Mönche werden von den Bauern hoch geachtet, weil sie selbst bei Eis und Schnee barfuß in die Dörfer gehen, um dort zu predigen.

Teresa zieht landauf, landab und gründet neue Klöster, insgesamt werden es achtzehn Frauen- und fünfzehn Männerklöster sein. Der Apostolische Visitator trägt ihr auf, ein Kloster in Sevilla zu gründen.

»Lasst uns ziehen, Karmelnonnen!«, lautet Teresas Antwort. Bei brütender Hitze holpern sie auf zweirädrigen Maultierkarren von Salamanca nach Sevilla: Neun Tage auf dem staubigen Silberweg, neun Nächte in schmutzigen Herbergen, in denen sie den Schlafraum mit Ungeziefer teilen und für Wasser mehr bezahlen müssen als für Wein. Brot und Äpfel sind ihre Nahrung. Als sie den Guadalquivir überqueren, reißt das Floß, und sie stranden auf einer Sandbank. Es kommt noch schlimmer. Jemand denunziert Teresa bei der Inquisition. Mehrmals wird sie vor das Tribunal geladen, am Ende jedoch von der Anklage des Aberglaubens freigesprochen.

Das Allerschlimmste folgt noch. In Sevilla kommt es zu Zwistigkeiten zwischen Beschuhten und Unbeschuhten Karmeliten. Zwar bekam Teresa vom Apostolischen Visitator den Auftrag, in Sevilla ein Kloster der Unbeschuhten zu gründen, die Genehmigung des Ordensgenerals, neue Klöster zu errichten, beschränkte sich jedoch auf Kastilien. Das Generalkapitel verhängt gegen Teresa und ihre Klöster Strafen. Die Männerklöster der Unbeschuhten werde aufgelöst, die Frauenklöster rechtlich den Beschuhten untergestellt. Teresa selbst wird in ein Kloster der Beschuhten nach Toledo verbannt. Der Nuntius nennt sie eine »unstete, ungehorsame und widerspenstige Vagabundin«.

Teresa verliert dennoch nicht den Mut. Ihre Hoffnung ist so groß, dass sie ihre Mitschwestern noch zu trösten vermag: »Der Herr scheint auf dem Meere zu schlafen, doch wird er, wenn der Sturm entfesselt ist, dem Winde Ruhe gebieten.« Innerhalb von einem halben Jahr schreibt sie das Buch »Die innere Burg«. Ihr Hauptwerk – es gehört zu den klassischen Schriften der spanischen Literatur – glänzt durch Gedankenklarheit und Einfallsreichtum. Sie beschreibt darin ihre mystische Annäherung an Gott in sieben Stufen, »Wohnungen« genannt. So heißt es in der Vierten Wohnung: »Es kommt nicht darauf an, viel zu denken, sondern viel zu lieben.« Und in der Fünften Wohnung: »Ob wir Gott lieben, kann man nicht wissen …, aber ob wir unseren Nächsten lieben, das merkt man … Je mehr ihr hierin Fortschritte macht, um so tiefer ist eure Liebe zu Gott.« Gleichfalls in der Fünften Wohnung stellt sie einen geglückten Vergleich auf. Die Seele muss der Welt absterben und wie eine Raupe sich einspinnen, damit aus ihr ein Schmetterling hervorgeht, dem Flügel wachsen, die ihn in die Freiheit bringen.

Im Kampf um die Erhaltung ihrer Klöster bittet Teresa den König um Hilfe. Philipp II., in seiner asketischen Haltung Teresa verwandt, erwirkt beim Nuntius die Aufhebung aller Verbote. Teresa erhält die Berechtigung, Klöster der Unbeschuhten auch außerhalb Kastiliens zu gründen. Papst Gregor XIII. erlaubt sogar den Unbeschuhten Karmeliten, eine eigene Ordensprovinz zu gründen. Die einjährige Verbannung in Toledo endet für Teresa im Triumph. Trotz Schlaganfalls und Schwächung durch fiebriges Herzleiden ruft sie wieder: »Lasst uns ziehen, Karmelnonnen! Lasst uns gehen den Weg der Vollkommenheit!«

Bei Schnee und Regen ziehen sie nach Norden, nach Burgos. Diesmal bereitet die Überquerung des Río Arlanzón Schwierigkeiten, weil der Fluss über die Ufer gestiegen und die Pontonbrücke überflutet ist. Auch in Burgos muss Teresa gegen Kalamitäten ankämpfen, weil der Erzbischof, nicht gerade ein Freund der Unbeschuhten, Widerstand leistet. Teresa nimmt die Widrigkeiten nicht lammfromm hin, sondern beklagt sich bei Gott in ihrer kameradschaftlichen Art: »Herr, ist dies notwendig, nach soviel Leiden?«

Als Antwort hört sie: »Teresa, so behandle ich meine Freunde.« Und prompt kontert sie: »Mein Gott, deswegen hast du auch so wenige.«[73]

Kaum ist das Kloster in Burgos errichtet, als der stellvertretende Provinzial Teresa befiehlt, nach Alba de Tormes zu reisen. Wieder gehorcht sie. Wieder ruft die große Gestalt der spanischen Straße: »Lasst uns ziehen, Karmelnonnen! Lasst uns den Weg zum Karmel gehen!«

In Alba de Tormes erklimmt Teresa endgültig den Karmel, den Berg der ewigen Liebe. Sie stirbt am 4. Oktober 1582, dem Festtag des heiligen Franziskus. Wie bezeichnend! Zwei der größten Heiligen feiern am gleichen Tag im Himmel Geburtstag: der Arme von Assisi und die Barfüßerin von Ávila. Im Jahre 1970 wird Teresa als erste Frau zur Kirchenlehrerin ernannt.

73 Zitiert nach Eberhard Horst »Die spanische Tragödie«

Weder Salamancas Vorstädte, geschwängert vom Lärm der Gewerbebetriebe, noch die Nationalstraße, verseucht vom Gestank der Autoabgase, sind geeignet, Pilger zu erfreuen. Hinter dem Dorf Aldeaseca de Armuña – Gott sei's getrommelt und gepfiffen – geht es glücklicherweise auf einem Feldweg weiter. Bedauerlicherweise endet dieser abrupt an einer Baustelle. Ich überquere den Fahrdamm der im Bau befindlichen Autobahn und halte auf der anderen Seite Ausschau nach der Fortsetzung des Feldweges. Vergeblich. Seitlich des Fahrdamms verlegen Bauarbeiter Drainagerohre. Auf meine Frage, wo der Silberweg verlaufe, schütteln sie die Schulter. Es sind Gastarbeiter, des Spanischen nicht mächtig. Über Felder gehe ich querfeldein nach Norden und gelange nach drei, vier Kilometern in einen Ort namens Castellanos de Villiquiera. Von hier verläuft der Silberweg wieder auf einem markierten Feldweg. Links und rechts des Weges erstrecken sich weit über das flache Land teils abgeerntete, teils in voller Reife stehende Weizenfelder. Ihr Goldgelb wird unterbrochen mal vom Grün der Weinfelder, mal vom Rotbraun der umgepflügten Äcker, mal vom Schwarz der verbrannten Sonnenblumen. In Calzada de Valdunciel komme ich rechtzeitig vor Torschluss an. Die leicht gestresst wirkende Sekretärin ist just dabei, das Rathaus zu verlassen. Ein paarmal ruft sie laut: »Carmen, Carmen!«.

Das Rufen ist kaum verhallt, da kommt ein Mädchen angelaufen. Carmen weiß sofort, was sie zu tun hat. Singend und springend, führt sie mich zur Pilgerherberge, einem alleinstehenden Haus mit urigen Mauern. Sie zeigt mir, wo im Bad das warme Wasser einzustellen ist, wo in der Küche Mikrowelle und Kühlschrank stehen, und sagt, dass alle Esswaren, ob Toast, Milch oder Kaffee, ob Honig, Butter oder Marmelade, mir zur Verfügung stünden. Die propere Pilgerherberge atmet förmlich Gastfreundschaft. Am besten gefällt mir der Wohnraum mit offenem Kamin und schweren Holzbalken. Die Dorfbewohner bieten den Pilgern nicht irgendeine halb zerfallene Scheune an: Ihr bestes Haus, dieses Schmuckkästchen, ist ihnen gerade genug für ihre

Gäste. Carmen reicht mir den Hausschlüssel und bittet mich, morgen die Haustür abzuschließen und den Schlüssel in den Briefkasten zu werfen. Meine Frage nach dem Übernachtungspreis beantwortet sie mit einer Handbewegung in Richtung Kamin, auf dessen Gesims eine Spardose steht. Es ist wie zu Teresas Zeiten. Wie damals der Käufer den Preis für die Handarbeiten frei bestimmen konnte, so kann heute der Pilger die Höhe der Spende danach bemessen, was ihm diese Pilgerherberge Wert ist. Bevor Carmen singend und springend fortläuft, sagt sie noch, ich solle laut nach ihr rufen, wenn ich etwas bräuchte.

Neben der Spardose hängt ein Zettel, den ein deutscher Pilger geschrieben haben mochte. »Der Umgang mit der Spende ist jedes mal ein Spiegel meiner Seele. Sie zeigt mir die Enge oder Weite meines Lebens an. Ich wünsche uns allen einen *camino* der Selbsterkenntnis, Liebe und Freude. Und alles ohne Eile!«

Um wichtige, aber auch unwichtige Dinge in Griff zu bekommen, haben die Menschen im Laufe von Jahrhunderten unterschiedliche Maßeinheiten aufgestellt. Als Maß der Länge das Meter, als Maß der Masse das Gramm. Die Zeit messen wir in Sekunden, die Temperatur in Grad Celsius. Fatalerweise wird die Macht eines Menschen in Euro, sein Ansehen in Anzahl und Pferdestärke seiner Benzinkutschen gemessen. Eine Maßeinheit fehlt gänzlich: das Maß für die Seelenweite. Die Höhe einer Spende für wohltätige Zwecke, gemessen am eigenen Einkommen, böte sich hierfür an.

Zur Herberge gehört ein kleiner, von einer zwei Meter hohen Mauer umschlossener Hof. Hier hänge ich meine Wäsche zum Trocknen auf, ohne mich der inzwischen arg verschlissenen Sachen schämen zu müssen. Dann halte ich im Schatten der hohen Mauer Siesta.

Der churrigueresken Jakobusaltar in der Pfarrkirche der heiligen Helena protzt vor Gold. An das viele Gold in den Kirchen habe ich mich während der drei Wochen meines Pilgerns gewöhnt; es lenkt mich nicht mehr von der Andacht ab. Und so kann ich dem Priester aufmerksam folgen, der über die Früchte des Heiligen Geistes predigt: Liebe, Freude und Friede, Langmut und Sanftmut, Freundlichkeit und Güte, Treue und Selbstbeherrschung. In Gedanken ordne ich sie in eine ansteigende Reihe, angefangen mit der Frucht, die mir der Heilige Geist hat bitterwenig zukommen lassen, der Langmut, bis hin zu derjenigen, mit der er mich am reichsten beschenkt hat, der Freude.

Nach dem Gottesdienst esse ich daheim. Das kann ich, ohne zu übertreiben, so sagen, weil ich mich in der Pilgerherberge so wohl fühle wie zu Hause. Außer dem Innenhof verfügt die Herberge noch über einen kleinen, gepflasterten Vorhof, ausgestattet mit Tisch und Stühlen. Ich sitze draußen und erfreue mich an der anbrechenden Nacht. Sie ist lau und so hell, dass ich im Gästebuch ohne Kerzenlicht lesen kann. Im Monat August zähle ich achtzehn Eintragungen: elf spanische, fünf deutsche, eine holländische und eine bulgarische. Statistisch gesehen, übernachtet hier pro Nacht im Mittel weniger als ein Pilger. Welch Gegensatz zu den großen Pilgerherbergen am *camino*, wo Nacht für Nacht mehr als hundert Pilger schlafen! Dem quantitativen Unterschied folgt ein qualitativer: In den Herbergen auf dem Silberweg genießt der Pilger durchweg mehr Stille und erfährt herzlichere Gastfreundschaft. Ich blättere im Gästebuch und lese die vielen ausnahmslos lobenden Eintragungen. Ein deutscher Pilger, Detlef aus Hamburg, schrieb: »Auf dem Weg hierher habe ich mich schon auf diese Herberge gefreut, in der ich bereits vor einem Jahr Gast sein durfte. Wie damals habe ich hier alles sauber vorgefunden, die Freundlichkeit der Bewohner gespürt, interessante Menschen kennengelernt.«

Offensichtlich gibt es außer mir noch andere Pilger, die sich in der Fremde daheim fühlen. Die Welt ist reich an noblen Landhäusern. Datschas am Schwarzen Meer gehören allerdings nur mächtigen Politikern, Chalets am Genfer See überwiegend schwerreichen Industriellen und Villen an der Côte Azur vornehmlich mehrfach geschiedenen Filmdivas. Das Haus in Calzada de Valdunciel, diese wahre Herberge der Herzen, steht allen Pilgern zur Verfügung.

Der Weg in die Stille

25. Tag: Freitag, 24. August 2007
Von Calzada de Valdunciel nach El Cubo de Tierra del Vino

Die größten Ereignisse sind nicht unsere lautesten, sondern unsere stillsten Stunden.
Friedrich Nietzsche

Von Dankbarkeit durchdrungen, verlasse ich das gastfreundliche Dorf Valdunciel, das in seinem Namen zu Recht die Vokabel *cielo*, Himmel, führt, berühren sich doch in seiner Herberge fürwahr Himmel und Erde. Auf der heutigen gut zwanzig Kilometer langen Etappe findet sich kein Dorf und folglich auch keine Bar und kein Geschäft. Vorsichtshalber habe ich gestern, Landbrot, Schafskäse und reichlich Mineralwasser einkaufend, gut vorgesorgt.

Auf dem Gras perlt silberglänzender Tau. Der Niederschlag weist über sich hinaus auf etwas anderes hin: auf Gottes Anwesenheit. In einem viel gesungenen Adventslied erflehen wir Gottes Ankunft mit den Worten: »Tauet, Himmel, den Gerechten!« Tau setzt sich, wenn es windstill ist, leichter ab. Eine schöne Chiffre für die Ankunft des Heiligen Geistes. Wenn wir still werden, wenn es uns gelingt, uns von überhandnehmender Plänemacherei und alle Grenzen sprengenden Wünschen nicht mehr hin- und herreißen zu lassen, wenn es uns glückt, und sei es nur für wenige Stunden, der Hast und Eile des Alltags einen Riegel vorzuschieben, wenn wir uns befreien vom Schwall uns überflutender Sinnenreize und vom Geschwätz der Flimmerkiste, wenn wir uns öffnen, bedingungslos und erwartungsvoll, dann hat der Heilige Geist eine Chance, Herz und Sinn anzurühren, dann, ja dann kann er bis in die tiefsten Kammern unserer Seele vordringen und sie ganz und gar ausfüllen. Wir müssen ruhig werden, nicht der Heilige Geist. Er ist voller Dynamik. Von den drei göttlichen Personen ist ihm am stärksten die Bewegung zu eigen. Er braust und stürmt und durchweht die Welt, gewaltig und unbändig. Er lässt die Wasser fluten und gießt Liebe in unsere Herzen ein. Er züngelt in hochlodernden Flammen, erleuchtet uns mit ewigem Licht und haucht in uns seinen Feueratem ein. Der Heilige Geist erhält die Welt, erschafft kraftvoll die Erde neu. Er führt die Kirche, das Pilgerkleid Gottes, durch alle Zeiten und begleitet uns Pilger, auch mich hier und heute.

Wiederum fiel ein Teil des Silberweges der neuerbauten Autobahn zum Opfer, und so bin ich gezwungen, mit der Nationalstraße vorliebzunehmen. Dieser Abschnitt der N-630 schmückt sich mit dem Aushängeschild »Route der Kathedralen«, und das zu Recht, weil sowohl die Stadt am Anfang der Route, Salamanca, als auch diejenige am Ende, Zamora, vor blendend schönen Bischofskirchen nur so prunken.

Ein Wäldchen, links von der Nationalstraße, rechts von einer stillgelegten Eisenbahn begrenzt, taucht auf. Ein Trampelpfad lässt das Pilgerherz höher schlagen. Welche Erholung für die Nase nach dem Gestank der Autoabgase! Welche Wohltat für die Ohren nach dem Gedröhne und Geröhre der Lastkraftwagen! Welche Beruhigung für die Augen nach dem Gejage und Gesause der Flitzer! Um mich herum und in mir selbst breitet sich eine wesende Stille aus, die meine Seele weitet und ihr Gelassenheit schenkt, eine heitere Stille, die mich einlädt zu träumen. Ich nehme die Einladung dankbar an, setze mich hin, den Rücken an den Stamm einer duftenden, Schatten spendenden Steineiche gelehnt, und träume vor mich hin. Wie lange? Ich weiß es nicht. Ich habe nicht auf die Uhr geschaut. Wozu auch? Ich habe Zeit in Fülle, Zeit, die mir keine Uhr und kein Terminkalender rauben kann.

Als ich mich dann irgendwann doch wieder auf den Weg mache, holt mich die rauhe Wirklichkeit stracks ein. Eine Rucksackschnalle geht ständig auf, was auf die Dauer lästig wird. Halme und Steinchen finden auf mir unverständliche Weise den Weg in meine halbhohen Wanderschuhe. Und das Ärgste: Ein Stacheldrahtzaun zwingt mich wieder zurück auf die Nationalstraße. Der Zaun ist die äußerste Umgrenzung eines Gefängnisses von gigantischen Ausmaßen. Mehr als der Zwang, wieder auf der lauten, von ätzenden Gerüchen geschwängerten Nationalstraße zu gehen, macht mir der Gedanke an die Gefangenen zu schaffen, die, aus welchen Gründen auch immer, für eine begrenzte Zeit oder auch lebenslänglich ihrer Freiheit beraubt sind, einer Freiheit, die mir geschenkt ist und die ich mit allen Sinnen und aus vollem Herzen genieße.

Das Land, das sich von hier aus in nördlicher Richtung auf einer Länge von achtzig Kilometern bis Benavente erstreckt, heißt Tierra del Vino, Weinland, doch vom Wein ist, so weit mein Auge reicht, nichts zu sehen, nur Weizenfelder und ab und zu kleine Flecken mit Sonnenblumen. Über Äcker und Felder kommt El Cubo de Tierra del Vino in Sicht. Ein wundersamer Name für ein Dorf. Etliche Ortschaften, die ich durchwandert, tragen in ihrem Namen die Vokabel *plata*, Silber, wie Almadén de la Plata, oder *camino*, Weg, wie Aldeanueva del Camino, oder einfach *calzada*, befestigte Straße, wie Calzada de Béjar oder Calzada de Valdunciel. Alles Namen, die darauf hinweisen, dass die Ortschaften an der *Vía de la Plata*, an dem Silberstraße genannten Pilgerweg, liegen. El Cubo de Tierra del Vino heißt soviel wie das Fass vom Weinland. Mag sein, dass hier in alten Zeiten Wein gekeltert wurde. Heute dürfte das Dorf nicht Weinfässchen, sondern müsste, den Tatsachen entsprechend, Kornkämmerchen heißen.

Das Rathaus, ein am rechteckigen Dorfplatz gelegenes, wie ein Palast erscheinendes Haus, ist geschlossen, jedoch nicht wegen der Siesta-Zeit, sondern, wie aus einem Anschlag hervorgeht, urlaubshalber. Von den drei Adressaten, die als Helfer bei der Suche nach Übernachtungen in Frage kommen – Rathaus, Polizei und Pfarrhaus – verbleibt nur der Pfarrer, weil es an einer Polizeistation in diesem Dorf mangelt. Da ich noch unentschlossen vor dem Rathaus verweile, eilt ein Mann, dessen Gesicht aus lauter Falten zu bestehen scheint, schnell, seines hohen Alters wegen sogar erstaunlich schnell, von einer Bar zu mir herüber und empfiehlt mir, mit der Hand auf ein am Ende des Platzes stehendes Haus weisend, dorthin zu gehen und sagt krächzend, während ich irritiert auf seinen zahnlosen Mund starre, dass man mir dort weiter helfen könne. Die Haustür steht offen. Nachdem ich ein paarmal »*hola*« in den Flur hinein gerufen, kommt ein Mütterchen zum Vorschein. Sofort ist sie im Bilde:

»Du kannst in der Kirche übernachten. Geh' voran! Ich hole den Schlüssel und komme nach.«

Die Kirche liegt unweit des Dorfplatzes. Das eiserne Gittertor vor dem Narthex ist nur angelehnt, so gehe ich in die Vorhalle hinein und warte in ihrem kostbaren, und doch kostenlosen Schatten auf die alte Frau. Sie kommt bald und schließt die Tür zu einem Raum auf, der früher als Sakristei gedient haben mochte. Fünf sauber bezogene Betten stehen dicht an dicht. Ansonsten gehört noch ein kleines Bad zu der Miniherberge. Das Mütterchen redet so schnell, das ich auch nicht ein Viertel, geschweige denn die Hälfte von dem verstehe, was sie sagt. Immerhin bekomme ich mit, dass ich hinter der Kirche Wäsche waschen kann und dass man für die Übernachtung von mir ein *donativo* erwartet, dass ich freilich, sofern ich arm sei, nicht zu geben bräuchte. So manches Luxushotel wirbt mit dem Spruch: »Bei uns ist der Gast König«. Gemeint sind aus nahe liegenden Gründen gut betuchte Gäste. In dieser Kate hingegen ist selbst der Arme König. Das Mütterchen schließ die Tür zum Kirchenschiff auf und sagt, sich von mir verabschiedend, dass heute abend eine heilige Messe gelesen werde.

Hinter der Kirche wachsen auf einer Wiese Obstbäume. Mittels eines langen Schlauchs wird von irgendwoher zu dem an der Kirchenmauer befestigten Waschbecken Wasser geleitet. Hemd, Socken und Unterwäsche sind schnell gewaschen.

Während ich meine Wäsche auf eine zwischen den Obstbäumen aufgespannte Leine zum Trocknen hänge, frage ich mich, was man in Deutschland dazu sagen würde, wenn bei uns vor oder hinter einer Kirche Wäsche hinge. Gelinde gesagt, käme es uns spanisch vor.

Ein paar Radpilger kommen an, rollen im Schatten der Kirche Isomatten aus und halten Siesta. Auch ich halte Siesta, allerdings in der köstlichen Kühle, die, dank dicker Kirchenmauern, in dem kleinen Raum herrscht. Die Ankunft eines Pilgers, dessen Alter sich von dem meinen kaum unterscheidet, führt zum Abbruch meiner Siesta. Jaime kennt einige deutsche Vokabeln und begrüßt mich in meiner Muttersprache: »Wie geht es?«

Er fragt schablonenhaft, ohne tatsächlich wissen zu wollen, wie es mir wahrhaftig ergeht. Diese stehende Begrüßungsformel bringt mich auf einen kuriosen Gedanken. Wenn wir uns bei jemanden nach dem Befinden erkunden, so gebrauchen wir das Zeitwort »gehen«. Wir fragen nicht, wie sitzt du oder wie liegst du? Offensichtlich ist das Gehen im Sinne von sich bewegen für unsere Befindlichkeit maßgeblich. Eine weitere Kuriosität kommt ans Licht. Jaime ist am gleichen Tag wie ich gestartet, ebenfalls in Sevilla. Obwohl wir fünfundzwanzig Tage auf gleichen Wegen gewandert, sind wir uns bislang nicht begegnet und, wie sich herausstellen wird, werden wir uns auch später auf dem Weg nach Astorga nicht mehr sehen.

Nachdem meine Siesta durch Jaime abgebrochen wurde, gehe ich zum Dorfplatz. Vor einer Bar auf einem Korbstuhl sitzend und einen Milchkaffee schlürfend, schreibe ich im Tagebuch. Nachdem ich mein Gekritzel beendet habe und weil bis zum Beginn der Messe noch viel Zeit bleibt, lese ich im Buch der Psalmen. Erfahrungen, die das Volk des Alten Bundes gemacht hatte, machen auch Pilger in unseren Tagen. So, wenn es im 18. Psalm heißt: »*mit meinem Gott überspringe ich Mauern*« und »*Du schaffst meinen Schritten weiten Raum, meine Knöchel wanken nicht.*«

Auch die wunderbaren Worte des 23. Psalms sind für heutige Pilger nachvollziehbar: »*Der Herr ist mein Hirte, nichts wird mir fehlen. Er lässt mich lagern auf grünen Auen und führt mich zum Ruheplatz am Wasser.*«

Nach dem Geist und Sinne betörenden Churriguerismus und dem vielen Gold ist es wohltuend, vor einem schlichten, schwarzbraunen Holzaltar zu knien. Der Priester predigt über den Tagesheiligen, den Apostel Bartholomäus, was ich, meiner mangelhaften Spanischkenntnisse wegen, nicht verstehe.

Nach der Messe eilt Jaime in eine Bar, um seinen Hunger zu stillen, während ich mich auf einer Bank vor der Kirche niederlasse, um die anbrechende Nacht zu genießen. Nicht lange. Der Himmel verfinstert sich. Ein Gewitter zieht auf. Es donnert fürchterlich. Aber Blitze sind nicht zu sehen, und es fällt auch kein Regen. Da ich mich an der Nacht nicht weiter erfreuen kann, so gehe ich mit den Hühnern schlafen. In einer Kirche zu schlafen ist etwas Ungewöhnliches. Hier trifft das schöne Wort zu: »Den Seinen schenkt es der Herr im Schlaf.« Halb wachend, halb schlafend, geht mir ein Gedanke durch den Kopf. Bei uns werden, da die Anzahl der Gottesdienstbesucher von Jahr zu Jahr schrumpft, immer mehr Kirchen zum Kauf angeboten. Es wäre heilsam und wirtschaftlich durchaus vertretbar, statt Kirchen zu verkaufen, die eine oder andere in Pilgerherbergen umzuwandeln.

Eine Stadt als Museum

26. Tag: Samstag, 25. August 2007
Von El Cubo de Tierra del Vino nach Zamora

Romanik – Architektur der Liebe,
Gotik – Architektur der Herzlichkeit.
Pierre Barret

Vor Tau und Tag marschiere ich los, ohne Proviant, aber mit Wasser reichlich versorgt. Die Etappe misst zwar dreiunddreißig Kilometer, doch werde ich unterwegs durch Dörfer kommen und in Bars oder Geschäften etwas Essbares kaufen können. Kein Mond, keine Sterne sind zu sehen. Bei der herrschenden Dunkelheit sind die Ränder des Feldweges nicht auszumachen. Dank meines dritten Auges bleibe ich auf Kurs. Hin und wieder schalte ich es aus, damit es nicht völlig seine Sehkraft verliere. Auf den ersten fünf Kilometern begleitet mich, wie gestern, die stillgelegte Eisenbahnlinie. Als es zu dämmern anfängt, kommen links des sandigen Feldweges Maisfelder, später Weinberge zum Vorschein. Nun trägt das Land zu Recht den Namen Tierra del Vino. Hundert Meter lange Wasserschläuche schlängeln sich zwischen den Rebstöcken. Es wird tüchtig gewässert. Dunkle Wolken hängen über den Weinbergen. Die Luft scheint von Wassertropfen gesättigt zu sein. Ob es gleich regnen wird? Von weither schallen Schüsse herüber. Worauf gejagt wird, kann ich nicht ausmachen. Ein Jagdhund kommt hergelaufen, schnuppert an meiner Hose hoch, begleitet mich eine Weile, um dann geräuschlos, wie er gekommen ist, zu verschwinden.

Auffallend schöne, walzenförmige Steine markieren den Silberweg. Die zwei Meer hohen Säulen erinnern an römische

Meilensteine. Auf halber Höhe des Zylindermantels ist eine steinerne Muschel angebracht und die Schrift eingemeißelt: Vía de la Plata. Darunter, mit kleineren Buchstaben: Villanueva de Campeán. Nach drei Stunden tüchtigen Marsches erreiche ich das auf den Steinen genannte Dorf. Eine Bar ist geöffnet, und so genehmige ich mir ein ordentliches Frühstück mit frisch gepresstem Orangensaft.

Hinter dem Dorf hören die formschönen Wegsteine auf. Ausschließlich gelbe Pfeile weisen dem Pilger den Weg. Verglichen mit dem Camino Francés in Nordspanien ist auf der Via de la Plata, was Pilgerumfeld betrifft, wenig aufgebaut worden. Während sich dort deutsche und englische, französische, holländische und italienische Jakobsgesellschaften engagieren, ja sogar eigene Pilgerherbergen unterhalten, finden sich hier nur wenige dörfliche und städtische, manchmal auch kirchliche refugios und albergues. Mir kommt es vor, als ob die spanische Regierung mehr an Touristen denn an Pilgern interessiert sei. Auf Infotafeln und in Verkehrsbüros wird weniger für den mozarabischen Jakobsweg als vielmehr für die alte Römerstraße geworben.

Der aufkommende Wind, bis zu Sturmstärke sich steigernd, vertreibt die Regenwolken. Ein alter Mann, bekleidet wie die meisten Bauern in der Tierra del Vino mit blauer Hose und ebenfalls blauer Jacke, humpelt, auf einem Krückstock gestützt, mir entgegen. Er begrüßt mich mit Handschlag und sagt, als er erfährt, dass ich ein Deutscher sei, im holprigen Deutsch, wobei seine Augen lächeln:

»Habe gleich gedacht, du Deutscher. Habe in Deutschland gearbeitet, dreizehn Jahre. Habe gewohnt in Wetzlar. Habe Lastwagen gefahren, auch Taxis und Krankenwagen. Jetzt gehe jeden Tag den Weg von San Marcial. Freue mich wieder Deutsch sprechen.«

Zum Abschied wünscht er mir einen guten Weg und schlägt mich leicht auf die Schulter. Beim Weitergehen frage ich mich, woran der alte Mann erkannt habe, dass ich ein Deutscher sei.

An meiner hellen Haut? An dem großen, einem Kleiderschrank nicht unähnlichen Rucksack oder an meinen Wanderschuhen? Spanische Pilger tragen kleine Rucksäcke oder Taschen und gehen meist in Sandalen.

Am Rand eines Kornfeldes raste ich. Nicht lange. In der Nähe fallen Schüsse. Vor Angst, eine Kugel könnte mich treffen, mache ich mich schnell auf den Weg. Etliche Kilometer vor Zamora wird bereits die Stadt sichtbar. Mit dem Namen Zamora verbinde ich einen Stoff, aus dem meine Kindheitsträume gestrickt waren. Zamora hieß ein Fußballtorwart, der dank großartiger, ans Übermenschliche grenzender Leistungen, den Gegnern, und mochten es Top-Klubs sein, stets verwehrt hatte, ein Tor zu erzielen. Dann passierte es doch. Die gegnerische Elf schoss ein Tor und führte eins zu null. In der Halbzeitpause erschoss sich Zamora. Die eigentliche Tragik erblickte meine Kinderseele darin, dass die Mannschaft des legendären Torwarts das Spiel am Ende doch noch gewonnen hatte. Ob sich die Geschichte wirklich so abgespielt hatte, war für uns Knirpse unmaßgeblich. Es war eben ein Stoff zum Träumen.

Am späten Nachmittag erreiche ich den Fluss Duero. Er entspringt im Iberischen Randgebirge, durchzieht die weite Hochebene Altkastiliens und mündet nach neunhundert Kilometern, nun auf portugiesischem Gebiet, in Form eines Trichters im Atlantischen Ozean. Der Flussname, Duero im Spanischen, Duoro im Portugiesischen, hat die Bedeutung von Wasser. Noch heute heißt Wasser im Bretonischen *dur*.

An Dueros Ufern und nördlich des Flusses lebten einst Vaccäer. Diesem keltiberischen Stamm gelang es, etwas aufzubauen, was zweieinhalb Jahrtausende später der Sowjetunion misslungen ist: den Kollektivismus. Gemeinsam beackerten die Vaccäer Felder und teilten alle Produkte unter sich. Korn wurde in unterirdischen Räumen aufbewahrt und so jahrelang haltbar gemacht. Alles gehörte allen. Zweigte jemand vom Weizen oder von anderen Produkten etwas für sich ab, wurde er mit dem Tode bestraft. Geführt wurde der Stamm von einem Ältestenrat, in Kriegszeiten jedoch von einem einzigen Anführer. Den Vaccäern war die Bronzetechnologie bekannt. Auch Eisen konnten sie härten, indem sie es in der Erde rosten ließen. An ihren mit Eisenspitzen bewährten Lanzen und zweischneidigen Dolchen nahmen sich später die Römer ein Beispiel. Aus dem Flusssand des Duero wuschen die Vaccäer Gold aus; in der Erde gefundene Goldklumpen zerschlugen sie mit Spaten. Jedoch nicht überall. Auf einer bestimmten Bodenerhebung, dem heiligen Hügel, war das verboten, es sei denn, dass einschlagende Blitze das Gold aufgedeckt hatten, dann durfte es als Geschenk der Götter aufgesammelt werden.

Bevorzugt bauten die Vaccäer ihre von Steinmauern umgrenzten Siedlungen in der Nähe von natürlichen Wasserläufen und auf Hügeln, damit sie leichter zu verteidigen waren. Oceloduri, wie damals Zamora hieß, erfüllte beide Bedingungen ideal: Es lag auf einem Felssporn vierzig Meter über dem wasserreichen Duero. Trotz der strategisch günstigen Lage mussten die Vaccäer, der militärischen Übermacht Roms weichend, ihre Hauptfestung den Gegnern überlassen. Doch noch jahrzehntelang machten sie den Römern das Leben schwer, indem sie sich immer wieder gegen die Eindringlinge auflehnten. Variato, der Anführer des letzten großen Widerstandes der Keltiberer gegen die römischen Besatzer, benutzte während seines Guerillakrieges Oceloduri als Stützpunkt.

Vom Ufer aus schaue ich über den Duero auf die Altstadt von Zamora, die von Kastell und Kathedrale überragt wird. Mauren bauten 712 die von ihnen in As-Zammura umbenannte Stadt mit Burg und Mauern als Festung aus. Nach zweihundert Jahren gelang es dem asturischen Heer die Stadt zu erobern. Der Duero bildete nach der ersten Phase der *reconquista* die Grenze: am nördlichen Ufer die Christen, am südlichen die Mauren. Der arabische Feldherr Al-Mansur, Schrecken der Spanier, dessen Beiname auch »der Siegreiche« lautete, weil er in Schlachten und Feldzügen unbesiegt geblieben war, verwüstete um die Jahrtausendwende Zamora. Jahr für Jahr zog Al-Mansur gen

Norden, eroberte sogar Santiago de Compostela und legte Stadt und Jakobuskathedrale in Schutt und Asche. Christliche Gefangene mussten Glocken und Bronzetüren auf ihren Rücken von Santiago bis Andalusien schleppen. Zwei Jahrhunderte später, nachdem König Ferdinand der Heilige Córdoba und Sevilla zurückerobert hatte, mussten Gefangene – diesmal waren es Mauren – die Glocken und Bronzetüren auf dem gleichen Weg, aber in umgekehrter Richtung zurücktragen.

Vom Ufer des Duero aus erspähe ich das Haus von El Cid, dem spanischen Nationalhelden. Der zwanzigjährige kastilische Grande mit dem eigentlichen Namen Rodrigo Díaz de Vivar wurde in Zamora in der Kirche Santiago de los Caballeros vom König Sancho II. von Kastilien zum Ritter geschlagen. Fortan diente er dem König bis zu dessen Ermordung. Das geschah während einer Belagerung. Ein Stadttor wurde unter geheimnisvollen Umständen geöffnet, woran noch heute *Portillo de la Traición*, die Verräterpforte, erinnert. König Alfons VI. von León – so wurde gemunkelt – habe den Meuchelmord an seinem Bruder befohlen. Don Rodrigo forderte Alfons VI. auf, einen heiligen Eid auf seine Unschuld zu leisten. Der König schwor den Eid und verbannte zugleich den Ritter als Strafe für dessen Dreistigkeit. Don Rodrigo wechselte die Fronten und diente fast eine Dekade lang dem maurischen König Al-Musta'in von Zaragossa. Seiner sagenumwobenen Siege wegen nannten ihn die Mauren mit dem Ehrennamen *sayyid*, Herr, woraus später sein Beiname El Cid wurde. Als die kriegerischen Almoraviden, von Nordafrika kommend, Spanien zu überfluten drohten, wechselte El Cid abermals die Fronten, versöhnte sich mit Alfons VI. und eroberte das Maurenreich Valencia. Die Almoraviden versuchten ihrerseits Valencia zurückzuerobern. Dabei wurde El Cid von einem Pfeil tödlich getroffen. Jimena, El Cids Witwe, bemüht den Tod ihres Mannes vor den Mauren geheim zu halten, ließ den Leichnam an ein Pferd binden und in die Schlacht jagen. Als ihre Pfeile nichts gegen El Cid auszumachen vermochten, flohen die Mauren in Scharen. Eine Legende? Auf jeden Fall eine unvergessliche Szene in dem Monumentalfilm »El Cid«. Die heldenhaften Taten El Cids lieferten den Stoff für das spanische Nationalepos »Das Gedicht vom Cid«. Darin wird sein Leben, erweitert mit fiktiven Elementen, verklärt. In Liedern und Volksromanzen verkörpert El Cid das Ideal eines Ritters schlechthin.

Zamora wird wegen der vielen im romanischen Stil erbauten Kirchen als »Museum der Romanik« bezeichnet. Ich gelange in die Stadt über die alte – wie könnte es im Museum der Romanik anders sein? – romanische Brücke, die im 12. Jahrhundert erbaut wurde und den Duero an einer ungewöhnlichen Stelle überquert, nämlich dort, wo der Fluss am breitesten ist. Die sechzehn aus dem Mittelalter stammenden Bögen stehen auf den Fundamenten der viel älteren römischen Brücke. Welch großartige Verbildlichung des Verhältnisses zwischen spanischer Kultur und Geschichte einerseits und römischer andrerseits! Fußt nicht eine Vielzahl spanischer Städte auf römischen Gründungen? Entwickelte sich nicht die spanische Sprache aus der lateinischen?

Da es in Zamora keine Pilgerherberge gibt, empfiehlt mir im Verkehrsbüro eine freundliche Dame die Pension Jardin. Sie versorgt mich reichlich mit Informationsmaterial und zeichnet im Stadtplan sowohl den Weg zur Pension als auch denjenigen ein, auf dem ich morgen aus der Stadt hinaus zum Pilgerweg gelangen kann.

Die Pension Jardin ist angesichts des Umstandes, dass Zamora von vielen Touristen besucht wird, erstaunlich preisgünstig. Die Übernachtung im Einzelzimmer kostet 13 Euro. Frühstück gibt es, für Pilger viel zu spät, leider erst ab 10 Uhr. Auf die Siesta verzichte ich, da ich vorhabe, möglichst viele, zumindest aber die bedeutendsten romanischen Kirchen der Stadt zu besichtigen. Dass in Zamora vierundzwanzig Kirchen im romanischen Stil erbaut wurden, erstaunt, bildete doch der Duero die Grenze, bis zu welcher die Romanik reichte. Südlich des Flusses erstreckten sich während der Hochblüte der Romanik lauter maurische Lande.

Meine Romanik-Tour beginne ich mit der Besichtigung der Kirche Santo Tomé, die, im Jahre 1128 erbaut, als älteste erhaltene romanische Kirche Zamoras gilt. Die Kirche ist verschlossen. Dennoch lässt sich von außen, vornehmlich an der Ostseite, erkennen, dass sie aus der Frühzeit der Romanik stammt. Die Apsiden haben noch rechteckige Form. Unter dem Dach drängen sich Sparrenköpfe. Das hufeisenbögige Chorfenster ist aus Alabaster. Der im Schachtbrettmuster gehaltene Röllchenfries verläuft um mittlere Apsis und Seitenapsiden auf unterschiedlicher Höhe herum, was unharmonisch, geradezu dilettantisch-anfängerhaft wirkt.

Vorbei an der ebenfalls verschlossenen, jedoch schon mit einer halbkreisförmigen Apsis versehenen Kirche Santa María de la Horta gehe ich zur Kathedrale. Von Weitem sehe ich ihre große, flache, byzantinisch anmutende Vierungskuppel und die sie flankierenden vier kleineren Kuppeln. Die große Kuppel symbolisiert wohl, wie es bei orthodoxen Kirchen üblich ist, Christus, die kleinen die vier Evangelisten. Von Nahem fällt die sonderbare Bedeckung der Kuppel mit schuppenartigen Steinplatten auf. Im Innern bildet die Kuppel das Himmelsgewölbe nach. Vor dem marmornen, die Verklärung Christi darstellenden Retabel liest ein Priester die Vorabendmesse. Die Holzschnitzereien am Chorgestühl, die teils große Heilige, teils derbe Szenen darstellen, lenken mich von der Andacht ab, und so verlasse ich vorzeitig das Gotteshaus.

Von den ursprünglichen drei romanischen Portalen der Kathedrale ist eines, die Bischofspforte, erhalten geblieben. An der rechten Portalwand ragt wie aus einem Fenster ein in Stein gehauener Kopf heraus, um den sich eine Legende von großer Wunderlichkeit rankt. Als in Zamora der Schwarze Tod grassierte und Reiche wie Arme ohne Unterschied dahinraffte, da erschien einem Mönch ein Engel, der sprach:

»Bete ohne Unterlass ›Heiliger Gott, Heiliger Unsterblicher, erlöse uns von allem Übel!‹ Dann wird die Heimsuchung aufhören.«

Kathedrale von Zamora

Der Mönch betete vor einem Kreuz mit den Worten, die der Engel ihm eingeflüstert hatte, und bald verschwand der Schwarze Tod aus der Stadt. Das Kreuz wurde in einer feierlichen Prozession in die Kathedrale getragen und dort zur Anbetung aufgestellt. Sein Korpus war so meisterhaft bemalt, dass die Christusfigur wie lebensecht wirkte und vom Volk als »aus Fleisch gemacht« verehrt wurde. Im Laufe der Jahre wurde das »aus Fleisch gemachte« Kreuz mit Geschenken, darunter auch Juwelen, überhäuft. Eines Abends ließen sich zwei Diebe, von niemandem bemerkt, in der Kathedrale einschließen. Die Kleinodien versprachen, eine leicht zu machende Beute zu werden. Einer der Diebe lästerte in einem fort und »Hier hast du, Fleisch!« rufend, stach er mit seinem Messer auf das

Kreuz ein. Doch nun, oh Wunder!, ergoss sich aus dem Korpus ein Blutstrahl auf sein Gesicht. Das Blut spritzte mit solcher Kraft auf Stirn und Augen, dass der Missetäter erblindete. Vor Wut und Schmerz brüllte er wie ein Stier, das geschlachtet wird. Sein Komplize nahm auf der Stelle Reißaus. Mit voller Wucht warf er sich gegen ein Fenster. Das Glas zersplitterte. Der Kopf des Schurken gelangte nach außen, nicht aber sein Rumpf. Vom engen Fensterrahmen eingezwängt, konnte er weder nach außen dringen, noch sich nach innen befreien. Er kreischte und fluchte, doch es half nichts. Sowohl der Dieb, der sich nicht mehr bewegen, als auch der andere, der nicht mehr sehen konnte, wurden gefangen und abgeurteilt.

An Zamoras Hauptader, der Rúa de los Francos, die sich von der Kathedrale bis zur Plaza Mayor hinzieht, liegen gleich drei romanische Kirchen. Die Kirche mit den zwei Patronen, dem heiligen Petrus und dem heilige Ildefons, wurde an Stelle einer westgotischen erbaut. Sie wurde gotisiert, erkennbar an Strebepfeilern und Kreuzrippengewölbe, barockisiert und schließlich mit Elementen des Neoklassizismus erweitert. Aus der Zeit der Romanik sind Portal, Rosette und Altarraum erhalten geblieben. Der zweiteilige Altar weist unten eine große Figur der heiligen Jungfrau und oben eine kleinere des heiligen Ildefons auf. Nach dem Pilgerapostel Jakobus und dem Kirchenlehrer Isidor von Sevilla, nach den Ordensgründern Ignatius von Loyola und Teresa von Ávila erfährt in spanischen Landen auch der heilige Ildefons große Verehrung. Der Benediktinerabt und spätere Erzbischof von Toledo war Schüler des heiligen Isidor und gilt als größter Vertreter der spätrömischen Literatur. Seine theologischen Schriften weisen ihn als großen Marienverehrer aus.

Die Templerkirche Santa Magdalena, die sich längs der Rúa de los Francos erstreckt, wendet der Straße ihr Prunkstück, das Südportal, zu. Kunsthistoriker, die Kunst und Geschichte des Jakobsweges erforschen, weisen auf eine bautypologische Besonderheit hin, die sie mit dem Begriff Schauwand oder Wegfassade umschreiben. Gemeint ist Folgendes: Kirchen und Kathedralen sind in der Regel von West nach Ost ausgerichtet, orientiert, wobei ihr Hauptportal, das Westportal, am stärksten ausgeschmückt ist. Bei etlichen Kirchen am Jakobsweg ist aber dasjenige Kirchenportal am schönsten ausgestaltet, das die Pilger, auf dem Weg nach Santiago de Compostela wandernd, zu Gesicht bekommen. Mithin nimmt dann das Süd- oder das Nordportal die Rolle des Hauptportals ein. Für die Pilger ist es ein Aushängeschild, das ihnen ein bestimmtes Programm darbietet: eine Schauwand. Diese Eigenheit ist vornehmlich im Zusammenhang mit Kirchen am *camino*, wie beispielsweise dem Kirchlein Santa María de Eunate, beschrieben worden. Das prachtvolle Bogenportal von Santa Magdalena zeigt, dass Schauwände auch auf dem Silberweg vorkommen. Das Südportal der Templerkirche versinnbildlicht das himmlische Paradies. Die vier gegeneinander tief versetzten Archivolten zeigen dem Pilger mit ihrem abwechslungsreichen pflanzlichen Dekor die Herrlichkeit, die ihn im Himmel erwartet. Der innerste Bogen ist im mozarabischen Stil ausgeführt. Im Dekor der vierten Archivolte, einem schönen Flechtband, ist der Einfluss der westgotischen Kunst erkennbar. Außen im Bogen sind über vierzig kleine, aus Stein geschnitzte Köpfe zu sehen. Bei den Gesichtern, die von der Witterung noch nicht zerstört worden sind, lässt sich erkennen, dass sie allesamt lächeln. Zeichen ihrer Freude, im Himmel zu weilen? Auf den Kapitellen sind paarweise Fabeltiere gleicher Art dargestellt. Zwei mit Menschenköpfen versehene Fabelwesen tragen Zipfelmützen. In Salamanca, der »Hauptstadt« des plateresken Stils, war die Aufmerksamkeit der Studiker gefragt. Dem Finder eines in der Westfassade der Universität versteckten Frosches winkte als Belohnung das gute Bestehen einer Klausur. In Zamora, der Stadt der Romanik, sollten alle Heiratswilligen im steinernen Dschungel des Portals von Santa Magdalena nach dem Bild eines Bischofs suchen. Wer es findet, so will es der Volksmund wissen, wird bald heiraten. Nach langem Suchen entdecke ich nahe des Schlusssteins der ersten Archivolte, zwischen Palmetten versteckt, den Bischof samt Hirtenstab. Den Finderlohn habe ich vorweg bekommen, bin ich doch seit über vierzig Jahren glücklich verheiratet.

Auch San Juán de Puerta Nueva gehört zu den Kirchen des Schauwand-Typus. Über dem Südportal sticht eine wagenradähnliche Rosette aus Alabaster ins Auge. Gehören Rosetten an sich schon zu den schönen Bauelementen der romanischen Kirchen, so ist diese Rosette hier das Allerschönste, was spanische Romanik aufzuweisen hat. Sie ist so wunderschön, dass sie zum Vorzeigesymbol Zamoras schlechthin wurde.

Süchtig nach Rosetten und Alabasterfenstern, fasziniert von Archivolten und Würfelkapitellen, gefangen genommen vom mystischen Raum selbst, den alle romanischen Kirchen ausstrahlen, lechzt mein Geist förmlich danach, auch noch die Kirchen Santiago del Burgo und San Claudio de Olivares zu bewundern, doch mein Magen beginnt gegen die Romanik zu revoltieren. Damit aus der Revolte nicht eine Revolution werde, lenke ich meine Schritte zum erstbesten Lokal. Der Speisesaal ist verschlossen, in der Bar jedoch bekomme ich ein warmes Essen. Im Fernsehen läuft ein Fußballspiel. Die Barbesucher, Jung und Alt, sind wie elektrisiert. Bei jedem Schuss in Richtung Tor brüllen sie »o lé«. Am lautesten kreischen die weiblichen Fans.

Ein Gewitter bricht los. Schnellen Schrittes strebe ich der Pension Jardin zu. Blitze zucken am Himmel hin und her. Ob sie auf dem besagten Hügel auch in unseren Tagen Goldklumpen zu Tage fördern? Als früh aufstehender Pilger werde ich morgen wohl als erster über die Felder gehen und, sollten mir die Götter wohlgeneigt sein, mir den Rucksack mit dem Geschenk der Götter vollstopfen können. Nachdem ich in der Pension angekommen, verstärkt sich der Regen. Die Engländer haben dafür das passende Wort gefunden: »Es regnet Katzen und Hunde«. Wie dankbar bin ich dafür, in dieser stürmischen Nacht ein festes Dach über dem Kopf zu haben!

Träume – trügerische Schäume oder blühende Bäume?

27. Tag: Sonntag, 26. August 2007
Von Zamora nach Montamarta

Im Traum, im Nachtgesicht,
wenn tiefer Schlaf die Menschen befällt,
im Schlummer auf dem Lager:
da öffnet er das Ohr der Menschen
und befiehlt die Unterweisung,
die er ihm gibt …
Buch Hiob

Weit, sehr weit öffnete der Himmel seine Schleusen. Unmengen Wassers prasselten in der Nacht auf die durstige Erde. Immer noch regnet es, wenn auch nicht mehr in Strömen. Es ist ein Nieseln. Die hohe Luftfeuchtigkeit ist unerträglich. Mir ist, als atmete ich lauwarmes Wasser. Die Temperatur steigt rasch an. Unter dem Regenponcho vergieße ich Unmengen von Schweiß. Ich bade nachgerade im Schweiß. Mir ist, als wanderte ich in den Tropen. Ich ziehe den Schwitzkasten aus. Von außen nass zu werden, ist weniger misslich als von innen.

Just am Ortsschild hört der Nieselregen auf, als fände hier nicht nur die Stadt eine Abgrenzung, sondern auch das Wetter eine Grenzscheide. Gelbe Pfeile führen mich von der Straße aufs Feld hinaus. Der Regen hat die lehmige Erde aufgeweicht. Das Gewicht meiner Wanderschuhe vervielfacht sich im Nu, als dicke Lehmklumpen an den Sohlen haften bleiben. Sobald der Weg sich leicht neigt, rutsche ich auf dem glitschigen

Lehm, als liefe ich mit Schlittschuhen auf Eis. Dank meines Wanderstocks gelingt es mir, Gleichgewicht zu halten. Dennoch befürchte ich, bei der ersten Unachtsamkeit längelang im Matsch zu landen. Die Lehmklumpen an den Schuhen werden schwerer. Von Schritt zu Schritt sinke ich tiefer und tiefer in den Matsch ein, und es fällt mir immer schwerer, die Füße aus den Lehmlöchern herauszuziehen. Sollte ich in diesem Schneckentempo weiter latschen, werde ich nicht Stunden, sondern Tage brauchen, um in Montamarta anzukommen. Anscheinend sind mir die Götter nicht hold. Den Vaccäern schenkten sie nach Gewittern Goldbrocken, mir dagegen Lehmklumpen. Kurz entschlossen mache ich kehrt und gehe zur Straße zurück.

Nach anderthalb Stunden erreiche ich das erste Dorf. Zu meiner Überraschung heißt es nicht Roales del Pan, wie es meiner Karte nach heißen müsste, sondern, wie es ein Ortsschild unmissverständlich anzeigt, La Hiniesta. In dem selbst am Sonntag geöffneten Dorfladen kaufe ich Milch und *churros*. Vor der Kirche Santa María la Real, deren überdimensional großes Portal unharmonisch wirkt, lädt eine Bank zu Rast ein. Ein mit Streifenanzug, weißem Hemd und roter Krawatte gekleideter junger Mann setzt sich zu mir und blättert in einer Zeitung. Als er aufschaut, spreche ich ihn an: »Entschuldigen Sie! Meiner Karte zufolge müsste das erste Dorf auf der Straße von Zamora nach Montamarta Roales del Pan sein. Dieses Dorf aber heißt La Hiniesta. Bin ich verkehrt gegangen?«

»Roales liegt östlich von Hiniesta. Die mit gelben Pfeilen gekennzeichnete Straße ist ein wenig bekannter Pilgerweg, der über Portugal nach Santiago de Compostela führt. Wenn Sie von hier aus auf einem Feldweg in nördlicher Richtung gehen, dann kommen Sie nach Montamarta und stoßen dort auf den Silberweg.«

»Vielen Dank für die Auskunft. Wie kommt es, dass in diesem kleinen Dorf eine Kirche groß wie ein Dom steht?«

»Einer Legende nach jagte hier einst König Sancho IV. Als er aus dem Dickicht ein Rebhuhn holen wollte, erschien ihm im Ginster die heilige Jungfrau. Der König ordnete an, an dieser Stelle eine Kirche zu bauen, diese riesige Wallfahrtskirche. Das Dorf, das um die Kirche herum entstand, trägt deshalb den Namen La Hiniesta[74], und das Marienbild in der Kirche heißt heilige Jungfrau vom Ginster. Die Erscheinungsgeschichte ist in einer Urkunde aus dem Jahre 1290 schriftlich festgehalten. Bei uns ist es nicht immer so still wie heute. Hiniesta ist der Schauplatz einer weit über die Provinz Zamora bekannten *romería*[75]. Am Pfingstmontag verlässt die Patronin Zamoras, die heilige Jungfrau von der Muschel, die Vinzenz Kirche und kommt nach Hiniesta. Während der Bauzeit der Kirche Santa María la Real hing das Bild der heiligen Jungfrau vom Ginster in der Vinzenz Kirche. Nachdem die Kirche Santa María la Real erbaut worden war, wurde das Bild der heiligen Jungfrau vom Ginster von Zamora nach Hiniesta überführt. Seitdem besucht die heilige Jungfrau von der Muschel Jahr für Jahr die heilige Jungfrau vom Ginster. Das ist jedesmal ein großes Fest. Tausende Zamoraner begleiten in einer Prozession ihre festlich gekleidete, mit Blumen geschmückte, von vier Honoratioren getragene Patronin. Fahnen werden geschwenkt; *gaetas*[76] spielen auf; es wird getanzt und gesungen und immer wieder rhythmisch geklatscht. Am Abend kehrt die heilige Jungfrau von der Muschel, wieder von einer langen Prozession begleitet, unter Glockengeläut nach Zamora zurück.«

Eine *señora* im langen Kleid kommt auf hohen, nadeldünnen Absätzen herangestöckelt. Der junge Mann wünscht mir einen guten Weg und geht mit der mondän gekleideten Dame fort.

Auch ich mache mich auf den Weg. Befürchtend, dass der direkte Weg nach Montamarta ein lehmiger Feldweg sein könnte, gehe ich lieber auf der Straße nach Roales del Pan, auch wenn ich dadurch ein paar zusätzliche Kilometer zurücklegen muss. Die Straße steigt steil an. Des Anstiegs, aber auch der hohen

74 *hiniesta* (spanisch: Ginster)
75 Wallfahrt und Volksfest zugleich.
76 *gaeta*: galicische Form des Dudelsacks

Luftfeuchtigkeit wegen lege ich mehrmals längere Pausen ein. In Roales angekommen, bin ich erschöpft und frustriert. Wegen des Umweges über La Hiniesta habe ich die doppelte Kilometerzahl zurückgelegt, als wenn ich auf der Straße direkt von Zamora nach Roales gewandert wäre. Weiter geht es teils auf der Nationalstraße, teils auf nicht weniger ätzenden, parallel zur Nationalstraße verlaufenden Schotterwegen.

Mittagsrast. Ich rolle meine Luftmatratze auf den Strohhaufen eines abgeernteten Kornfeldes aus und falle sofort in tiefen Schlaf. Als ich mich wieder auf den Weg machen will, erstarre ich vor Schreck. In meinem Rucksack wimmelt es vor Ameisen. Es dauert geraume Zeit, bis ich meinen tragbaren Kleiderschrank vom letzten Soldaten und vom letzten Arbeiter dieser staatsbildenden Gemeinschaft befreit habe.

Um halb fünf erreiche ich die in einem Park eingebettete Pilgerherberge von Montamarta. Obwohl einige hundert Meter außerhalb des Ortes liegend, ist sie unverschlossen. In der mit Bädern und Küche ausgestatteten Herberge, in der gut und gern zwanzig Pilger übernachten könnten, bin ich der einzige Gast. An einer Tafel hängen Wegekarten und Zettel mit nützlichen Informationen. Pilger werden gebeten, für die Übernachtung vier Euro in einen Kasten zu werfen. Ich dusche mich, wasche meine Sachen und hänge sie draußen an einer Leine auf. Im Nu sind Hemd, Hose und Socken von Gewitterfliegen übersät.

Die Kirche von Montamarta ist geschlossen. Eine Abendmesse wird nicht gelesen. In einer Bar bekomme ich ein Pilgermenü: Als Vorspeise gibt es iberischen Schinken mit Melone, als Hauptgang Lendenbraten mit Pommes frites und als Nachspeise Yoghurt. Für diese Leckerbissen einschließlich einer Flasche guten Landweins zahle ich acht Euro. In Zamora habe ich gestern das Dreifache bezahlt. Für Pilger mit schmalem Geldbeutel empfiehlt sich folgende Strategie: In Dörfern sollte man sich ein Menü leisten, in Städten hingegen sich selbst versorgen.

Zurück in der Pilgerherberge. Nach dem guten Essen und dem reichlich genossenen Weißwein sind die Strapazen der

Etappe vergessen. Ich sitze vor der Herberge und lese Psalmen. Im 33. Psalm heißt es: »*Unsere Seele harrt des Herrn; unser Schutz und unser Schild ist er.*« Im 34. Psalm: »*Der Engel des Herrn umschirmt alle*« und im 36. Psalm: »*Herr, deine Güte reicht, so weit der Himmel ist, deine Treue, so weit die Wolken ziehen.*«

In den jahrtausendealten Texten sind Erfahrungen festgehalten, die das Haus Isaak und Jakob mit seinem Gott gemacht hatte. Mir kommt es vor, als schilderte der Psalmist auch meine Erfahrungen, allerdings nicht gerade diejenigen des heutigen Tages.

Ein Gemeindeangestellter kommt auf einem Moped gefahren. Er möchte die Übernachtungsgebühr kassieren. Ich zeige auf den Kasten. Er holt das Geld heraus und rattert davon.

Trotz der langen Siesta, die ich mir heute gegönnt habe, bin ich müde und gehe bald zu Bett. Kaum habe ich die Augen geschlossen, überkommt mich der Schlaf.

Von oben erklingt eine Stimme: »Was weißt du vom dreieinigen Gott?«

Ich befinde mich in einer Prüfung. O je, denke ich, die schwierigste Frage gleich zu Anfang. Doch dann antworte ich erstaunlich gelassen: »Die Dreieinigkeit ist das größte Geheimnis, das Gott den Menschen anvertraut hat. Sie besagt, dass es nur einen Gott gibt, der sich aber in drei Personen entfaltet. Wenn die Entfaltungen Gottes mit dem Begriff ›Person‹ charakterisiert werden, so ist das eine durch und durch menschliche Beschreibung, ein Bild, das wir Menschen verstehen können, weil wir selbst Personen sind. Was Gott im Wesentlichen und Letzten ist, übersteigt unsere Vorstellungskraft und unser Erkenntnisvermögen. Was Gott an sich ist, bleibt ein Geheimnis. Die Namen der drei göttlichen Personen sind uns in der heiligen Schrift offenbart worden: Gott Vater, Gott Sohn und Gott Heiliger Geist. Ich glaube an all das, was wir im Credo bekennen. Gott Vater schuf die Welt: Raum und Zeit, Mensch und Materie. Gott Sohn kam auf die Erde, ist Mensch geworden, ließ sich kreuzigen, um uns, auch mich zu erlösen; er ist von den Toten auferstanden und zurückgekehrt zum Vater. Der

Sohn Gottes, Jesus Christus, hat uns auf der Erde nicht allein zurückgelassen, sondern uns den Heiligen Geist gesandt, der in der Kirche, und das heißt, in jedem von uns wirkt und die Welt ständig erneuert. All das weiß ich nicht aus mir heraus, das sagt durch mich, den Getauften und Gefirmten, der Heilige Geist. An all das glaube ich, obwohl es ein Geheimnis ist. Fest überzeugt bin ich aber davon, dass Gott die Liebe ist und dass Gott mich liebt, weil mir das meine eigene Erfahrung sagt.«

Ich wache auf. Schaue auf die Uhr. Mitternacht ist vorüber. Ein sonderbarer Traum. Ein Traum ohne Handlung, ohne Ängste, ohne die geringste Spur vom Traumhaften. So vollkommen realistisch. Ich muss ihn morgen im Tagebuch aufschreiben. Eine innere Stimme sagt mir: ›Schreibe es sofort auf. Morgen hast du vieles vergessen und verdrehst Wort und Sinn.‹ Ich bin müde und möchte am liebsten weiter schlafen. Doch dann überwinde ich mich, stehe auf und schreibe alles, was ich im Traum gehört und gesagt, wortwörtlich auf. Nun bin ich hellwach, lege mich dennoch wieder ins Bett.

Meine Gedanken kreisen um den Traum. Seltsam, ich glaubte mich in einer Prüfung zu befinden, spürte aber die sonst übliche Prüfungsangst und Unsicherheit nicht. Im Traum spürte ich mehr unbewusst denn bewusst, dass es Gott ist, der mich befragt. Jetzt erkenne ich klar, dass es wahrhaftig die Stimme Gottes gewesen sein musste. Ausschlaggebend hierfür ist der Umstand, dass die Stimme von **oben** kam. Erscholl nicht bei der Taufe Jesu die Stimme Gottes von **oben**? Wird nicht in Gemälden die Hand Gottes am **oberen** Bildrand dargestellt?

Tagsüber habe ich mich arg gequält: die unerträglich hohe Luftfeuchtigkeit, die Lehmschlacht, die zusätzlichen Kilometer wegen des Umweges über Hiniesta, die Erschöpfung bei steilen Anstiegen, der Ameisenüberfall. Ich glaubte, vom Schutzengel verlassen worden zu sein. War diese Wüstenerfahrung die notwendige Vorbedingung für den Traum?

Wie oft habe ich schon das Glaubensbekenntnis gebetet! Manchmal bewusst und überzeugungsvoll gesprochen, manchmal mehr oder weniger mechanisch hergeleiert. Dass ich es im Traum gesprochen hätte, geschah noch nie. Was bedeutet dieser Traum? Träume sind Schäume, sagt der Volksmund. Sie zerplatzen wie Seifenblasen. Aber sind alle Träume trügerische Schäume? Sind alle Träume nur eine Folge von halluzinatorischen Bildern und sinnestäuschenden Vorstellungen? Sind Träume nicht auch offene Räume? Häufig verdrängen wir tagsüber ungute Erfahrungen, unterdrücken unerwünschte Gedankengänge, bis sie in Kammern des Unterbewusstseins landen und dort verschlossen bleiben. Im Traum öffnen sich diese Räume; unsere geheimsten Wünsche, aber auch unsere verdrängtesten Ängste werden aus den dunklen Kammern befreit.

Mehr noch. Träume sind auch göttliche Weisungen. Heißt es nicht im Buch Hiob, das Gott im Traum das Ohr der Menschen öffnet und ihn unterweist? Vermittelt uns nicht das Alte wie das Neue Testament die Einsicht, dass den Traum enträtseln, soviel heißt, wie den Willen Gottes erkennen?

Als Gott Jakob im Traum befahl, in die Heimat zurückzukehren, da nahm dieser Frauen, Söhne und das ganze Vieh und kehrte zum Vater nach Kanaan zurück.

Ein Paradebeispiel für einen Menschen, der sich im Leben gänzlich danach richtete, was er im Traum an Weisungen empfangen hatte, ist Josef, Jesu Ziehvater. Er wollte sich in aller Stille von Maria trennen. Als ihm im Schlaf geboten wurde, Maria zu Frau zu nehmen, tat er, was ihm der Engel Gottes befohlen hatte. Und als abermals der Engel Gottes ihm im Traum erschien und ihm hieß zu fliehen, da stand Josef noch in der Nacht auf und floh mit Maria und Jesus nach Ägypten.

Selbst die Weisen aus dem Osten taten, was ihnen im Traum geboten wurde: Sie gingen nicht zu Herodes nach Jerusalem, sondern zogen auf anderen Wegen heim in ihr Land.

Mir wurde aber im Traum nichts befohlen. Ich wurde nur nach meinem Glauben befragt. Was könnte das bedeuten? Sollte dadurch mein Glaube an den dreieinigen Gott gestärkt oder vielleicht infrage gestellt werden?

Nein, Träume sind keine Schäume. Träume sind wie blühende Bäume, deren Früchte noch reifen müssen. Die erlesenen Früchte heißen aber nicht Golden Delicious oder Blutorange, sondern Erfüllung und Beglückung.

Immer wieder mache ich den Anlauf, meinen so durch und durch handfesten Traum zu deuten und daraus einschlägige Konsequenzen zu ziehen. Sollte dieser Traum für mich Ansporn sein, den Glauben an den dreieinigen Gott anderen nahezubringen? Mit dieser Frage, die unbeantwortet geblieben ist, schlafe ich ein.

Ohne Pilger – kein Pilgerweg

28. Tag: Montag, 27. August 2007
Von Montamarta nach Granja de Moreruela

Das Wunder von Santiago ist nicht allein
der rätselhafte Fund eines Apostelgrabes im 9. Jahrhundert.
Das eigentliche Wunder sind die Pilger,
die den Weg seit mehr als einem
Jahrtausend beschreiten und bereichern.
Andreas Drouve

Embalse de Ricobayo staut auf einer Länge von vierzig Kilometern das Wasser des Río Esla. Ein Seitenarm des Stausees, der im Sommer einem Rinnsal gleicht, reicht bis Montamarta. In der Dunkelheit kommt ein Felsen zum Vorschein. Oben hocken vier Gestalten, wahrscheinlich Angler. Beim Näherkommen erweist sich der Felsen als mächtiger Betonklotz, und die vermeintlichen Angler entpuppen sich als zwei Pärchen: ein großes und ein kleines, Pat und Patachon in doppelter Ausführung. Als ich vorbeigehe, bieten sie mir Sangría an. Ich bedanke mich höflich: Ich müsse heute eine lange Strecke zurücklegen, was ich nicht schaffen würde, tränke ich am Morgen Alkohol. Die doppelten Patchen und Patachonchen haben sich in der Nacht ordentlich die Kehlen angefeuchtet und erwarten den Sonnenaufgang, der sich auch bald einstellt. Eine fahlgelbe Scheibe steigt langsam am verhangenen Himmel hoch, ohne die Dämmerung aufzuhellen. Hat die Sonne ihre Leuchtkraft verloren?

Mein Traum kommt mir in den Sinn. Wie in der Nacht versuche ich auch jetzt, ihn zu deuten. Sollte mein Glaube gestärkt werden? Sollte ich an das stärker glauben, was ich zuletzt infrage gestellt habe: das ewige Leben? Ja, ich will an die Unsterblichkeit glauben, auch wenn ich sie mir nicht vorstellen kann. Wann immer auch bei mir Glaubenszweifel aufkommen sollten, und das wird mir Sicherheit früher oder später der Fall sein, dann will ich mich an diesen Traum erinnern.

Das Ufer des Stausees lockt mich mehr als die Nationalstraße. Ich verlasse die Straße und gehe auf einem Trampelpfad entlang des Wassers. Der Wasserspiegel des Stausees ist extrem niedrig. So wie die Uferlinie mäandert, so schlängelt sich auch der Trampelpfad. Keine Einbuchtung und keine Ausbuchtung wird ausgelassen. Auf der Straße misst der Weg von Montamarta nach Granja de Moreruela dreißig Kilometer. Auf dem sich schlängelnden Trampelpfad werden es wohl vierzig werden. Um mir die zusätzlichen Kilometer zu ersparen und nicht länger gegen das 2. Pilgergebot zu verstoßen – Du sollst nicht unnötige Strecken laufen! –, kehre ich auf die Straße zurück.

In der Ferne tauchen die Ruinen der Burg Castrotorafe auf. Die hoch über dem Río Esla gelegene Burg war einst Sitz vom Großmeister des Ordens der Santiagoritter und bot jahrhundertelang den Jakobspilgern Schutz. Nun spiegeln sich in den Fluten des Río Esla nur noch halbhohe Rundtürme und Reste der zerstörten Festungsmauer. Von der Stadt Castrotorafe selbst, die um die Burg herum erbaut worden war, ist kein einziger Stein erhalten geblieben. Wie kam es zu der Zerstörung dieser mächtigen Burg und von Alt Zamora, wie die Stadt Castrotorafe genannt wurde? Diese Frage wird von Historikern gegensätzlich beantwortet. Einige vermuten, der König selber habe die Zerstörung befohlen aus Rache für eine gegen ihn gerichtete Rebellion. Andere meinen, der blutige Kampf zwischen rivalisierenden Stadtgeschlechtern habe zu der Katastrophe geführt. Noch andere mutmaßen, ein Erdbeben habe das Unglück herbeigeführt. Es scheint, als sollte die Ursache der Zerstörung ein Geheimnis bleiben. Der Trümmerhaufen der Burg Castrotorafe ist nur eine der vielen Ruinen, die sich entlang des Silberweges wie Perlen einer Kette aneinander reihen, angefangen mit der Ruinenstadt Itálica, über die beiden Burgruinen von El Real de la Jara und den Aquädukt von Mérida bis hin zu dem römischen Forum von Astorga.

In der Bar von Fontanillas del Castro erfahre ich, dass es im Dorf ein Postamt gebe, was in spanischen Landen an Wunder gleicht. Ab Salamanca, mithin seit fünf Tagen, trage ich mit mir fertig geschriebene und adressierte Ansichtskarten herum. Sollte es tatsächlich noch möglich sein, sie zu frankieren? Was nun folgt, ist Teil II der herzzerreißenden Tragödie mit dem schlichten Titel »Von der prometheischen Mission, im Lande Don Quijotes Briefmarken zu erwerben.« Ich gehe auf der mir vom Barmann genannten Straße bis ans Ende, ohne das Postamt gefunden zu haben. Aus der Kirche kommt eine hochbejahrte, zwergenhafte Bäuerin. Mit ihrem stark gekrümmten Rücken wirkt sie noch kleiner, als sie in Wirklichkeit ist. Auf die Post hin angesprochen, nimmt sie mich wortlos an die Hand, trippelt auf der von mir eben begangenen Straße zurück und bleibt vor einem Schuppen stehen, an dem ein mickriger Briefkasten hängt. Das sei die Post, sagt sie. Die Haustür ist geschlossen. Die alte Bäuerin streckt sich, um die Schelle zu erreichen, und klingelt. Leider rührt sich nichts. Hartnäckig klingelt sie weiter, unaufhörlich weiter, bis schließlich ein junger Mann die Tür öffnet.

»Ich hätte gern acht Briefmarken für Karten nach Deutschland.«

»Es tut mir leid. Die Postsachen erledigt mein Vater. Er ist im Nachbardorf und kommt gegen 15 Uhr zurück.«

»Dann müsste ich vier Stunden warten und käme heute nicht mehr bis Granja de Moreruela.«

»Wenn Sie nach Granja gehen, so kommen Sie durch Riego. Fragen Sie dort nach meinem Vater. Es ist aber nicht sicher, dass er die entsprechenden Briefmarken bei sich hat.«

Ich verabschiede mich von der Bäuerin mit einer tiefen Verbeugung und verlasse das Dorf. Das spanische Wunder ist ausgeblieben. Zum wiederholten Mal habe ich die Erfahrung gemacht, dass es für Pilger unmöglich ist, in der Extremadura wie in Kastilien Briefmarken zu kaufen. Höchstwahrscheinlich werde ich die Ansichtskarten erst in Deutschland verschicken. Doch dann kann ich bei der ersten sich bietenden Gelegenheit den Adressaten kastilische Kuriosa auftischen.

Schnellen Schrittes kommt mir ein Pilger entgegen. Der Meinung seiend, dass er in die verkehrte Richtung ginge, mache ich ihn darauf aufmerksam.

»Zweihundertsechzig«, ist das einzige Wort, das er, vor sich herkichernd, mir zuruft.

»Was soll das heißen?«, frage ich ihn.

»Das soll heißen, dass du, guter Pilgersmann, der Zweihundertsechzigste bist, der mir das sagt. Dabei gehe ich in der richtigen Richtung. Ich pilgere von Astorga nach Mérida. Im nächsten Jahr plane ich, von Astorga nach Santiago de Compostela zu gehen. Streng genommen, wäre es jetzt an der Zeit, Siesta zu machen. Immerhin schikaniert uns die Sonne mit vierunddreißig Grad im Schatten. Aber dir, lieber Leidensgenosse, geht es wahrscheinlich so wie mir: Die Dusche am Zielort lockt stärker.«

Er reicht mir zum Abschied die Hand, grinst wie ein Honigkuchenpferd und geht schnellen Schrittes weiter.

Im Dorfladen von Riego del Camino kaufe ich Bananen sowie Mineralwasser und trage beim Bezahlen mein eigentliches Anliegen vor: »Auf der Post in Fontanillas wollte ich Briefmarken kaufen, leider war der Postangestellte nicht da. Man sagte mir, er sei in Riego. Könnten Sie mir bitte sagen, wo ich ihn finde?«

»Leider nicht«, antwortet die Ladenbesitzerin, »aber Briefmarken können Sie bei mir bekommen.«

Da brat' mir einer einen Storch! Mir verschlägt es die Sprache. Bald stellt sich mein Sprechvermögen wieder ein, und ich kaufe je zwei 30 Cent Briefmarken pro Karte. Bei meinem Barte, der seit Tagen mein Gesicht verschandelt, es ist fürwahr auch für Pilger möglich, in Kastilien Briefmarken zu kaufen! Womit die prometheische Mission wider Erwarten beendet und die Ehre der spanischen Nation gerettet wäre!

Der Weg zwischen Riego del Camino und Granja de Moreruela verläuft schnurgerade zwischen abgeernteten Feldern. Es besteht keine Gefahr, sich zu verlaufen. Die Suche nach gelben Pfeilen erübrigt sich. Nichts lenkt meinen Blick ab. Ich bin allein. Über mir der hohe Himmel, vor mir mein kurzer Schatten, um mich herum das flache Land und die allergrößte Kostbarkeit: Stille. Eine Stille, die sich auch in mir ausbreitet. Zu Hause ist es zuweilen gleichfalls ruhig und still. Doch selbst wenn das Telefon am Abend nicht klingeln sollte, so versetzt mich allein die Möglichkeit, dass jemand anrufen könnte, in einen von Unruhe schwangeren Wartezustand, in eine im Unterbewusstsein verborgene Spannung. Nicht so die Ruhe und die Stille auf dem Pilgerweg. Es ist eine allumfassende Ruhe, eine heitere Stille, die durch nichts und niemand gestört wird. Ich kann das wahrnehmen, was Paul Valéry uns empfiehlt: »Merk auf dieses feine, unaufhörliche Geräusch; es ist die Stille. Horch auf das, was man hört, wenn man nichts vernimmt.« Mit der Stille halte ich Zwiesprache. Ich antworte ihr mit meinem Schweigen. Diese Stille ist wie geschaffen, um zu beten und nachzusinnen. Stille und Schweigen, Gebet und Meditation bereichern meine Seele. Schweigen ist eine Fähigkeit, die ich bei vielen Menschen bewundere und die mir selbst sehr, sehr schwer fällt. Von Ernest Hemingway stammt der Gedankensplitter: »Man braucht zwei Jahre, um sprechen zu lernen, fünfzig, um schweigen zu lernen.« Mein fünfzigster Geburtstag liegt schon weit zurück, und noch immer beherrsche ich die goldene Befähigung des Schweigens nicht, doch auf dem Pilgerweg gelingt sie mir zumindest ansatzweise.

Die städtische Herberge von Moreruela ist montags geschlossen. Heute ist Montag. Vor der Herberge hängt Wäsche. Ich klopfe an die Tür. Mein Klopfen und Rufen bleibt nicht ungehört. Eckhard, ein Radpilger, beheimatet in Oberfranken, schließt die Tür auf. Sogleich legt er sich aufs Bett und setzt seine durch mein Kommen unterbrochene Siesta fort. Ich mache es ihm nach.

Am frühen Abend gehe ich einkaufen und zur Messe in die Kirche Heiliger Erlöser. Der Priester predigt recht eigenartig. Jeden Aussagesatz leitet er mit einer Frage ein.

»Wie heißt die Tagesheilige? Die Kirche feiert heute das Fest der heiligen Monika. Wessen Mutter war sie? Ihr berühmt gewordener Sohn ist der heilige Augustinus. Was zeichnete die heilige Monika aus? Das nie nachlassende Gebet. Worum betete sie so inständig? Um die Bekehrung ihres Sohnes, der sich vom Glauben abgewandt hatte und ein großer Luftikus war.«

Von dem Frage-Antwort-Spiel lenkt mich eine an der Seitenwand stehende Jakobusfigur ab. Wieder ist unübersehbar die Wunde am Bein da. Was bedeutet diese Wunde? Zu Hause angekommen, muss ich mich unbedingt im Internet darüber schlau machen.

Zurück zur Herberge. Alle Betten sind inzwischen ausnahmslos von Radpilgern belegt worden. Im gleichen Haus befindet sich eine Bar. Warmes Essen gibt es erst viel später. Ich bestelle ein Bier und setze mich zum Eckhard an den Tresen.

»Wie sind die Radwege?«, frage ich ihn.

»Fürchterlich. Auf der Nationalstraße kommst du, wenn nicht gerade Brummer vorbei rasen, recht gut voran. Die anderen Wege jedoch und Straßen – fürchterlich! Entweder du landest in einer Sackgasse, oder der Weg endet irgendwo im Feld oder Wald. Heute bin ich hinter Zamora auf einem Lehmweg gefahren, dessen große, wassergefüllte Löcher mir das Äußerste abverlangt haben. Fahren ist nicht der richtige Ausdruck, musste ich doch mein Trekkingrad über lange Strecken schieben.«

»Fährst du auf dem Pilgerweg zum ersten Mal?«

»Auf dem Silberweg bin ich oft geradelt, und auf dem *camino* oft zu Fuß gewandert.«

»Dann musst du einen passablen Beruf haben, der dir einen langen Urlaub ermöglicht.«

»Es geht so«, weicht Eckhard aus und wechselt das Thema. »Ich sah dich aus der Kirche kommen. Warst du zur Messe?«

»Ja, aber meine Gedanken auf den Gottesdienst richten konnte ich nicht. Eine Jakobusfigur lenkte mich von der Andacht ab. Ich kenne Darstellungen vom heiligen Jakobus als Pilger, als Apostel und als Maurentöter. Bei dieser Figur, die ich in Kirchen am Silberweg mehrmals gesehen, fällt eine Wunde am Bein auf. Jakobus hebt seine Pelerine, um die Wunde zu zeigen. Außerdem lehnt sich am Pilgerstab des Heiligen ein Hund an. Was Wunde, was Hund zu bedeuten haben, kann ich mir nicht erklären.«

»Aber ich kann es. Die Figur zeigt nicht Jakobus, sondern Rochus, der wie Jakobus in Pilgertracht, mit Stock und Hut, mit Flasche und Tasche, dargestellt wird. Auf seiner Romwallfahrt begegnete Rochus Pestkranken. Von ihrem Elend angerührt, entschloss er sich, die Kranken zu pflegen. Bei diesem Dienst der Nächstenliebe erkrankte er selbst an der Pest. Die Wunden an seinen Beinen sind Geschwüre. Warum ein Hund als Attribut des Heiligen vorkommt, kann ich dir gleichfalls erklären. Der Legende nach besuchte ein von Mitleid erfüllter Hund täglich den heiligen Rochus und leckte an dessen Wunden.«

»Du kennst dich in der Hagiographie bestens aus. Scheinst katholisch zu sein.«

»Ich bin zwar getauft worden, betrachte mich aber nicht mehr als Katholik. Da gibt es viel zu viel, was ich an der Kirche verurteile. Nimm als Beispiel die Unfehlbarkeit des Papstes, und betrachte in der Kirchengeschichte das Leben einiger Päpste! Sie hielten sich Mätressen zu Hauf, betrieben Vetternwirtschaft, verschacherten Kardinalshüte. So etwas machten Christi Stellvertreter auf Erden!«

»Du argumentierst gegen die Unfehlbarkeit des Papstes, indem du die Sündhaftigkeit der Renaissancepäpste anprangerst. Das Dogma der Unfehlbarkeit besagt aber nicht, dass der Papst ohne Sünde wäre. Es besagt vielmehr, dass der Papst dann unfehlbar spricht, wenn er eine die Glaubenslehre betreffende

Entscheidung fällt. Und wie oft haben Päpste von diesem Dogma Gebrauch gemacht? Alles in allem zweimal! Es wird immer von der Unfehlbarkeit des Papstes gesprochen. Dabei gibt es auch die Unfehlbarkeit der Bischöfe, die auf einem allgemeinen Konzil versammelt sind.«

»Und die Inquisition? Unschuldige Frauen wurden zu Tausenden als Hexen verbrannt. Und segnete die Kirche nicht Waffen, mit denen Christen gegen Christen in Krieg zogen? Hie wie da mit dem Spruch auf den Lippen: Gott mit uns! Das alles mag plakativ scheinen, ist aber die Wahrheit.«

»Die Kirche ist eine Gemeinschaft von Heiligen, aber auch eine Glaubensgemeinschaft von Sündern. Sie besteht aus Menschen, die weder sündenlos noch fehlerfrei sind. Die von dir genannten Auswüchse und Verfehlungen sind Stacheln im Leib der Kirche, lange, knochenharte Stacheln, die uns unerhörte Schmerzen zufügen. An eine Kirche zu glauben, die auch in der Wirklichkeit so vollkommen wäre, wie sie gedacht sei – das wäre einfach. Aber an einer Kirche festzuhalten, der auch Schattenseiten eigen sind – das verlangt uns einen tiefen Glauben ab.«

»Wir müssen nicht in der Geschichte wühlen. Was mich am stärksten stört, ist die Scheinheiligkeit der Priester und Bischöfe von heute. Dem Volk halten sie Moralpredigten, und sie selbst treiben es mit Frauen, vergreifen sich sexuell an Kindern.«

«Du verallgemeinerst. Es mag den einen oder anderen Priester geben, der so lebt, aber doch nicht alle! Ich kenne persönlich solche Priester nicht. Doch, einen, der von der körperlichen Liebe zu einer Frau nicht lassen konnte und sich deswegen laisieren ließ. Etliches liegt in der Kirche im Argen, aber doch nicht alles. In unserer Kirche gibt es soviel Gutes und Schönes, soviel Helles und Frohes. Hast du dir schon einmal vorgestellt, wie es bei uns aussehen würde, wenn es die Kirche nicht gäbe?«

»Ich wünschte mir, alles so zu sehen wie du, aber das kann ich nicht. Damit du mich nicht missverstehst. Ich habe wohl unendliche Schwierigkeiten mit der Kirche, dennoch glaube ich an Gott. Ich bin davon überzeugt, dass diese Welt und dieses irdische Leben nicht alles ist. Ohne den Glauben an Gott hätte mein Leben keinen Sinn.«

»Und wem verdankst du diesen Glauben? Ist es nicht die Kirche, die dafür gesorgt hat und immer noch sorgt, dass die von Gott offenbarten Wahrheiten unverfälscht von Generation zu Generation weitergegeben werden? Sag mir Eckhard, wenn du kein Kirchgänger bist, warum pilgerst du dann nach Santiago und dazu noch so oft?«

»Aus vielen Gründen. Einen verrate ich dir. Meine Vorfahren väterlicherseits stammten aus dem Sudetenland. Nach Ende des zweiten Weltkrieges wurden meine Großeltern von Tschechen ermordet. Ist es dann verwunderlich, dass ich gegen die Tschechen, gelinde gesagt, Antipathie hegte? Auf meinem ersten *camino* ging ich mehrere Etappen ausgerechnet mit einem Prager, der in den Westen geflohen war. Ein Kerl wie ein Baum, aber auch eine Seele von Menschen. Als wir in Santiago de Compostela ankamen, war meine Antipathie gegen die Tschechen wie weggeblasen. Ich habe gelernt, auf den einzelnen Menschen zu sehen.«

Die Wirtin, die auch die Herberge führt, bringt uns warmes Essen. Sie ist recht gesprächig:

»Ihr Deutschen seid die besten Ehemänner. Nicht solche Machos wie unsere Paschas und Rummelboxer. Ihr helft sogar im Haushalt mit. Wenn ich einmal heiraten sollte, dann nur einen Deutschen.«

»Sie schmeicheln uns«, entgegnet Eckhard. »Vielen Dank für das Kompliment. Allerdings bin ich schon vergeben, und außerdem trifft das von Ihnen Gesagte auf mich nicht zu. Ich mache daheim keinen Finger krumm.«

»Ihre Aufrichtigkeit ehrt Sie«, sagt die Wirtin und verschwindet in der Küche.

»Ehrlicherweise muss auch ich gestehen, zu Hause so gut wie nicht zu helfen. Das mag an unserer Generation liegen. Die heutige Zeit ist anders. Unsere Söhne haben gelernt, tatkräftig im Haushalt auszuhelfen.«

Das Essen schmeichelt unseren Gaumen nicht minder wie das Bier. Über beides sind wir des Lobes voll.

»In mir steckt ein Virus«, setzt Eckhard unsere Unterhaltung fort, »der mich zwingt, jedes zweite oder dritte Jahr in Richtung Santiago zu pilgern. Mal auf einem der französischen Wege, mal auf dem *camino* durch Nordspanien, mal auf dem Silberweg. In den Jahren dazwischen kutschiere ich im Sommer mit dem Wohnwagen durch die Welt. Kennst du Island, Kanada? Warst du schon in Australien und Neuseeland?«

»Ich kenne keines dieser Länder, obwohl auch ich ein Reiseonkel bin. Ich habe allerdings keinen Wohnwagen. Dein Beruf scheint dir zu erlauben, nicht nur lange, sondern auch recht teure Urlaube zu machen.«

Zu meiner Überraschung weicht Eckhard diesmal nicht aus.

»Ich bin Unternehmer. In meinem mittelständischen Betrieb werden allerlei Produkte aus Kunststoff hergestellt. Es läuft nicht schlecht. Im Sommer schließe ich den Betrieb für zwei Monate. Die Mitarbeiter bekommen in dieser Zeit bezahlten Urlaub. Das zahlt sich auch für mich aus. Arbeiter und Angestellte sind durch die Bank bestens motiviert. Um auf den Jakobsweg wieder sprechen zu kommen, gehst du den Weg immer allein?«

»Nein, nicht immer. Ich bin schon mit meinen Kindern nach Santiago geradelt. Auch mit meiner Frau zweimal gewandert. Sie bekam allerdings so starke Fußschmerzen, dass wir jedes Mal nach etwa zweihundert Kilometern den Weg abbrechen mussten. Und wie schaut es bei dir aus? Immer allein?«

»Während ich auf dem Silberweg radle, geht meine Frau zu Fuß den *camino*. Ich bin in Sevilla, sie in Burgos gestartet. Irgendwo in Galicien werde ich sie einholen. Ähnlich handhabten wir es in früheren Jahren, wenn wir auf dem gleichen Weg wanderten. Meine Frau ging stets einen Tagesmarsch voran oder hinterher. Wir brauchen die Trennung, um zu uns selbst zu finden und Klarheit über unsere Ehe zu bekommen. Bislang ist es uns immer gelungen, unsere Probleme in Griff zu bekommen. Der Pilgerweg ist für unsere Ehe wie Kitt. Jetzt staune ich aber über mich, dass ich dir alles so freimütig erzähle. Eigentlich bin ich ein in sich verschlossener Erdenwurm. Dies Sich-öffnen-Können mag mit dem Pilgerweg zusammenhängen.«

»Es ist leichter, sich einem Menschen anzuvertrauen, den man nicht kennt. Wir haben uns bis vor ein paar Stunden nicht gekannt, und unsere Wege werden sich ein zweites Mal nicht mehr kreuzen. Da fällt es einem leicht, das Herz auf der Zunge zu haben.«

»Das allein kann es nicht sein. Ich fahre oft längere Strecken mit dem Zug, meist nach Berlin. Da begegne ich für einige Stunden fremden Menschen, die ich nie wieder sehen werde. Dennoch habe ich mich keinem geöffnet. Nein, das ermöglicht allein der Pilgerweg, und es bedarf dazu wohl zweier verwandter Seelen. Die Begegnung mit Pilgern macht die Faszination des Weges aus. Ohne Pilger ist ein Pilgerweg nicht denkbar. Ich werde den Baumriesen aus Prag nie vergessen.«

»Eckhard, wir sind die letzten Gäste in der Bar. Es geht auf ein Uhr zu. Du, als Radpilger kannst morgen länger schlafen. Ich muss früh aufstehen. Lass uns zum Federball gehen!«

Leicht schlenkernd, gehen wir in den Schlafsaal. Das genossene Bier blieb nicht wirkungslos. Auf dem Bett liegend, denke ich über unsere Unterhaltung nach. Auch Eckhard schläft nicht. Ich höre, wie er sich in seinem Bett hin- und herwälzt. Das war ein langes, aufrichtiges Gespräch, das so persönlich zu führen, wohl nur auf dem Pilgerweg möglich ist. Und es lief so ungezwungen, so leicht. Eckhards Einwände gegen die Kirche spiegeln, zumindest teilweise, auch meine Schwierigkeiten wider, dennoch habe ich versucht, die von der Kirche begangenen Fehler zu entschuldigen. Warum? An meinen gestrigen Traum mich erinnernd, schlafe ich ein.

Pilgern auf Eisenbahngleisen

29. Tag: Dienstag, 28. August 2007
Von Granja de Moreruela nach Benavente

Schmutz ist wie Müdigkeit und Einsamkeit
ein Element der dem Pilger notwendigen Demut.
Pierre Barret

Im Schlafsaal herrscht vollkommene Dunkelheit. Um niemanden zu wecken, schalte ich das Licht nicht ein. Mit den Händen tastend, suche ich nach meinen Sachen und versuche, mich möglichst geräuschlos anzuziehen. Um sechs Uhr verlasse ich die Herberge. Die Tür quietscht. Eckhard wacht auf und ruft mir zum Abschied zu:

»Du wirst heute eine Überraschung erleben. Benavente ist ein Juwel von einer Stadt. Ihr mittelalterliches Flair wird dich faszinieren. *Buen camino!*«

Die Straße wird auf der rechten Seite von einem Bach begrenzt, in dem kein Wasser fließt. Das ausbetonierte Flussbett wirkt in der Dunkelheit gespenstisch und futuristisch zugleich.

Der Dorfname Granja de Moreruela klingt nicht gerade aufregend – *granja* heißt im Spanischen soviel wie Bauernhof –, immerhin ist es ein klangvoller Name. Granja de Moreruela war kein gewöhnlicher Bauernhof, sondern ein Gutshof, der dem berühmten, weit über Spaniens Grenzen hinaus bekannten Zisterzienserkloster von Moreruela gehörte. Daran erinnert ein Schild am Pfarrhaus von Granja. Santa María von Moreruela, erbaut im zwölften Jahrhundert, war das älteste Zisterzienserkloster auf der Iberischen Halbinsel; heute ist es eine Ruine. Bereits in der vorzisterziensischen Zeit stand da ein Benediktinerkloster. Al-Mansur, der unselige Zerstörer Santiago de Compostelas brannte es nieder. Von Granja zu dem vier Kilometer entfernten Kloster soll es einen Tunnel geben. Dieses Gerücht hält sich hartnäckig, obwohl bis auf den heutigen Tag keine Spur eines unterirdischen Ganges gefunden worden ist. Die Berechtigung für die Existenz eines solchen Fluchtweges steht außer Frage, hätte er doch sowohl in der Zeit der Maurenüberfälle einen Sinn gehabt, als auch später, als es zu Konflikten zwischen den Weißen Mönchen und den benachbarten Grafen Pimentel von Benavente kam.

In Granja de Moreruela gabelt sich der Pilgerweg auf. In nördlicher Richtung verläuft der Silberweg, der in Astorga auf den *camino francés* stößt. In nordwestliche Richtung zweigt der *camino Sanabrés y Ourense* ab. Dieser direkte Weg nach Santiago de Compostela wird gleichfalls durch gelbe Pfeile gekennzeichnet, die allerdings als Zusatz die Buchstaben OR für Ourense tragen. Diesen Weg nahm oder wird Javier nehmen, weiß ich doch nicht, ob mich mein Pilgerbruder bereits überholt hat oder mir noch folgt. In der Bar von San Pedro de Rozados freuten wir uns darüber, dass vor uns noch sechs gemeinsame Tagesetappen lägen. Es ist anders gekommen. Als ob wir es geahnt hätten, dass jener Abend unser letzter werden sollte, hatten wir damals unsere Adressen ausgetauscht. Doch verabschiedet hatten wir uns voneinander nicht. Und nun werde ich Javier mit Sicherheit nie wieder sehen. Der Silberweg ist wie das Leben ein Sich-Nähern dem Tode, mit dem Unterschied, dass wir dieses schrittweise Sterben im Alltag kaum wahrnehmen oder auch verdrängen, während uns auf dem Pilgerweg das tägliche Heimgehen zu Gott sehr bewusst wird. Jeder Abschied ist ein kleines Stück Sterben. ›*Vaya con Dios*, Javier! *Vaya con Dios*, Eckhard!‹ Plötzlich fällt mir auf, dass ich diesen Wunsch ›Geh mit Gott!‹ auf spanisch gedacht und danach im Geiste ins Deutsche übersetzt habe. Je länger ich pilgere, desto heimischer werde ich in der spanischen Sprache. Aber richtig beherrscht man eine Sprache erst dann, wenn man in ihr auch träumt.

Wieder einmal werde ich mit einem farbenfrohen Sonnenaufgang beschenkt. Die rote Scheibe kommt mir heute besonders groß vor. Der Himmel im Osten wechselt in kurzer Zeit violette und gelbe Farben in verschiedensten Schattierungen. Die Natur nahe um mich herum, Felder und Wiesen, sowie weiter in der Ferne, Heine und Hügel, erscheint hell im Licht der Sonne. Im Gesicht verspüre ich die wärmenden Strahlen. Ich bleibe stehen. Schließe die Augen. Alles bildet eine große Einheit: Himmel und Erde, Sonne und Pilgerweg, Natur und ich selbst, Psyche wie Physis, auch. Ich bin klein und nichtig, ein Staubpartikel, und dennoch ein Teil des großen Universums. Fühle mich mit allem eins. Eine Illusion? Mag sein, und doch wie wohltuend!

Ich gehe Stund' um Stunde, ohne zu ermüden. Passiere Dörfer, ohne zu erlahmen: Santovenia, Villaveza del Agua, Barcial del Barco.

Hinter dem letzten Dorf bieten sich zwei Möglichkeiten an, um nach Benavente zu gelangen. Entweder über Castropepe, das bedeutet, streckenweise auf der Nationalstraße zu gehen und später parallel zur Autobahn Madrid-La Coruña, oder über Villanueva de Azoaque, und das heißt, zuerst auf den Gleisen der stillgelegten Eisenbahn zu gehen und hinter Villanueva auf einer vielbefahrenen Straße. Ich entscheide mich für die zweite Variante. Steige die steile Böschung auf den Bahndamm hoch und gehe auf den Schwellen der ehemals von Salamanca über Zamora und Benavente nach Astorga verlaufenen Eisenbahnlinie. Eine gänzlich neue Erfahrung. Die Abstände zwischen den Bohlen sind klein, so dass ich nicht in gewohnter Weise schreiten kann, sondern in kleinen Schritten tippeln muss. Zwischen den Bohlen wachsen Ginster und andere hüfthohe Sträucher, die teilweise Schulterhöhe erreichen. Es pickt und zwickt an Händen und Beinen. Indes muss ich oben auf dem Bahndamm bleiben. Anders geht es nicht, es sei denn, ich kehre um, verliere viel Zeit und wähle die auch nicht gerade idyllische Wegvariante über Castropepe.

Nach ein paar Kilometern fordert mich ein neues Hemmnis heraus: Eine Eisenbahnbrücke, die den Río Esla überspannt und die, gelinde gesagt, sich nicht gerade im besten Zustand befindet. Es fehlen einzelne Schwellen und hier und da auch Platten, so dass ich unter mir die Wellen des Río Esla fluten sehe. Alles kommt mir wie in einem Abenteuerfilm vor, in dem ich den Helden spielte. Gut, dass ich schwindelfrei bin. Dennoch ist mir dabei nicht ganz geheuer. So bin ich heilfroh, als ich am anderen Brückenende unbeschadet ankommen bin. Hab Dank, mein Schutzengel!

Hinter der Eisenbahnbrücke krabble ich die Böschung hinab. Dann geht es unterhalb der Brücke weiter und entlang des Río Esla. Auf der kurzen Strecke unter der Brücke besteht der Weg aus Betonplatten.

Auf einer Platte sonnt sich eine Schlange. Ich schleiche auf dem größtmöglichen Bogen, den die Begrenzungen von Fluss und Brückenpfeiler zulassen, um das Kriechtier herum, das freilich von mir keine Notiz nimmt. Danke, treuer Schutzengel, dafür, dass du die Schlange hast schlafen lassen!

Nach überstandenen Gefahren heißt mich ein Paradies willkommen: ein Wäldchen aus duftenden, weithinschattenden Pappeln. Der Weg schlängelt sich entlang des naturbelassenen Río Esla. Keine künstliche Begradigung hat den Fluss seines natürlichen Zaubers beraubt. Herabgestürzte Äste und im Fluss liegengebliebene Bäume formen phantasievolle Gebilde. Wölkchen spiegeln sich im Wasser. Wellen umspülen kleine Inseln. Wald und Fluss würden auch nicht halb so idyllisch auf mich wirken, wäre ich nicht zuvor durch öde Dörfer gewandert.

Villanueva de Azoaque, das letzte Dorf vor Benavente. Ich bin sieben Stunden hintereinander marschiert, unterbrochen lediglich durch eine Pause in der Bar von Barcial del Barco. Am liebsten würde ich bis Benavente durchmarschieren. Indes versagt mir das rechte Bein jählings seinen Dienst. Auch das linke Knie fängt an zu jammern: ›Ich mag nicht mehr!‹ Wenn die Beine streiken, kann selbst der stärkste Manneswille nichts ausrichten, und so lege ich mich neben der lauten, staubigen Straße aufs Ohr.

Irgendwann signalisieren beide Beine grünes Licht. Auf der Straße brummen Lastautos an mir vorbei, doch sind es lediglich drei Kilometer, die ich noch durchzuhalten habe.

In Benavente verliere ich die gelben Pfeile aus den Augen. Die Straße steigt an und endet in einem gepflegten, gartenähnlichen Park. Von hier oben bietet sich eine weite Sicht, nach Westen zum Río Órbigo, nach Osten zum Río Esla hin. Im Park protzt durch Prunk und Pracht ein Parador, der wie alle Paradores, zu den luxuriösesten und teuersten Hotels gehört, die Spanien zu bietet hat. Eigentlich möchte ich nur erfragen, wo sich in Benavente die Pilgerherberge befinde, dennoch traue ich mich nicht, mit meinen staubigen Sachen und schmutzigen Schuhen in diese Welt der roten Teppiche und kristallenen Lüster einzudringen. Schließlich überwinde ich mich und trete in die heiligen Hallen der Reichen und Vornehmen ein. Welch Überraschung! Ich werde nicht hinausgeworfen, sondern im Gegenteil auf das freundlichste begrüßt, als gehörte ich zu den gutbetuchten Gästen. Der Empfangschef händigt mir einen Stadtplan von Benavente aus, beschreibt präzise den Weg zur Pilgerherberge und nimmt sich sogar Zeit, um mir etwas über die Vorgeschichte dieses Paradors zu erzählen. Einer der aus Portugal stammenden Grafen de Pimentel habe hier einen Burgpalast, den Castillo de la Mota, bauen lassen, der nach Berichten früherer Reisender und Schriftsteller zu den prachtvollsten Spaniens gezählt habe. In den napoleonischen Kriegen sei er zerstört worden. Übrig geblieben sei allein ein Festungsturm, der *Torreón del Caracol*[77], heute ein Teil des Paradors. Im Innern berge er eine kunstgeschichtliche Kostbarkeit sondergleichen: eine getäfelte Decke im Mudéjarstil. Zum Schluss begleitet mich der Empfangschef bis zur Eingangstür.

---

77 *caracol* (spanisch: Schnecke)

Torreón del Caracol (Schneckenturm) am Parador von Benavente

Draußen bleibe ich stehen und staune Bauklötzer. Heiliger Bimbam! So eine Liebenswürdigkeit hätte ich mir nicht im Traum vorstellen können!

Bevor ich weiter gehe, werfe ich einen Blick auf den aus Ziegeln erbauten Festungsturm, eine Stilmischung von Gotik und Renaissance. Trotz seiner Höhe von zwanzig Metern und der über zwei Geschosse reichenden zylindrischen Ecktürme wirkt er gedrungen, was an seiner beachtlichen Breite liegen mag.

Die Pilgerherberge ist im alten Bahnhof von Benavente untergebracht. Leider wird sie erst um acht Uhr geöffnet. Jetzt ist es kurz nach drei. Mich lechzt nach einer Dusche, und ich möchte liebend gern die von Eckhard hoch gepriesene mittelalterliche Stadt besichtigen, aber ohne Kleiderschrank auf dem Rücken. So beschließe ich, in einem *hostal* zu übernachten. Bevor ich ins Zentrum gehe, ruhe ich mich auf einer Bank vor dem Bahnhof aus. Hinter den Bahngleisen breitet sich ein Park aus, in dem Kinder unterschiedlichen Alters miteinander spielen.

In der Pension La Trucha genieße ich, wie nie zuvor, ausgiebigst die Dusche. Erfrischt und mit einem *café con leche* gestärkt, mache ich mich auf, die Stadt zu erkunden. Als erstes die Kirche Santa María del Azogue[78]. Die Klarheit ihrer Bauformen weist auf zisterziensischen Einfluss hin. Die fünf mächtigen Apsiden sind harmonisch aufeinander abgestimmt. Der gewaltige rechteckige Verteidigungsturm besticht als Pendant zum *Torreón del Caracol* und ist sogar vier Jahrhunderte älter. Auch das Querhaus wirkt äußerst massiv. Das Innere der Kirche beeindruckt durch ruhige Erhabenheit. Welch Ausgeglichenheit zwischen massigem Mauerwerk und lichtem Raum!

Die Plaza Mayor ist, verglichen mit derjenigen von Salamanca, mit ihren Maßen von achtzig mal neunzig Schritt klein. Es ist so, als vergliche man Rothenburg ob der Tauber mit Köln. Trotz, nein, wegen ihrer Kleinheit beeindruckt mich die Plaza: belegt mit Fliesen, umsäumt von Säulengängen, eingerahmt durch Rathaus und Gericht, durch die Kirche San Juan del Mercado und von Häusern mit schmiedeeisernen Balkonen. Dank ihrer Ausgewogenheit und Überschaubarkeit wirkt sie zutiefst heimelig. Klein, aber fein. Zu Recht hatte Eckhard Benavente als das Juwel spanischer Städte bezeichnet.

Auf der Plaza Mayor beginnt einen Tag vor Fronleichnam die *fiesta del toro*[79]. Hemingway hat mit seinem Roman »Fiesta« das Stierfest von Pamplona weltbekannt gemacht. In der baskischen Stadt rennen junge Männer zur Fiestazeit, von Stieren gejagt, durch die Straßen. In Benavente wird der Spieß umgedreht. Hier jagen Männer, Jung und Alt, einen Stier. Der Stier wird von ein paar waghalsigen Männern an einem langen, an den Hörnern angebundenen Seil durch Gassen und Straßen gezogen. Dahinter folgt die Meute schreiender Männer.

Die Kirche San Juan del Mercado wurde fast auf das Jahr genau wie die Kirche Santa María del Azogue erbaut, allerdings

---

78 *azogue* (spanisch: Quecksilber). Im Namen dieser Kirche bedeutet *azogue* soviel wie Markt, wie das entsprechende Wort im Arabischen heißt.

79 *fiesta del toro* (spanisch: Stierfest)

von anderen Bauherren: den Johannitern. Welch Bauboom! Welch Glaubenskraft steckte dahinter! Von außen zu sehen sind drei Schiffe, drei halbrunde Apsiden und drei Portale, unter denen das Südportal herausragt. Wann immer ich in Santiago de Compostela war, begeisterte mich an der Kathedrale Meister Mateos Werk, der *Pórtico de la Gloria*. Das Südportal der Kirche San Juan del Mercado weist gewisse Ähnlichkeiten mit Mateos Meisterwerk auf. Wie jenes ist auch dieses in den achtziger Jahren des zwölften Jahrhunderts entstanden. Dort wie hier bestechen die Skulpturen durch reife, für jene frühe Zeit weit entfaltete Formen. Dort wie hier erblickt man am Gewände neben anderen Propheten Moses. In beiden Portalen sind die vier Evangelisten durch Symbole dargestellt. Dennoch gibt es einen maßgeblichen Unterschied. Im Tympanon des Mittelportals vom Meister Mateo weist der Erlöser, sitzend dargestellt, mit erhobenen Händen auf seine Wundmale hin. Das zentrale Thema in diesem Tympanon hier stellt hingegen die Epiphanie dar. In der Mitte steht aufrecht, das Jesuskind in ihren Armen haltend, die Muttergottes. Links von ihr bringen die heiligen Drei Könige ihre Geschenke dar, rechts im Hintergrund stützt sich der heilige Josef auf einen Stab.

Ich gehe in die Kirche hinein. Bevor die heilige Messe beginnt, habe ich genügend Zeit, um den Altar des heiligen Ildefons, dessen Tafeln Szenen aus dem Leben des Heiligen zeigen, zu bewundern. Mehr begeistern mich die schmalen Alabasterfenster in der Apsis.

Nach der Messe verspüre ich Hunger. Eigentlich hatte ich vor, das *Hospital de la Piedad*[80] zu besichtigen, das Graf Alonso Pimentel für Pilger hatte bauen lassen. Laut Rajus Pilgerführer sollen dort unterschiedliche Pilger darstellende Türklopfer sein. Mein knurrender Magen meldet jedoch gegenüber dem Kunstgenuss Prioritätsansprüche an, und so kehre ich in die Pension zurück.

---

80 *piedad* (spanisch: Barmherzigkeit)

Zum Abendessen gibt es – wie sollte es in einem *hostal* mit dem Namen La Trucha[81] auch anders sein? – Forelle. An den Nachbartischen speisen Gastarbeiter. Sie sprechen eine Sprache, die ich keinem Land zuordnen kann. Alle trinken Wasser, nur ich genehmige mir als Schlaftrunk einen trockenen Landwein.

Das frischbezogene Bett ist für mich der Garten Eden. Ich sauge Duft und Sauberkeit tief in mich ein. Tagsüber erlebte ich ein Wechselbad der Gefühle. In den Morgenstunden der märchenhafte Sonnenaufgang und das beglückende, leichtfüßige Vorankommen. Dem entgegengesetzt folgte der halsbrecherische Weg über die schadhafte Eisenbahnbrücke und die Angst, von einer Giftschlange gebissen zu werden. Dann wieder ein Paradies: der duftende Pappelwald und Río Esla, eine Augenweide. Alles erneut zerstört vom Schmutz und Staub der Straße und vom Schmerz der Beine. Und so ging es gegensätzlich weiter. Freude über den zuvorkommenden Empfangschef des Paradors und Enttäuschung über die geschlossene Pilgerherberge. Dann wieder ein Paradies: die himmlische Dusche. Und jetzt das Gefilde der Seligen: dieses saubere Bett. Der Weg hat mich heute etwas Wesentliches gelehrt: Schmutz und Schmerz, Müdigkeit und Einsamkeit gehören zum Pilgerdasein. Werden sie ausgehalten, mehr noch, werden sie bejaht, dann erstrahlt anschließend die Welt im neuen Licht, ja in ihrer paradiesischen Schönheit.

81 *trucha* (spanisch: Forelle)

Esthers Tränen trocknen nicht

30. Tag: Mittwoch, 29. August 2007
Von Benavente nach Alija del Infantado

Herr, wo kann ich Dich finden?
Hoch und verborgen ist Dein Ort.
Und wo soll ich Dich nicht finden,
ist doch die Welt Deiner Ehre voll.
Jehuda ha-Levi

Frühstück bekomme ich in der Pension zu dieser frühen Morgenstunde nicht, und so bleibt mir allein die Hoffnung, im nächsten oder übernächsten Dorf eine geöffnete Bar vorzufinden. Der Pilgerweg verläuft auf der Landstraße. Auf der Fahrbahn liegen in einem kurzen Abstand hintereinander zwei zerquetschte Schlangen. Beide haben das Wettrennen gegen die Autos verloren.

Nach einigen Kilometern zweigt der Pilgerweg von der Landstraße ab. Nun geht es über sanfte Hügel durch eine liebliche Landschaft. Ginster und Heidekraut, Pappeln und Steineichen wechseln einander ab. Ein Weg nach dem Herzen der Pilger. Die stillgelegte Eisenbahnlinie kommt zum Vorschein, und weiter im Westen werden hohe Berge sichtbar.

Die Bar in Villabrázaro ist geschlossen. Ein eigenartig aussehender Ort. Die Dorfstraße mag wohl an die 50 Meter breit sein. Für ein Dorf recht ungewöhnlich. Ich setze mich auf den Rinnstein und stärke mich mit Brot. Da ich meinen geliebten *café con leche* nicht bekommen kann, begnüge ich mich mit Wasser. Alles in allem benötigt der Mensch wenig Nahrung. Etwas Brot, etwas Käse, vor allem aber viel, viel Wasser. Wasser zum

Trinken und zum Waschen. Damit Leben entstehen konnte, brauchte es Wassers, das auf unserem blauen Planeten vorhanden war und gottlob noch vorhanden ist. Aber wie lange wird es für alle Menschen ausreichen? Hier und jetzt ahne ich, welch unermessliche Bedeutung das Wasser für uns hat. Wohl erhöht Wein die Lebensfreude, lebensnotwendig ist allein Wasser.

Mückenschwärme schwirren um meinen Kopf herum und zwingen mich aufzubrechen. Im nächsten Dorf, in Maire de Castropone, das gleiche Bild: die Bar geschlossen, die Dorfstraße unverhältnismäßig breit.

Wieder einmal führt der Weg über eine romanische Brücke, Puente de la Vizana. Sie ist nicht lang, aber sehr hoch und wölbt sich förmlich über den zu dieser Jahreszeit ungewöhnlich viel Wasser führenden Río Órbigo. Bei dieser Brücke handelt es sich nicht um den »*Paso Honroso*«, den »Ehrenhaften Übergang«, der weiter nördlich in Hospital de Órbigo den Fluss überspannt und berühmt wurde durch den Ritter Don Suero de Quiñones. Dieser einst tatsächlich lebende Don Quijote hatte aus Liebe zu seiner angehimmelten Dulzinea alle Ritter des Abend- wie des Morgenlandes zum Lanzenstechen herausgefordert und die Brücke, wie von ihm gelobt, bis zum Brechen von dreihundert Lanzen verteidigt.

Dank der Bewässerung ist das Tal überaus fruchtbar. Der Mais steht dicht und hoch. Längs des Weges wachsen Pappeln. Ihre silbergrünen Blätter singen im Windhauch. Ein Bauer, Sense in der rechten Hand, Regenschirm in der linken, zieht ins Feld hinaus und zeigt, mir zugewandt, mit seinem Gewitterverteiler auf den bewölkten Himmel. Darauf, dass es bald regnen könnte, weisen die vielen Gewitterfliegen hin. Hinter dem Feld reiht sich Erdhügel an Erdhügel. Auf jedem ragt oben eine schornsteinähnliche Entlüftung heraus. Es sind Weinkeller. Zutreffender müssten sie Weinhöhlen heißen.

Am Eingang des Dorfes Alija del Infantado, was soviel wie Land des Infanten heißt, veranschaulicht ein völkerkundliches Museum regionale Geschichte. An der Information erfahre ich, dass ich, um die Schlüssel für die Pilgerherberge zu bekommen, ins Oberdorf zu *señora* Maruca gehen müsse. Bevor der Weg von der Straße zum Oberdorf abzweigt, geht es an einem großen Anker vorbei. Ein Marinedenkmal in Kastilien mitten auf dem Land? Diese Wunderlichkeit hat ihre Ursache in der Dorfgeschichte. Unverhältnismäßig viele Dorfbewohner wurden Seeleute; die ersten zu der Zeit, als Kolumbus, einen neuen Weg nach Indien suchend, in See stach.

Señora Maruca, ein rühriges, um das Wohl der Pilger bemühtes Mütterchen, händigt mir einen riesigen Torschlüssel aus und zeigt einen Blumenkübel, in dem ich, wie sie sagt, morgen nach dem Verlassen der Herberge das Monstrum verstecken solle. Ihr Mann begleitet mich bis zur Herberge. Unterwegs macht er mich an einem kleinen Platz auf *Rincón de la Judería*, den Judenwinkel, aufmerksam.

Die Pilgerherberge, untergebracht im ersten Stock eines baufälligen Hauses, war früher eine Wohnung. Das Erdgeschoss beherbergt eine Bar. *Señor* Maruca entschuldigt sich, dass er nicht mit mir hochkomme, weil die Treppe für ihn viel zu steil sei.

Die Pilgerherberge ist schlicht eingerichtet. Es gibt zwar Wasser, aber nur kaltes. Der Fußboden ist uneben. Die sich krümmenden Holzbohlen knarren. Diese alten Herbergen sind für mich immer wieder Oasen der Freude. An eine Siesta ist allerdings bei dem Lärm, der aus der Bar heraufdringt, nicht zu denken, und so raffe ich mich dazu auf, in meinem Tagebuch zu schreiben.

Wer im Glashaus sitzt, soll nicht mit Steinen werfen. Als Sohn eines Volkes, das wie kein zweites mit dem Holocaust Schuld auf sich geladen hatte, sollte ich den Spaniern ihre Verfehlungen den Juden gegenüber nicht vorhalten. Wenn ich aber andrerseits den Leidensweg der Spaniolen, wie die spanischen Juden bezeichnet werden, zu schildern unterlasse, versündige ich mich selbst am Volk des Alten Bundes. Ich hätte die traurige Geschichte der Spaniolen bereits an meinem ersten Pilgertag erzählen sollen, als ich in Sevilla durch die engen Gassen und Winkeln des ehemaligen Ghettos wanderte.

In der Antike war Palästina sowohl das religiöse, als auch das nationale Zentrum des Judentums. Juden wurden sie von Nichtjuden genannt. Sie selbst sprachen von sich als vom Volk Israel. Vereinzelt kamen Juden vor der Zerstörung des Jerusalemer Tempels nach Spanien. Nach dem missglückten Aufstand gegen die Römer wurden viele Juden als Kriegsgefangene in die Provinzen Baetica und Lusitania verbannt. Im Oströmischen Reich, das später über Palästina herrschte, nahm im Laufe der Jahre die feindselige Haltung von Kaisern und Patriarchen gegenüber den Juden zu. Es kam zu Repressionen, die sich bis zum Verbot der jüdischen Religion steigerten.

Daraufhin emigrierten Juden massenweise nach Spanien. Die Westgoten, damals noch Arianer, gewährten ihnen für die Ausübung ihrer Religion volle Freiheit. Die Lage änderte sich dramatisch, als König Rekkared I. vom arianischen zum katholischen Glauben übertrat. Nun betrieben auch die westgotischen Herrscher antijüdische Politik. Der Leidensweg der Juden auf spanischem Boden begann. Verfolgungen und Zwangstaufen waren an der Tagesordnung. Esthers Tränen flossen reichlich den Ebro hinab.

Die Mauren wurden von den spanischen Juden als Befreier vom westgotischen Joch begrüßt. Als Schriftbesitzer wurde ihnen von den Muslimen die Ausübung ihres Kultus erlaubt. Ihre soziale Lage verbesserte sich. Jüdische Kaufleute trieben erfolgreich Handel. Vom Vorteil gegenüber nicht jüdischen Kaufleuten erwies sich der Umstand, dass sie in allen Ländern Glaubensbrüder hatten und somit sprachliche und soziale Verbindungen. In Al-Andalus, wie das maurische Spanien hieß, wuchs Ansehen und Bedeutung der Juden. Sie wurden Ratgeber von Emiren, Minister und Leibärzte von Kalifen. Jekutiel Abn Isaak ben Hasan beriet den König von Zaragoza. Schemu'el-ha-Nagid stieg zum Wesir des Emirs von Granada auf. Rabbi Chasdai ben Schaprut, berühmt als Arzt, Gelehrter und Diplomat, führte die Staatsgeschäfte im Omaijaden Kalifat von Córdoba. Als Dank dafür, dass er König Sancho von

León von dessen Fettleibigkeit geheilt hatte, erhielt er zehn Festungen. Juden wurden wohlhabend und trugen ihrerseits zur hohen Kulturblüte von Al-Andalus maßgeblich bei. Dem Ruf der Mauren folgend, wanderten Tausende Juden aus Asien und Afrika ein. Das spanische Judentum erlebte seine goldene Zeit. Rabbi Mose ben Maimon, der größte jüdische Denker des Mittelalters, schrieb seine philosophischen, literarischen und medizinischen Werke in arabischer Sprache. Mit dem Versuch, Religion und Philosophie in Übereinstimmung zu bringen, beeinflusste er nachhaltig die Scholastik.

Mit dem Fortschreiten der *reconquista* wurden die Mauren von den siegreichen Heeren der christlichen Königreiche weiter und weiter in den Süden zurückgedrängt. In ihrer Not riefen sie ihre Glaubensbrüder aus Afrika zu Hilfe. Die Almoraviden, eine fanatische Berbersekte, kamen und machten den moslemischen Rest der Iberischen Halbinsel zu einer afrikanischen, von Marokko aus regierten Provinz. Sie betrieben eine Politik der radikalen Islamisierung. Nun wurde das ausgewählte Volk auch in Al-Andalus verfolgt. Esthers Tränen rannen in Strömen den Guadalquivir hinab.

Im christlichen Norden wandelte sich während der *reconquista* die Lage der Juden zum Guten. Sie wurden als Siedler gebraucht; erhielten Land in den zurückeroberten Gebieten; kämpften sogar gegen die Mauren. Juden wurden den Christen gleichgestellt. Tötete jemand einen Juden, so wurde er genauso streng bestraft, als ob er einen christlichen Ritter getötet hätte. Juden wurden als Handwerker und Kaufleute hoch geschätzt, vor allem aber als Ärzte. Josef-ha-Nasi ben Ferrizuel, der Leibarzt König Alfons VI., rief seine Glaubensbrüder in Al-Andalus auf, in den christlichen Norden einzuwandern, und diese kamen zu Tausenden. Toledo wurde zum Mittelpunkt abendländischer Kunst und Wissenschaft. Der Erzbischof von Toledo hatte ein Kollegium aus Rabbinern und Klerikern berufen, das alle Werke Platons aus dem Arabischen ins Lateinische übersetzte und auch alle Bücher von Aristoteles. Auf diesem Umweg gelang die

Kenntnis der griechischen Philosophie ins Abendland. Das von Juden geprägte Toledo wurde zum »zweiten Athen«.

Spanien wurde zur Wiege jüdischer Mystik. Hier erblühte – wohl der größte Beitrag des spanischen Judentums zu ihrer Religion – die Kabbala, eine Schriftenreihe, die sich mit dem geheimen Sinn des Alten Testaments beschäftigt. Die kabbalistische Lehre erklärt, wie der Kosmos entstanden ist als Entfaltung des Gottesnamens aus den hebräischen Buchstaben. In Spanien wurde ein besonderer jüdischer Ritus entwickelt: der sephardische. Gepredigt wurde in Spaniol, einem mit Hebräisch vermengten Altspanisch. In der Musik gab der von kastilischen Elementen gespeiste Romanzero den Ton an.

Christen war in jener Zeit verboten, Geld gegen Zins zu verleihen. Diese Lücke füllten die Juden. So wurden sie zu Geldwechslern und Geldverleihern schlechthin. Deren schnelles Reichtum rief bei Christen Neid und Eifersucht hervor. Jüdische Finanziers, die den Königen Geld beschafften, standen unter dem besonderen Schutz der Krone.

Dieses Privileg machte sie dem Volk verdächtig. Viele Juden betätigten sich als Pfandleiher und Steuereintreiber, deren harte Methoden wurden eine der maßgeblichen Ursachen für das Aufkommen von antijüdischen Gefühlen. All das führte zur Feindschaft zwischen Christen und Juden, die sich bis zum Antisemitismus steigerte.

Als in Spanien der Schwarze Tod wütete, wurden Juden beschuldigt, Brunnen vergiftet zu haben. Von einem fanatischen Priester aufgehetzt, plünderte der Pöbel jüdisches Eigentum, brannte jüdische Häuser nieder. Viertausend Juden wurden ermordet. Um ihr Leben zu retten, traten zweihunderttausend Juden zum Christentum über. Nach den Massenübertritten errichteten Krone und Kirche Schranken zwischen Neuchristen, wie die Konvertiten genannt wurden, und Juden. Das 4. Laterankonzil schrieb vor, dass Juden in abgeschlossenen Vierteln wohnen mussten. Mischehen zwischen Christen und Juden wurden verboten.

Getaufte Juden, die sich zu allen Berufen und Ämtern Zugang verschafft hatten, bildeten eine wohlhabende Mittelschicht, was wiederum zu sozialen Spannungen führte. Neu erlassene Blutreinheitsvorschriften schlossen die Konvertiten von öffentlichen Ämtern aus. Von nun an wurde in mehreren Berufen der Nachweis nichtjüdischer Abstammung gefordert.

Als Juden und Konvertiten beschuldigt wurden, einen Ritualmord an einem Christenkinde begangen zu haben, entlud sich an ihnen Wut und Hass des Pöbels in blutigen Ausschreitungen. Auch die Beschuldigung der Hostienschändung führte zu Pogromen.

Aus Angst, Juden und Neuchristen könnten Einheit und Reinheit des katholischen Glaubens gefährden, wurde als neue Institution die Inquisition gegründet. Ihr Generalinquisitor, der Dominikanermönch Tomás de Torquemada, verfolgte mit Strenge und Grausamkeit die Ausrottung der Ketzer, was dazu führte, dass die Inquisition im ganzen Lande Furcht und Schrecken verbreitete. Esthers Tränen strömten in Unmengen den Tajo hinab.

Die endgültige Vertreibung der Juden aus Spanien brachte das Schicksalsjahr 1492. Mit dem Fall des maurischen Königreichs Granada ging die *reconquista* zu Ende. Juden wurden der Krone entbehrlich. Mit der Entdeckung Amerikas, gleichfalls 1492, verschaffte sich die Krone eine neue Goldquelle. Ebenfalls in diesem Schicksalsjahr unterzeichnete Königin Isabella ein Vertreibungsedikt, was zum jähen Ende des Judentums in Spanien führte. Juden wurde befohlen, sich innerhalb eines viertel Jahres taufen zu lassen oder auszuwandern. Die Schuld an der Vertreibung – welch Ironie des Schicksals! – wurde den Juden selbst zugeschrieben, weil angeblich keine Hoffnung bestanden hätte, dass sich die Konvertiten von ihrer Vergangenheit freimachten könnten, solange Juden in Spanien blieben. Dreihunderttausend Juden verließen mittellos das Land in eine ungewisse Zukunft. Sie wurden in alle vier Winde zerstreut. Im Gegensatz zu Aschkenasim, den Juden aus Osteuropa, wurden sie Sephardim, Südjuden, genannt. Viele zogen nach Portugal, wo sie bereits nach vier Jahren nochmals das gleiche Vertreibungsschicksal erlitten. Einige kehrten in das Land der Väter, nach Erez Israel, zurück. Jeder Wassertropfen im Atlantik ist eine Träne Esthers und auch jeder Wassertropfen im Mittelländischen Meer.

In keinem anderen Ort auf dem Silberweg hätte ich mit mehr Berechtigung über das Schicksal der Juden nachdenken können als in *Alija del Infantado*. »Alija« bedeutet im biblischen Hebräisch soviel wie Wallfahrt, Hinaufziehen der Juden zum Tempel in Jerusalem. Nach dem Holocaust änderte sich seine Bedeutung. Alija bezeichnet jetzt die Einwanderungswellen von Juden nach Palästina.

Von der Bar dröhnt es noch immer laut herauf. So verzichte ich endgültig auf die Siesta und gehe stattdessen ins Unterdorf einkaufen. Im Dorfladen bekomme ich Käse und Sardinen, Oliven und Tomaten, Joghurt und Mineralwasser, aber kein Brot. Die Verkäuferin lässt mich wissen, dass es im Dorf eine Bäckerei gebe.

Ich trete direkt in die Backstube ein, einen Laden gibt es nicht. Welch verführerischer Geruch! Sofort erwachen in mir Kindheitserinnerungen. Wenn Mutter mich mit einem Blech Streuselkuchen zum Bäcker geschickt hatte, dann verweilte ich in der Backstube meist länger als nötig, um den Brotgeruch und, winters, die warme Luft auf mich einwirken zu lassen.

Alija del Infantado ist sonderbar strukturiert. Westlich der mit dem Pilgerweg übereinstimmenden Hauptstraße erhebt sich das Oberdorf, östlich das Unterdorf. Das ist nichts Ungewöhnliches. Die Plaza Mayor aber und die wichtigsten Gebäude, die sonst in der Dorfmitte stehen, liegen in Alija am östlichen Rand des Dorfes. Die Plaza Mayor ist umgrenzt von der Kirche San Verísimo, deren Anfänge bis ins 13. Jahrhundert zurückreichen, von den Ruinen des Castillo de Infantado, dessen hohe Wehrmauern aus dem 10. Jahrhundert stammen und dessen Türme heute von Störchen okkupiert werden, sowie vom

Rathaus, dessen Turmnische von zwei Figuren beherrscht wird: einer Bäuerin im roten, grünen und gelben Trachtenkleid und einem Bauern in schwarzer, roter und weißer Trachtenjacke.

Die halbe Plaza Mayor ist in eine prähistorische Siedlung umgewandelt worden. Auf meinem Weg begegnete ich, allerdings nur im Geiste, den Völkerschaften, die in frühen Zeiten Spaniens Flussläufe bewohnten: in Andalusien den Tartessiern am Guadalquivir, in der Extremadura den Lusitaniern und Cynesiern am Guadiana sowie den Lusonen am Tajo und schließlich in Kastilien den Vaccäern am Duero. Hier in Alija kann ich das Leben eines solchen prähistorischen Stammes mit meinen Sinnen wahrnehmen. Mit meinen Augen kann ich die Siedlung übersehen: den kaum ein Meter hohen Palisadenzaun, drei Hütten und eine Feuerstelle, die aus zusammengebundenen Stangen und einem herabhängenden Kessel besteht. Mit meinen Händen kann ich die zum Trocknen ausgebreiteten Wildschweinfelle betasten, auch die am Toreingang aufgestapelten Büffelknochen und die auf Stangen befestigten Tierschädel, die wohl böse Geister hatten abschrecken sollen. Schade, dass meine Ohren nicht mehr die kehligen Urlaute hören können, mit denen sich die ersten Jäger zur Bärenjagd aufputschten. Der Hüttenaufbau – ein steiles Rieddach, das auf niedrigen Pfählen aufgestellt und mit Tierschädeln abgeschlossen ist – erinnert an Hütten, die ich vor Jahren in einem Ewenkendorf im fernen Sibirien gesehen habe. Könnte das darauf deuten, dass die Urbewohner Spaniens aus Asien gekommen waren? Noch streiten sich die Gelehrten darüber, ob die Iberer aus Asien oder Afrika eingewandert seien.

Glocken rufen zur Abendmesse. Wieder ist die Kirche angesichts der geringen Größe des Dorfes mit erstaunlich vielen Männern und Frauen gefüllt, und das an einem Werktag. Und wieder sind auffallend viele junge Menschen darunter. Doch nur wenige empfangen die Kommunion. In Deutschland ist das umgekehrt. Selbst sonntags kommen nur wenige Menschen zur Messe, aber fast alle kommunizieren.

Nach dem Abendessen, in der Herberge zubereitet, verewige ich mich mit einem Satz im Pilgerbuch. Unterm gestrigen Datum trug sich Katarzyna aus Warschau ein. Die Polin scheint eine Frohnatur zu sein. Mit ein paar wenigen Strichen hat sie ein lustiges Bild gezeichnet. Sie schreibt, dass sie wie so oft schon allein übernachte, aber nichtsdestotrotz munter und vergnügt sei. Auch ich übernachte wieder einmal allein. Meine Stimmung jedoch ist gedämpft, obwohl ich sonst kein Kind von Traurigkeit bin. Das Nachdenken über den Leidensweg der Spaniolen hat mich wehmütig gestimmt.

Katarzyna – Gesicht der Namenlosen

31. Tag: Donnerstag, 30. August 2007
Von Alija del Infantado nach La Bañeza

Mit jedem Schritt lassen wir
einen Teil unserer Seele zurück.
Und mit jedem Schritt nehmen wir
Teile derer in uns auf,
die uns vorangegangen sind.
Danke Weg, dass du unsere Seele
nährst.
Barbara Haag

Im Mondschein finde ich den von *señora* Maruca bezeichneten Blumenkübel und verstecke darin den Schlüssel. Im Mondschein wandere ich auf der Straße nach La Nora del Río, dem ersten der fünf Dörfer der heutigen Etappe. Im Mondschein entdecke ich auf den Feldern Mais und Kartoffeln, Kohl und Tomaten, nur keinen Weizen, und das, obwohl Kastilien die Kornkammer Spaniens ist.

Auf der Straße torkelt vor mir ein Betrunkener. Seinen Kopf verdreht er weit zur Schulter hin, mal nach rechts, mal nach links. Mit der rechten Hand zieht er an einer Leine seinen Hund hinter sich her. Mit der linken stützt er sich auf einen drei Meter langen Stab, den er nicht am Schaft, sondern an einem Ende festhält, wodurch das andere Ende über die Straßenmitte hinausragt. Wie unverantwortlich von dem Trinker, sich in seinem Zustand auf der vielbefahrenen Straße herumzutreiben! Als ich an ihm vorbeigehe, merke ich, was mit ihm los ist. Er ist nicht betrunken, sondern körperlich und geistig behindert. Wie ungerecht ich war! Mich überkommt ein Gefühl abgrundtiefer Scham.

In La Nora ist die Bar geöffnet. Der junge Wirt hat den Schlaf noch nicht aus den Augen geschüttet. Über seine Lippen kommt kein Wort. In den schmutzigen Klamotten ist er eine Beleidigung fürs Auge. Ich bin froh, wieder draußen zu sein, aber auch dankbar dafür, einen heißen Milchkaffee bekommen zu haben.

Der Morgen gähnt vor Müdigkeit. Die Sonne hat heute verschlafen. Der Tag will und will nicht aufwachen. Nebel wabbelt über der Straße. Frühtau benetzt die Wiesen. Es geht bereits auf den Vormittag zu, dennoch herrscht noch Dunkelheit. Wo bleibt mein Morgengeschenk, der paradiesische Sonnenaufgang?

Zwischen Genestacio und Quintana del Marco stehen am Straßenrand zwei alte Männer und reden aufeinander so heftig ein, dass sie meinen Gruß nicht vernehmen. Was mag sie dazu gebracht haben, sich so weit außerhalb der Dörfer zu treffen?

Quintana del Marco. In der Fassade der Pfarrkirche entdecke ich einen steinernen Kopf des römischen Kaisers Marc Aurel. Marc Aurel in einer katholischen Kirche? Er war zwar ein milder und wohltätiger Herrscher, ließ aber andrerseits Christen verfolgen, indem er alle neuen Religionen verboten hatte. Auf den Namen dieses Kaisers geht der Dorfname Quintana del Marco zurück.

In Villanueva del Jamuz sitzt vor seinem Gartenhaus ein Bauer. Er stützt sich so auf eine Harke, als wäre sie ein Krückstock. Froh, eine lebende Seele zu sehen, spricht er mich an. Er hält mich für einen Franzosen und erzählt, zwischendurch französische Vokabeln einfügend, dass er in der Nähe von Bordeaux gearbeitet habe. Ich versuche ihm begreiflich zu machen, dass ich aus Deutschland komme, doch er überhört meine Worte. Mit seiner Harke zeigt er auf umherflatternde Schwalben und sagt, dass es ihm Vergnügen bereite, zu beobachten, wie die Jungen fliegen lernten.

Irgendwann wird es doch noch hell, ohne dass die Sonne zum Vorschein gekommen wäre. Heute verläuft der Weg auf einer Strecke von einundzwanzig Kilometern durchgehend auf der Straße. Des Öfteren werde ich von Lastautos überholt. Höchste Eisenbahn, ein Wort des Lobes über die Lastwagenfahrer zu sagen und ein Dankeswort. Während der vielen Tage meines Pilgerns wichen sie stets mit ihren Brummern, wenn sie an mir vorbeifuhren und die Verhältnisse es zuließen, auf die gegenüber liegende Straßenseite aus. Anders verhielt es sich mit den Fahrern von Sportwagen, aber auch mit den Lenkern von Straßenflöhen. Zur Schande meines Geschlechts muss ich gestehen, dass Frauen rücksichtsvoller fuhren. In der Mehrzahl bremsten sie ab, sobald sie mich sichteten, während dies bei den Männern kaum der Fall war. Wenn allerdings Frauen auf dem Beifahrerplatz saßen, dann benahmen sich die Möchtegern-Gentlemen vorbildlich. Ich sollte mich hüten, so etwas zu verallgemeinern. Aber nach einem Weg von über siebenhundert Kilometern, der lange Strecken auf vielbefahrenen Autostraßen verlief, kann diese Behauptung als statistisch signifikant angesehen werden.

Gelbe Pfeile leiten mich zu der Pilgerherberge von La Bañeza, die in einem Außenbezirk der Stadt liegt. Einem Anschlag entnehme ich, dass der Schlüssel im Haus Nummer 2, schräg gegenüber der Herberge, zu bekommen sei. Eine *doña* schließt mir nicht nur die Herberge auf, sondern zeigt mir auch alles: den mit vielen Etagenbetten ausgestatteten Schlafsaal, den geräumigen Aufenthaltsraum, die gut eingerichtete Küche, die sauberen Bäder. In La Bañeza, sagt sie, gebe es eine Gesellschaft der Freunde des Silberweges namens Monte Urba, Bergstadt. Jahr für Jahr wanderten sie auf verschiedenen Pilgerwegen nach Santiago de Compostela, jeweils rund dreihundert Kilometer. Im vorigen Jahr hätten sie eine Ausstellung über die Jakobswege in der Provinz León ausgerichtet, begleitet von Vorträgen und Seminaren. Der Motor aller Aktivitäten sei Don Arturo Cabo, der hiesige Pfarrer von der Kirche San Salvador. Der Pfarrer sorge sich auch um die Pilger. Aber, so erzählt sie weiter, dass schuldeten die Menschen von La Bañeza der Geschichte, schließlich habe es in der Stadt schon vor tausend Jahren ein Pilgerhospiz gegeben. Sich verabschiedend, wünscht sie mir einen angenehmen Aufenthalt in der Stadt und fügt hinzu, dass ich sie jederzeit aufsuchen könne, falls ich irgendwelche Fragen hätte.

Ich schaue mich in der Herberge um. An den Wänden hängen Landkarten, Fotos von früheren Pilgerfahrten und viele von Danksagungen überquellende Grußkarten. Auf Tischen liegen Bücher und Berichte über die Vía de la Plata aus. Eine Romanze, die Tista Rubio Nistal der Jakobsgesellschaft Monte Urba widmete, fällt mir in die Hände. Darin fragt der Dichter:

Wohin wanderst du, Pilger, Tag und Nacht, mit Wanderstab und Rucksack, durch Wälder und Felder? Warum wanderst du, Pilger, auf Pfaden und Wegen, durch Weiher und Städte, über Berge und Täler? Warum? Warum? Was suchst du? …

Ich fühle mich angesprochen. Außer dem eigentlichen Beweggrund, über mein Leben nachzudenken, motivieren mich so viele andere, dass ich am liebsten den Dichter bitten möchte, mir auch nur einen einzigen Grund zu nennen, weshalb ich nicht auf dem Silberweg pilgern sollte.

Nach der Siesta suche ich in der Innenstadt eine Pizzeria auf und verschlinge mit Heißhunger eine mit Meeresfrüchten reichlich belegte Pizza. Die Bedienung, eine schwarzhaarige, schwarzäugige junge Frau mit dunklem Teint, könnte eine Peruanerin sein. Gern hätte ich sie danach gefragt, unterlasse es aber aus Angst, dass sie es als Anmache missdeuten könnte. Immer, wenn sie lächelt, und sie lächelt oft, vertiefen sich ihre Wangengrübchen. In Deutschland wird so wenig gelacht. Selbst junge Menschen wirken bei uns oft todernst. Wenn wir das Lachen verlernen, wird uns auch das Menschliche schlechthin abhanden kommen.

In der Pizzeria speist außer mir niemand mehr. Doch viele Sonnyboys kommen auf eine Sprung herein, trinken am Tresen eine *copa* Rotwein und fahren mit ihren Flitzern, die zwischendurch auf der Straße abgestellt, Autos behindert hatten, mit Karacho davon. Ich könnte mir denken, dass sie weniger des Weins als der »Peruanerin« wegen herkommen. Und die Bedienung schenkt nicht nur jedem eine *copa* ein, sondern beschenkt auch jeden mit ihrem bezaubernden Lächeln. Das Lächeln kostet sie nichts und beglückt alle, die es empfangen, überreichlich.

Am schwarzen Brett der Pilgerherberge habe ich gelesen, dass in der Kirche San Salvador um acht Uhr eine heilige Messe gelesen werde. Doch als ich an der direkt am Pilgerweg gelegenen Kirche ankomme, stellt sich heraus, dass sie wegen Renovierungsarbeiten geschlossen ist. Der unselige Al-Mansur brannte auch diese aus dem neunten Jahrhundert stammende Kirche nieder. Die Renovierungsarbeiten haben allerdings mit Al-Mansurs Zerstörungswerk nichts zu tun, wurde doch die Kirche bereits im elften Jahrhundert wieder aufgebaut.

In La Bañeza, mitten in der Stadt, steht eine zweite Kirche, *Iglesia de Santa María*. Ihr mächtiger, aus Quadersteinen erbauter Turm passt eher zu einer Burg, denn zu einem Gotteshaus. Als ich das Kirchenschiff betrete, nähert sich die Abendmesse dem Ende. Ein jünglinghaft aussehender Priester teilt die Kommunion aus. Nach der Messe will er von mir wissen, woher ich komme und wie ich heiße. Als er meinen Vornamen erfährt, klärt er mich darüber auf, dass in der Nähe von La Bañeza Prämonstratenser noch heute ein Kloster unterhielten, freilich mit wenigen Patres und Fratres.

Auf dem Rückweg begleitet mich ein zwölfjähriger Junge. In der Schule, sagt er, habe er als zweite Fremdsprache Deutsch gewählt. Um den Weg kurzweiliger zu gestalten, fragen wir uns gegenseitig Vokabeln ab, dabei schneide ich schlechter ab als der kleine Schlaumeier.

In der Pilgerherberge angekommen, fühle ich mich nicht müde genug, um mich schlafen zu legen, und so blättere ich im Gästebuch. Gestern hat Katarzyna, die Polin aus Warschau, hier übernachtet. Ihre Stimmung indes war gegensätzlich zu ihrer Gemütslage vorgestern in Alija del Infantado. Sie schreibt, sie fühle sich allein und sei traurig. Heute, Katarzyna, fühlst du dich in Astorga gewiss nicht mehr allein. Womöglich begegnetest du unter den zahlreichen Pilgern sogar eigenen Landsleuten.

Katarzyna, ich kenne dich nicht, weiß nicht, wie du aussiehst, ob deine Augen blau oder olivgrün, deine Haare blond oder kastanienbraun sind. Ich weiß nicht, ob deine Nase lang oder kurz, dein Kinn rund oder spitz ist. Und doch verkörperst du für mich, weil ich dich nie gesehen habe, Tausende und aber Tausende Pilger, denen ich nie begegnet bin. Dein mir unbekanntes Gesicht ist das Gesicht aller Pilger. So wie du dich vorgestern in Alija fröhlich gefühlt, so freuten sich unzählige Pilger, die während eines langen Jahrtausends den Silberweg gingen, über Sonnenaufgänge, über ein Schluck kalten Wassers, über Begegnungen mit anderen Pilgern. Und so wie du dich gestern in La Bañeza traurig und gottverlassen gefühlt, so kämpften auch die vielen namenlosen Pilger gegen Einsamkeit und Müdigkeit, gegen Hunger und Fußschmerzen an. Katarzyna, ich weiß nicht, wie du aussiehst und wie jene Namenlosen aussahen, aber das weiß ich, dass alle, die den Pilgerweg vor mir gegangen sind, und alle, die den Pilgerweg noch nach mir gehen werden, wenn sich niemand mehr auf dieser Erde an mich erinnern wird, dass sie alle, auch dich und mich, ein und das gleiche Ziel vereint: der Leuchtturm des Glaubens, Santiago.

Der Weg hat ein Ziel

32. Tag: Freitag, 31. August 2007
Von La Bañeza nach Astorga

Wir kennen die Zukunft nicht,
aber wir kennen,
was viel mehr ist als sie:
das Ziel.
Reinhold Schneider

Mein letzter Pilgertag. Fünfundzwanzig Kilometer und ich bin am Ende des Silberweges angelangt: in Astorga. Meine Befürchtung, ich könnte den Weg aus La Bañeza hinaus verfehlen, hat sich als unbegründet erwiesen. Als ob der Weg bemüht wäre, bei mir den besten Eindruck zu hinterlassen, sind auf dem Pflaster der Straßen und Plätze, an Häusern und Straßenlaternen dicht an dicht gelbe Pfeile gemalt und zwischendurch gelbe Muscheln. Die Freunde des Silberweges von La Bañeza haben ganze Arbeit geleistet.

Die ersten drei Wegkilometer bis Santiago de la Valduerna verlaufen auf der Straße, die folgenden drei bis Palacio de la Valduerna auf einem zickzackförmigen Feldweg. Mal geht es im spitzen Winkel nach links, mal nach rechts. Dank des mir gut gesonnenen Mondes verirre ich mich nicht. Das Nachtgestirn geizt nicht mit seinem Licht. Die morgendliche Kühle verleitet dazu, im Sturmschritt zu marschieren, um warm zu werden. Wie anders war es vor vier Wochen in Andalusien, als ich selbst in den Nächten schwitzte!

In Palacio de la Valduerna, einem alten Städtchen, das einst im Besitz der Herrschaft der Bazares war, erwartet mich eine

Überraschung. Die Bar ist geöffnet, und so kann ich mich zu dieser frühen Morgenstunde an einem Frühstück erfreuen: am französischen Omelett und heißen *café von leche*.

Nachdem ich das Städtchen verlassen habe, bleibe ich auf dem Feldweg wie angewurzelt stehen. Am östlichen Horizont steigt die Sonne auf. Gestern ließ mich das Tagesgestirn im Stich, heute bietet es ein Herz und Sinne beglückendes Schauspiel. Im Bewusstsein, dass dieser Sonnenaufgang für lange Zeit der letzte ist, den ich zu Gesicht bekomme, genieße ich ihn aus tiefster Seele. Daheim verschlafe ich gewöhnlich das Himmelsmirakel.

Der Feldweg steigt einen flachen Hügel hinan. Auf der Erde entdecke ich hier einen Pfeil aus Steinchen, da ein Kreuz aus Wiesenblumen. Ich habe den Verdacht, dass Katarzyna die Wegzeichen gelegt habe. Die Polin ging diesen Weg gestern. War sie da schon guten Mutes? Obwohl ich keine Ahnung habe, wie Katarzyna aussieht, bin ich dennoch davon überzeugt, dass ihre Mundwinkel nach oben zeigen. Es ist erstaunlich, dass ich glaube, zusammen mit Menschen zu pilgern, denen ich niemals begegnet bin. Eine Eigenheit des Pilgerweges? Eine noch größere Kostbarkeit des Pilgerweges besteht darin, dass wir tatsächlich nie allein gehen. Immer begleitet uns unser Schutzengel.

Parallel zum Feldweg verläuft im Abstand weniger Schritte ein Trampelpfad. Ein Geschenk des letzten Wandertages? Das Grün der jungen Steineichen, das leuchtende Gelb des Ginsters, das dunkle Violett und der würzige Duft des Heidekrauts bezaubern mich, lassen mich jodeln und in Freudenrufe ausbrechen: oh und ah! Noch ist es zu früh, um eine Rast einzulegen, doch ich möchte diese Landschaft auf mich einwirken lassen, mich an dieser Stimmung erfreuen, jede Sekunde diesen Tages auskosten, und so lege ich mich dennoch aufs Gras, das Gesicht der Sonne zugewandt. Schatten musste ich nicht suchen. Die Sonne wärmt zwar schon, aber sie brennt noch nicht. In vollen Zügen genieße ich diesen letzten Pilgertag. Ich zelebriere meinen Abschied vom Silberweg. Mit den Augen verschlinge ich die roten und weißen Blüten von wildrosenähnlichen Blumen. Ich präge das Bild der Hochebene so tief in mich ein, als gälte es, diese kastilische Landschaft für immer und ewig im Gedächtnis aufzubewahren. Mit jedem Zug atme ich den Sommer, den Wind, die Stille ein. Welch Duft verströmt das Buschwerk um mich herum! Wie angenehm, den Windhauch im Gesicht zu spüren! Ich freue mich auf zu Hause, und doch wünschte ich mir, dass dieser Tag nie endete. Welch Wonne, einfach so dazuliegen, nicht nachdenken zu müssen darüber, welche Rechnung bezahlt, wer angerufen, was alles noch erledigt werden müsste! Einfach nur vor sich herträumen. Unvorstellbar, dass ich morgen nicht mehr den Rucksack schultern, nicht mehr durch Felder und Wälder wandern, mich nicht mehr am Rhythmus von Gehen und Rasten, von Singen und Beten erfreuen sollte. Der Gedanke, den Pilgerweg morgen nicht mehr zu gehen, lässt mich traurig werden. Am liebsten bliebe ich ewig so liegen.

Irgendwann stehe ich auf und gehe, ein Lied summend, weiter. Nach einigen Kilometern fällt der Weg sacht ab, verläuft an einer Eisenbahnstation vorbei und senkt sich hin zum Río Turienzo. Nochmals eine gut erhaltene römische Brücke. Als wollte mich der Weg daran erinnern, dass Römer die Via de la Plata erbaut hatten. Ich nehme mir Zeit, die vierbögige Brücke im Tagebuch zu skizzieren. Unter den zwei mittleren Bögen fließt spärlich Wasser, unter den zwei äußeren wächst hier und da im trockenen Flussbett büschelförmig Gras.

Der Weg steigt abermals leicht an. Von der Höhe kann ich die Türme der Kathedrale von Astorga sehen und dahinter die Berge der Maragatería. Als ich im Jahre 1998 nach einem Monat des einsamen Pilgerns auf dem *camino* den Monte Gozo erstieg und die Türme der Kathedrale von Santiago de Compostela erblickte, wäre ich am liebsten vor lauter Freude bis zur Kathedrale gerannt. Wie anders heute! Sehnlichst wünsche ich mir, dass der Weg weiter und weiter ginge. Ich weiß, das ist nicht möglich. Der Rückflug ist gebucht, das Flugticket liegt im Rucksack. So versuche ich, wenigstens die Ankunft in Astorga um ein paar Stunden hinauszuschieben. Ich lenke meine Schritte in ein Föhrenwäldchen, um dort Siesta zu halten.

Einschlafen kann ich nicht. Die Sehnsucht, bis zum eigentlichen Ziel, dem Grab des heiligen Jakobus, weiter zu pilgern, übermannt mich. Wieviel dummes Zeug redete ich einst über Weg und Ziel! Vor der Katholischen Hochschulgemeinde Meschede berichtete ich vor Jahren über die Wegerfahrungen, die ich, von Saint-Jean Pied de Port nach Santiago de Compostela pilgernd, gemacht hatte. Nach dem Vortrag kam es zu einer kontroversen Diskussion. Jemand fragte mich, ob ich mir vorstellen könne, einen so langen Weg zu wandern ohne das Ziel Santiago, vielmehr nur kreuz und quer durch Spanien zu gehen. Ich bejahte es. Ein Freund, der früher zusammen mit mir in einer neunzehnköpfigen Pilgergruppe nach Santiago geradelt war, verneinte dies heftig und tadelte mich. Ob ich mich denn nicht erinnerte, fragte er, wie glücklich wir gewesen seien darüber, dass wir alle nach überstandenen Strapazen, nach Durchfall und Sonnenstichen, am Ziel, in Santiago, angekommen seien, der zehnjährige Jüngste ebenso wie die sechzigjährige Älteste? Nein, es komme entschieden auf das Ziel an, bestand mein Freund vehement auf seiner Ansicht: Das Ziel habe uns geholfen, Last und Plackerei des Weges durchzustehen; das Ziel habe uns jeden Tag von Neuem motiviert. Ich entgegnete, das viel zitierte Wort Laotses nachplappernd, der Weg sei das Ziel. So dachte ich damals. Heute, da ich das unbeschreibliche Verlangen verspüre, bis Santiago weiter zu pilgern und es nicht kann, weiß ich, wie Recht mein Freund hatte. Fürwahr, es kommt auf das Ziel an. Das Ziel ist beim Pilgern das allerwichtigste. Der Pilgerweg ist eine Chiffre für unseren Lebensweg. Wir irren im Leben nicht dauernd hin und her, sondern bewegen uns auf ein Ziel hin. Einzelne Etappen, Kindheit und Schulzeit, Berufsentscheidung und Partnerwahl, Familie und Lebensabend, sind auf das letzte Ziel ausgerichtet: auf das ewige Leben. Zweifelsohne machen wir unterwegs wesentliche Erfahrungen und insofern ist der Weg wichtig, aber der Weg selbst ist nicht das Ziel.

Jeder Weg hat vielmehr ein Ziel. Leben heißt, wie es der große spanische Denker Ortega y Gasset ausdrückt, »auf etwas zuwandern«. Eine Stufe höher geht der einstige Münchener Studentenseelsorger der Jesuit Theo Schmidkonz, indem er auch das Ziel beim Namen nennt: »Das Leben hat nicht nur einen Anfang, sondern auch ein Ziel, und dieses Ziel heißt: Gott.« Das bedeutet aber nicht, dass der Weg unwichtig wäre. Den Sinngehalt von beiden, von Weg und Ziel, hat der Dichter und Priester Wilhelm Willms in einer Frage zusammengefasst:

»ist weg und ziel
nicht eins im andern
und alles gehen
himmelreich-erwandern?«

Wie tröstlich, dass ich wenigstens einen Tag in Santiago zubringen werde. Morgen beabsichtige ich mit dem Bus von Astorga nach Santiago de Compostela zu fahren. Der Jumbo-Jet nach Paderborn fliegt am Montag. Der Gedanke, den Sonntag von Morgen bis Abend in Santiago verbringen zu dürfen, beglückt mich.

Immer noch versuche ich, die Ankunft in Astorga zu verzögern. Und so bete ich, was ich sonst im Gehen gemacht habe, den Rosenkranz während der Siesta.

In Cuevas, dem letzten Dorf vor Astorga, springt ein Rudel streunender Hunde auf mich zu. Plötzlich überkommt mich, was ich seit Wochen überwunden zu haben glaubte, panische Angst. Sollte mich mein Schutzengel am letzten Tag im Stich lassen? Die Ungeheuer bleiben – dem Himmel sei's gedankt – kurz vor mir stehen. Fürchterlich heulend, versperren sie mir den Weg. In einem großen Bogen weiche ich den Kläffern aus, froh und dankbar, auch die letzte Wegstrecke heil überstanden zu haben.

Astorgas Kirchtürme und Paläste vor Augen, achte ich nicht mehr auf die gelben Pfeile und verfehle prompt, nun zum letzten Mal, den Weg. Vom Süden her kommend, habe ich den Eingang in die Stadt verpasst. Nun bin ich gezwungen, westlich an Astorga vorbeizugehen, weil die hohe Stadtmauer mir den Eintritt in die Innenstadt verwehrt. Nach einer langen Strecke kommt ein Mauerdurchbruch zum Vorschein, und ich gelange von Norden her in die Altstadt.

Im Verkehrsbüro erfahre ich, dass ein Bus nach Santiago de Compostela morgen um vierzehn Uhr fährt. Eine günstige Zeit. So könnte ich mich am Vormittag in der Kathedrale vom Silberweg verabschieden und Gott für die zweiunddreißig gnadenreichen Pilgertage danken. Die Dame vom Verkehrsbüro ist sich nicht sicher, glaubt aber, dass der Gottesdienst um halb zehn beginne. Neben vielen Prospekten schenkt sie mir einen Stadtplan. Um zur Pilgerherberge zu gelangen, muss ich bis zum südlichen Zipfel der Stadt zurückgehen, diesmal jedoch innerhalb der Stadtmauern.

In der Pilgerherberge geht es laut zu, für mich viel zu laut, nachdem ich das Glück hatte, mich einen Monat lang an der Stille in den Herbergen zu erfreuen. Eine deutsche, recht junge, in einer alten Pilgertracht gekleidete *hostalera* weist mir ein Etagenbett in einem Vier-Bett-Zimmer zu. Auf einem der Betten ruht ein Schweizer Pilger. Der Eidgenosse erzählt, er sei vor siebzig Tagen in Genf losgegangen. In Frankreich, so klagt er, habe es kaum Pilgerherbergen gegeben, und der Weg sei spärlich markiert gewesen. Aber der Weg sei ihm vertraut gewesen, weil er ihn im vorigen Jahr schon einmal gegangen sei.

Anscheinend habe er sich mit dem gleichen Virus infiziert wie ich. Ihn erwischte es stärker noch als mich, denn ich pilgere nach Santiago lediglich jedes dritte Jahr.

Ob es im August auf dem *camino francés* nicht voll gewesen sei, will ich von ihm wissen. Voller als voll, erwidert der Schweizer, aber er befolge eine bestimmte Strategie, die ihm erlaube, nicht mit der großen Masse im Gleichtakt wandern zu müssen. Die meisten Pilger starteten in Roncesvalles am Wochenende. Er habe es so eingeplant, dass er am Mittwoch in dem Pyrenäenort gewesen sei.

Bischofspalast von Antonio Gaudí in Astorga

Nach dem Duschen schlendere ich zum Bischofspalast, um mich im Pilgermuseum umzuschauen. Auf dem Weg von Sevilla nach Astorga begegnete ich den Kulturen vieler Stämme und Völker, der Geschichte der Ureinwohner und Eroberer, wobei die Begegnungen meistenteils im Geiste erfolgten. Dank unzähliger Ausstellungsgegenstände kann ich nun diese Begegnungen mit den Sinnen vertiefen. Einige Exponate, wie die auffällig behauenen Steine, reichen bis in die ältere Steinzeit zurück. Aus der Zeit der Keltiberer können Keramiken der Vaccäer bewundert werden. Überreich ist die Römerzeit vertreten. Skulpturen, Münzen, sogar das Bodenmosaik einer römischen Villa sind zu sehen. Die Entwicklung der Kunst auf spanischem Boden lässt sich vortrefflich nachvollziehen. Der mozarabische

Stil kann am Beispiel von Kapitellen und Säulenschaften aufgespürt werden. Auf einem romanischen Kapitell ist eine Mönchsgemeinschaft durch eine Vielzahl kleiner Köpfe dargestellt, während ihr Abt, erkennbar am Bischofsstab, in voller Körpergröße zu sehen ist. Die typischen Darstellungsweisen des heiligen Jakobus als Pilger, Apostel und Maurentöter sind in Objekten aller Epochen vertreten: in Romanik und Gotik, in Barock und Renaissance. Meine Neugier gilt vornehmlich römischen Straßenkarten und mittelalterlichen Wegplänen. Das prachtvollste ist der Bischofspalast selbst, das nach der Sagrada Familia in Barcelona originellste Werk Antonio Gaudís: ein gotisches Märchen. Der in Wirklichkeit neugotische Bau ist Burg, Palast und Tempel zugleich.

In einem Restaurant an der Plaza Mayor speise ich zu Abend und trinke reichlich Weißwein. Eine ganze Flasche! Das war eine halbe Flasche zu viel. Für den kurzen Rückweg von der Plaza Mayor zur Plaza San Francisco brauche ich viel zu viel Zeit, doch erreiche ich, wobei mir die Angst im Nacken sitzt, just um zehn Uhr die Pilgerherberge. Mein Bangen erweist sich als unbegründet, denn um zehn Uhr wird lediglich das Licht ausgemacht und muss die Nachtruhe eingehalten werden. Geschlossen wird diese Institution für Augenpflege eine Stunde später.

Der Riojawein hat eine mächtige Wirkung hinterlassen, und so bin ich froh, im unteren Bett schlafen zu dürfen. Ob ich, auf der Leiter schwankend, das obere Etagenbett erstiegen hätte, wage ich zu bezweifeln. Der Göttertrank hat auch etwas Gutes zu Folge. Kaum habe ich die horizontale Lage eingenommen, da umschlingen mich schon Morpheus' Arme.

Die verlorene Wette und das gewonnene Wettrennen

33. Tag: Samstag, 1. September 2007
Von Astorga nach Santiago de Compostela

Du hast meinen Fuß bewahrt vor dem Gleiten.
Psalm 116

Obwohl der Eidgenosse kein Licht eingeschaltet hat und sich leise anzieht, wache ich dennoch auf. Ich schaue auf die Uhr. Halb sechs.

»Ich muss mich früh auf den Weg machen«, sagt der Eidgenosse. »Meine schmerzenden Knie erlauben mir nicht, schnell zu gehen. Zwar habe ich mich in Mansilla de las Mullas drei Tage lang ausgeruht, die Knieschmerzen wurde ich aber nicht los.«

Ich wünsche ihm eine möglichst schmerzfreie Etappe nach Rabanal del Camino und werde sogleich vom Schlaf übermannt.

Ein Mann, vermutlich der *hostalero*, poltert ins Zimmer herein, schaltet Licht ein und brüllt:

»Sieben Uhr. Alles aufstehen!«

»Darf ich etwas länger schlafen? Ich habe vor, um halb zehn in die Kathedrale zur Messe zu gehen und am Nachmittag mit dem Bus nach Santiago de Compostela zu fahren.«

»Die Zimmer werden gleich aufgeräumt. Du musst aufstehen. Nebenbei bemerkt, die Messe beginnt um neun Uhr.«

Ausgerechnet heute, da ich hätte länger schlummern können, muss ich mit den Hühnern aufstehen. Nun, ich bin auf dem *camino* und habe Verständnis dafür, dass alle Pilger die

Herberge frühzeitig verlassen müssen. Schließlich wollen die *hostaleros* die vielen Zimmer und Bäder dieser großen Herberge sauber gemacht haben, bevor mittags der nächste Pilgerpulk angewackelt kommt. Immerhin erlaubt mir der *hostalero*, meinen Rucksack in der Herberge zu lassen.

Ich schlendere zur Kathedrale. Der Platz vor dem ehrwürdigen Gotteshaus ist von einem schmiedeeisernen Gitter umgrenzt, dessen Tor verschlossen ist. Nirgendwo eine Tafel, aus der die Gottesdienstzeiten ersichtlich wären. Ein vorbeigehender alter Priester, von mir angesprochen, überlegt unverhältnismäßig lange und antwortet dann: »Die Messe, glaube ich, beginnt um zehn Uhr. Sicher bin ich mir dessen nicht.«

Neun, halb zehn oder zehn Uhr – welche Anfangszeit mag richtig sein? Ich gehe in die Cafeteria des noblen, der Kathedrale gegenüber liegenden Hotels Gaudí. Von meinem Platz aus kann ich das Gittertor sehen und laufe nicht Gefahr, die Messe zu versäumen. Ich genehmige mir ein fürstliches Frühstück: Verlustiere mich an *mantecada*[82] und *hojaldres*[83], erquicke mich am frisch gepressten Orangensaft und am Milchkaffee. Diesen Luxus habe ich mir nach dreiunddreißig Pilgertagen redlich verdient.

Während mir der Kellner die zweite Tasse Milchkaffee serviert, frage ich ihn spaßeshalber: »Wann beginnt die heilige Messe?«

»Heute überhaupt nicht. In der Kathedrale werden Messen sonntags und feiertags gelesen.«

Nun kommt eine vierte Möglichkeit hinzu. Welche wird sich als zutreffend erweisen? Ich bin gespannt, wer recht behalten wird: der *hostalero*, die Dame vom Tourismusbüro, der alte Priester oder gar der junge Kellner? Ginge es um eine Wette, würde ich auf die Dame vom Tourismusbüro setzen, denn sie erschien mir über alles bestens informiert.

---

82 eine Art Butterkuchen
83 ein für Astorga typisches Blätterteiggebäck

Um mir die Zeit nicht lang werden zu lassen, wende ich meine Aufmerksamkeit der Kathedrale zu. Die platereske Hauptfassade, dessen kleine Rosette rosafarben leuchtet, ist von zwei Glockentürmen eingerahmt. Ihr Mittelteil ragt fast so hoch wie die Türme. Von den ockergelben Türmen führen zwei übereinander liegende Reihen von Strebebögen zu der Fassade. Die oberen Strebebögen ähneln venezianischen Brücken.

Neun Uhr. Die Tore der Kathedrale bleiben verschlossen. Der erste Kandidat, der rumpelnde *hostalero*, hat auf jeden Fall Unrecht. Die Situation kommt mir so spannend vor wie die Wahl der um die Ausrichtung von Olympischen Spielen sich bewerbenden Städte, bei der eine Stadt nach der anderen aus dem Rennen ausscheidet.

Halb zehn. Nach wie vor rührt sich nichts. Meine Wette hätte ich verloren, dabei erschien mir die Dame vom Tourismusbüro so überaus kompetent. Doch nun werden die Tore geöffnet. Der alte Priester oder der junge Kellner – wer macht das Rennen? Da schießt mir ein Gedanke durch den Kopf. Es gibt noch eine fünfte Möglichkeit. Die Messe könnte zu einer bislang nicht genannten Zeit beginnen. Ich eile in die Kathedrale und erfahre von einer Ordensschwester, dass die Eucharistiefeier um zehn Uhr beginnen werde, womit die Ehre des alten Priesters gerettet wäre.

Ich schaue mich in dem ehrwürdigen Gotteshaus um. Wie bei allen großen Kirchen, deren Bauzeit sich über mehrere Jahrhunderte erstreckte, finden sich in der Kathedrale von Astorga, deren Bau im 15. Jahrhundert begann und bis zum 18. Jahrhundert dauerte, verschiedene Stilelemente: aus Gotik, Renaissance und Barock. Die Kirche von Astorga selbst ist indes viel, viel älter. Ihr erster Bischof namens Efren sei, so will es die Legende wissen, von einem Apostel eingesetzt worden. Ob es der Pilgerapostel Jakobus oder der Völkerapostel Paulus war – bleibt ein Streitpunkt. Historisch gesichert hingegen ist, dass im Jahr 254 Bischof Basilides die Diözese leitete, womit Astorga unbestritten das älteste Bistum Spaniens ist.

Das hohe, schlanke Mittelschiff, dessen Gewölberippen in bunten Schlusssteinen enden, wirkt sehr hell. Die Raumwirkung wird leider durch das mächtige, das Mittelschiff aufteilende Chorgestühl abgeschwächt. Der vergoldete, in drei waagerechte und sieben senkrechte Bildzonen sich gliedernde Altaraufsatz ist ein Meisterwerk spanischer Renaissance. Die Kathedrale trägt den Namen Santa Maria. Folgerichtig sind im Zentrum des Retabels Mariä Himmelfahrt und darüber Mariens Krönung im Himmel dargestellt.

Nach dem Gottesdienst besichtige ich die Altstadt. An der Plaza Mayor dominiert das Rathaus, dessen Front eine verblüffende Ähnlichkeit zur Kathedrale aufweist. Auch hier wird die Fassade von zwei Türmen flankiert, mit dem Unterschied, dass der Mittelteil der Rathausfassade die Türme überragt. Auch hier führen an venezianische Brücken erinnernde Strebebögen von den Türmen zur Fassade, allerdings nur in einer Reihe. Dort, wo sich bei der Kathedrale die Rosette befindet, prunkt hier eine Uhr, und darüber schlagen zwei *maragatos*[84] am Glockenspiel die vollen Stunden.

Eine Hochzeitsgesellschaft fährt in Kutschen und Autos vor. Die Hochzeiter, in maragatischer Tracht gekleidet, schreiten unter den Klängen von Flöten, Trommeln und Kastagnetten ins Rathaus. Die Braut trägt über einer weißen Bluse ein schwarzes, ausgefallen besticktes Mieder und über einem weißen Rock eine rote Schürze. Der Bräutigam ist in Jacke, Pumphosen und weißes Hemd gekleidet. An den Füßen trägt er hohe Stiefel, auf dem Kopf einen auffallend breitkrempeligen Hut. Alle Frauen der Hochzeitsgesellschaft haben sich mit Kopftüchern feingemacht, mit weißen die Ledigen, mit roten die Verheirateten.

Unweit des Rathauses erhebt sich an der Plaza Romana die Franziskaner Kirche. Die Astorger legen großen Wert auf die Feststellung, dass Franziskus, auf seiner Pilgerfahrt nach Santiago in Astorga weilend, das Kloster selbst gegründet habe.

---

84 Astorgas Ureinwohner, Nachkommen der eingewanderten Berber

Auf der Plaza Romana kann ein glasgeschütztes römisches Mosaik bewundert werden, das einen Bären und mehrere Vögel darstellt. Mitten im Raumensemble der römischen Villa untergebracht, entfaltet dieses Mosaik eine größere Wirkung als das im Bischofspalast für sich allein stehende Bodenmosaik. Die Thermen der Villa waren mit einer Bodenheizung ausgestattet.

An der Stadtmauer angekommen, kann ich, vom Garten der Synagoge aus nach Westen schauend, den sagenumwobenen Berg Teleno und einzelne Goldminen sehen. Römische Gefangene büßten, in den Minen malochend, ihre Strafen ab. Das Gold wurde mit Karren auf dem Silberweg bis Sevilla und von dort mit Segelschiffen bis Rom transportiert, wo es zu Münzen geprägt wurde. Der Silberweg hätte somit genauso gut Goldweg heißen können.

Weiter im Nordwesten wird das Maragatería genannte Land vom Rabanal gekrönt. Dieser hohe Berg wird wohl allen Jakobspilgern wegen der großen Strapazen, die er jedem abverlangt, unvergesslich bleiben. Und als wäre die Bergbesteigung nicht anstrengend genug, so schleppen Pilger auch noch Steine hoch, um diese oben, am Cruz de Ferro, zeichenhaft für all das Schwere, das sie belastet, abzulegen.

Unruhe überkommt mich. Die Dame vom Tourismusbüro täuschte sich bezüglich der Anfangszeit der Messe. Womöglich stimmt auch die von ihr genannte Busabfahrtszeit nicht. Ich hole vorzeitig meinen Rucksack aus der Pilgerherberge und eile zum Busbahnhof. Alles trifft so zu, wie es die gute Dame gesagt hat. Der Busbahnhof steht an der Stelle, die sie im Stadtplan angekreuzt hat. Die Abfahrtszeit stimmt auf die Minute mit der von ihr genannten überein. Nur ein winziges Detail lässt zu wünschen übrig. Einen freien Platz für die Fahrt gibt es nicht mehr. Als ob der Fahrkartenverkäufer an meiner Mimik erkannt hätte, dass mich diese Lappalie nicht gerade erfreute, ruft er mir zu, dass am Nachmittag auch ein Zug nach Santiago de Compostela fahre, er aber die genaue Abfahrtszeit nicht kenne.

Auf der Stelle mache ich kehrt, nehme die Beine unter den Arm und haste zum Bahnhof. Der Anzeigetafel zufolge fährt der Zug nach Santiago um 14.44 Uhr ab, also in einer Minute. Nun sprinte ich zum Bahnsteig. Hier tummeln sich viele Fahrgäste, vom Zug indes ist nichts zu sehen. Verunsichert, wende ich mich an einen der Wartenden:

»Ist der Zug nach Santiago de Compostela schon abgefahren?«

»Nein, aber er müsste jeden Augenblick ankommen. In welchem Wagen ist Ihr Sitzplatz? Wo wir stehen, wird ungefähr der Wagen Nummer 18 halten.«

»Ich möchte im Zug die Fahrkarte lösen.«

»Sie benötigen eine Platzkarte. Eine Reservierung ist für diesen Zug unabdingbar.«

Haste was kannste laufe ich in die Bahnhofshalle zurück. Gott sei's gedankt, steht niemand vor dem Schalter. Der Fahrkartenverkäufer ist aufgeregter als ich:

»Rennen Sie! Der Zug fährt gleich ab.«

In Windeseile geht es durch die Unterführung zum Bahnsteig zurück. Vom Zug ist nach wie vor nichts zu sehen. Dann kommt eine Durchsage:

»Der Zug nach Santiago de Compostela hat zwanzig Minuten Verspätung.«

Uff! War das eine Hetz! Für gewöhnlich ärgere ich mich, wenn Busse oder Züge unpünktlich sind. Über diese Verspätung jauchzt mein Herz. Was Engel nicht alles fertig bringen! Sogar tonnenschwere Züge können sie mit ihren unsichtbaren Flügeln bremsen. Die Wette um die Anfangszeit der Messe hätte ich verloren, das Wettrennen mit der Zeit aber habe ich gewonnen.

Vor zwölf Jahren fuhr ich auf dem *camino* mit dem Zweirad. Diesmal habe ich beabsichtigt, von Astorga nach Santiago de Compostela auf vier Rädern zu fahren, und rolle nun auf mehr als hundert Rädern. Ich frage mich, warum Spanier dem Zug gegenüber Busse bevorzugen? Die Zugfahrt kostet soviel wie die Busfahrt, dauert kürzer und ist bequemer. Das einzige Argument, das für die Busfahrt spricht, ist der Umstand, dass man mit dem Bus bis in die Stadtmitte gelangt.

An mir jagen hohe Berge vorbei und viele Stauseen. So hoch kamen mir die Berge nicht vor, als ich zu Fuß pilgerte, und auch nicht, als ich mit dem Fahrrad nach Santiago de Compostela fuhr. Um mir die Zeit zu verkürzen, lese ich in den Psalmen.

Du hüllst dich in Licht wie in ein Kleid,
du spannst den Himmel aus wie ein Zelt.
Du nimmst dir die Wolken zum Wagen,
du fährst einher auf den Flügeln des Sturmes.
Du machst dir die Winden zu Boten
Und lodernde Feuer zu deinen Dienern.
Du lässt die Quellen hervorsprudeln in den Tälern,
sie eilen zwischen den Bergen dahin.
Du tränkst die Berge aus deinen Kammern,
aus deinen Wolken wird die Erde satt.
Du lässt Gras wachsen für das Vieh,
auch Pflanzen für den Menschen …
und Wein, der das Herz des Menschen erfreut …
Du hast den Mond gemacht als Maß für die Zeiten,
die Sonne weiß, wenn sie untergeht.
(Psalm 104)

Mehrmals wiederhole ich, von der Richtigkeit überzeugt und mit Dank erfüllt, den 8. Vers aus dem 116. Psalm: »*Du hast meinen Fuß bewahrt vor dem Gleiten.*«

Pünktlich um zwanzig Uhr zehn fährt der Zug in den Bahnhof von Santiago de Compostela ein. Für den Fußweg bis zu der Pilgerherberge benötige ich eine halbe Stunde. Die Herberge, ein riesiger Komplex, in dem auch das Priesterseminar untergebracht ist, liegt in freier Lage vor dem Belvís Park. In langen Sälen aufgereiht, stehen schätzungsweise vierhundert oder gar fünfhundert Betten den Pilgern zur Verfügung. Etagenbetten gibt es, Gott sei's gedankt, nicht. Zu jedem Bett gehört ein abschließbarer Spind.

Der Speisesaal befindet sich im Untergeschoss. Ein spanischer Pilger, schätzungsweise so alt wie ich, setzt sich zu mir an den Tisch gemäß dem Motto: Alt gesellt sich zu Alt, Jung zu Jung. Mitleidig schaut er auf mein karges Essen: Sardinen, Brot, Käse. Er wirft seinen Spirituskocher an, zeigt mir einen Batzen Fleisch und fordert mich auf, es zu betasten. Das Fleisch, sagt er, sei noch kalt, obwohl er es am frühen Morgen gekauft habe. Mir ist nicht danach, rohes Fleisch zu betatschen, und vergewissere dem Spanier, dass ich es auch so glaube.

Trotz des Stimmenwirrwarrs vernehme ich hinter mir polnische Wortfetzen. Ich drehe mich um. Ein paar junge Leute sprechen miteinander polnisch. Sie kämen aus Stettin, beantworten sie meine Frage, und seien von Burgos bis Santiago zu Fuß gepilgert.

Als ich die Treppe zum zweiten Obergeschoss hochsteige, fällt mir ein, dass Ana, Irena und Wanda auch von Burgos aus auf dem *camino* pilgern und Ende August in Santiago ankommen wollten. Morgen werde ich nach ihnen Ausschau halten.

Omega und Alpha

34. Tag: Sonntag, 2. September 2007
Santiago de Compostela

Man soll nicht ängstlich fragen:
Was wird noch kommen?,
sondern sagen:
Ich bin gespannt,
was Gott noch mit mir vorhat.
Selma Lagerlöf

Die Pilgerherberge liegt der Altstadt gegenüber leicht erhöht. Vom zweiten Stock aus sehe ich die Kathedrale. Ihre Türme erheben sich im scharfen Kontrast zu dem im Westen rot leuchtenden Himmel.

Nach dem Frühstück wasche ich zum letzten Mal meine Wäsche. Auf dem Programm stehen heute zwei Besuche. Der erste gilt dem Pilgerapostel. Gemächlichen Schrittes gehe ich zur Kathedrale, um dort die drei seit alters her üblichen Pilgerriten zu vollziehen. Von der großflächigen Plaza do Obradoiro steige ich die vielen Treppenstufen hinauf und gelange durch das Westportal in das Haus des Apostels. In dem ältesten Führer des Weges nach Santiago, dem »Codex Calixtinus«, verfasst von dem Priester Aymeric Picaud im 12. Jahrhundert, heißt es über die Kathedrale: »Wer traurig und beladen in die Kirche tritt, wird beim Anblick des vollkommenen Bauwerks froh und glücklich werden.« Froh und glücklich war ich bereits, bevor ich die Kirche betrat. Jetzt, beim Anblick des Pórtico de la Gloria, frohlockt mein Herz über alle Maßen. Jetzt bin ich überglücklich.

Nun folgt der erste Ritus. Ich lege ich Hand an die Mittelsäule des Pórtico de la Gloria, deren Kapitell die Dreifaltigkeit darstellt. Das Anfassen der Säule bedeutet soviel wie: Ja, ich glaube. Mit der Berührung bekräftige ich meinen Glauben an den Vater, den Sohn und den Heiligen Geist. Ja, mit dieser Berührung lege ich zeichenhaft das apostolische Glaubensbekenntnis ab.

Im Mittelschiff gehe ich bis zur Vierung und reihe mich in der Schlange der vor dem Hauptaltar wartenden Pilger ein. Bald bin ich an der Reihe, steige die schmale Treppe hinter dem Altar hinauf und vollziehe den zweiten Ritus: Ich umarme von hinten die Figur des heiligen Jakobus. Diese Umarmung heißt soviel wie: Ich bin da. Ja, ich bin am Pilgerziel angekommen.

Zum Schluss steige ich in die kleine, unter dem Altar liegende Krypta hinab und, den dritten Ritus vollziehend, knie vor der Silberurne nieder, in der sich die sterblichen Überreste des Pilgerapostels und die seiner beiden Jünger, Athanasius und Theodosius, befinden sollen. »Heiliger Jakobus, du weilst bei Gott, aber hier, an deinem Grab, bist du für uns auf Erden noch handfest spürbar. Dein Grab ist uns eine Brücke, die zum Himmel führt. Jakobus, du warst nicht von Anfang an der große Heilige. Vieles an dir war allzumenschlich. Hast du nicht vom Herrn für dich den ersten Platz an seiner Seite im Himmel gefordert? Warst du, Donnerbruder, nicht furchtbar zornig? Weil dir irdische Versuchungen nicht fremd waren und du ihnen mitunter nachgabst, traue ich mich, dich anzurufen und um deine Fürsprache bei Gott zu bitten. Heiliger Jakobus, erflehe für mich beim Herrn die Gnade, dass er mir die Kraft schenke, den Weg zu gehen, den er für mich bestimmt hat!«

Ich verlasse die Kathedrale durch das *Platerías*[85] genannte Südportal. Im Gegensatz zum Pórtico de la Gloria, das mit der Verherrlichung Christi ein klares, gut geordnetes Programm

---

85 *platero* (spanisch: Silberschmied, Juwelier). Vor diesem Portal boten und bieten noch immer Silberschmiede Kreuze und Kettchen, auch Silbermuscheln in allen möglichen Größen und diverse Devotionalien feil.

aufweist, stehen an der Puerta de las Platerías alt- und neutestamentliche Darstellungen planlos nebeneinander: große Reliefplatten neben kleinen Skulpturen, der Harfe spielende König David neben den anbetenden drei Königen, Adam und Eva neben der Versuchung Jesu, das Sternbild des Schützen neben einem Mann, der sich selbst den Bart ausreißt. Dieses überbordende Sammelsurium kam zustande, weil Figuren vom früheren Nordportal im Nachhinein im Südportal eingebaut wurden. Auf einer Reliefplatte oberhalb der Mittelsäule entdecke ich das älteste Christusmonogramm: Chi und Rho, die ersten zwei Buchstaben der griechischen Schreibweise des Namens Christi. Innerhalb dieses Monogramms findet sich eine kuriose Darstellung eines anderen Christusmonogramms, α und ω. Der erste und der letzte Buchstabe des griechischen Alphabets versinnbildlichen Anfang und Ende. Sie sind Synonyme für Christus gemäß dem Wort, das in der Johannes Offenbarung aufgezeichnet ist: »Ich bin das Alpha und das Omega, spricht Gott, der Herr, der ist und war und der kommt, der Herrscher über die ganze Schöpfung.« Das Kuriose in dem Monogramm an der *Puerta de las Platerías* besteht darin, dass die Reihenfolge der beiden Buchstaben vertauscht ist, was aber kein Versehen ist, sondern Absicht war. Denn ω und α besagen, bezogen auf Pilger, dass das Ende ihrer Pilgerreise der Beginn ihrer Heimreise ist. Zugleich wird der Pilger ermahnt, nach dem Ende seines alten, sündhaften Lebenswandels eine neue, gottgefällige Lebensweise zu beginnen. Das gilt für jeden Pilger, auch für mich. Als ich die Jakobusfigur umarmt habe, ist der Silberweg für mich endgültig zum Abschluss gelangt. Mein Omega. Indem ich aus dem Haus des Apostels durch die *Puerta de las Platerías* hinausschreite, beginnt auch für mich ein neuer, ein innerer Weg, der Pilgerweg des Alltags, in dem es gilt, mich zu bewähren, und dessen Ziel die Himmelspforte ist. Mein Alpha. Beide Wege sind zueinander koinzident. Die Aufgabe des Silberweges bestand vornehmlich darin, die Sehnsucht nach dem inneren Weg zu schüren.

Einen Steinwurf von der Kathedrale entfernt steht an der Rúa do Vilar die Casa do Deán, in der das Pilgerbüro untergebracht ist. Hier erhalten Pilger die »*compostelana*«, eine Bestätigungsurkunde für ihre Pilgerschaft, falls sie den Pilgerweg mindestens hundert Kilometer zu Fuß oder mindestens zweihundert Kilometer mit dem Rad zurückgelegt haben. Obwohl ich die siebenfache Strecke gepilgert bin, steht mir die *compostelana* nicht zu, denn allein die letzten hundert Kilometer vor Santiago de Compostela zählen. Das macht mir nichts aus, kleben doch schon zwei *compostelanas* in meinem Fotoalbum. Immerhin bekomme ich einen Stempel in meinen Pilgerpass gedrückt und erfahre überdies, dass die Polinnen vor einer Woche hier waren.

Um halb zwölf finde ich mich erneut im Haus des Apostels ein. Die Pilgermesse beginnt in einer halben Stunde, doch die Kathedrale ist schon jetzt proppenvoll. Ich drängle mich durch das Hauptschiff, dann durch das nördliche Querschiff. Nirgends ein freier Platz. Eine Frau steht auf und verlässt die Kirche. Nun habe ich einen Sitzplatz. Eine gute Viertelstunde lang werden die Namen der heute angekommenen Pilger und Pilgergruppen vorgelesen. Immer wieder braust Beifall auf. So ähnlich geht es zu auf dem Petersplatz in Rom während der wöchentlichen Papstaudienzen. In Santiago ist heute eine große Zahl italienischer Pilger angekommen, darunter auffallend viele Pfadfinder.

Bevor der Gottesdienst beginnt, übt eine Nonne mit uns Lieder ein. Dann ziehen in einer langen Prozession Messdiener und Priester zum Hochaltar. Das Spektakuläre an der Pilgermesse ist das Schwenken des fünfzig Kilogramm schweren, Botafumeiro genannten Weihrauchkessels. Er pendelt zwischen dem nördlichen und dem südlichen Querschiff hin und her und rast dabei mit hoher Geschwindigkeit über den Köpfen der staunenden Pilger. Im Mittelalter diente dieses Weihrauchschwenken zusätzlich der Hygiene. Pilger beteten nicht nur, sondern schliefen auch in der Kathedrale, und so wurde mor-

Westfassade der Kathedrale von Santiago de Compostela

gens vor der Messe mit dem Botafumeiro die Luft gesäubert. Heute wird das Schwenken des Botafumeiros zeichenhaft als innere Reinigung, die der Pilger auf dem Weg erfuhr, gedeutet. Das »Parfüm Gottes« geleitet die Seelen der Pilger himmelwärts.

Das Schwenken des Botafumeiros wird auch von den Einheimischen gern gesehen. Alte Bräuche, christliche wie keltische, sind in Galicien weit verbreitet. Die Grenze zwischen Glaube und Aberglaube ist bei den Galiciern fließend. Fischer flehen mit keltischen Sprüchen um Schutz vor Klippen und Unwetter. Bauern schmücken ihre Maisspeicher mit Kreuzen auf der einen und mit keltischen Fruchtbarkeitssymbolen auf der anderen Stirnseite. Frauen, die sich Kinder wünschen, gehen nachts an den Atlantik, um die Magie der Wellen auf sich wirken zu lassen. Jeder zweite Galicier trägt ein Amulett und glaubt an dessen schützende Macht gegen Geister.

Die mittägliche Pilgermesse wird durch das Katholische, das Weltumspannende, geprägt. In vielen Zungen werden Fürbitten vorgetragen, in verschiedenen Sprachen Lieder gesungen. Mir fällt es leicht, Gott von ganzem Herzen für den Pilgerweg zu danken, und so bete ich, zu tiefst gerührt, den 148. Psalm:

»Lobet den Herrn vom Himmel her,
lobt ihn in den Höhen:
Lobt ihn, all seine Engel,
lobt ihn, all seine Scharen;
lobt ihn, Sonne und Mond,
lobt ihn, all ihr leuchtenden Sterne;
lobt ihn, alle Himmel
und ihr Wasser über dem Himmel …

Lobet den Herrn, ihr auf der Erde …
Feuer und Hagel, Schnee und Nebel,
du Sturmwind, der sein Wort vollzieht,
ihr Berge und all ihr Hügel,
ihr Fruchtbäume und alle Zedern …
ihr wilden Tiere und alles Vieh …

ihr Könige der Erde und alle Völker,
ihr Fürsten und alle Richter auf Erden,
ihr jungen Männer und auch ihr Mädchen,
ihr alten mit den Jungen!
Loben sollen sie den Namen des Herrn;
denn sein Name allein ist erhaben,
seine Hoheit strahlt über Erde und Himmel.«

Nach der Messe füllen sich im Nu die nahe der Kathedrale gelegenen Bars und Speiselokale. Die Casa Manolo ist gerammelt voll. Im Kellergeschoss finden sich noch freie Plätze. Ich bestelle das Tagesmenü. *Pote gallego*[86] wird schnell serviert, auf die gegrillte Seezunge hingegen muss ich lange warten.

Nun wird es Zeit für den zweiten Besuch. Auf dem Weg zu der abseits gelegenen Praziña de San Roque erwünsche ich sehnlichst, dort meinen Freund nicht anzutreffen, was widersinnig klingen mag, es aber nicht ist. An der reizenden Praziña, meinem Lieblingsplatz in der Stadt des Apostels, hat sich seit meinem letzten Besuch nichts verändert. Wie damals so planschen auch heute kleine Kinder am Brunnen, bespritzen sich Jungen gegenseitig mit Wasser, werfen Mädchen den Tauben Brotkrümchen zu. Wie damals so sitzen auch heute bejahrte Galicier auf von Platanen beschatteten Bänken. Und wie damals ist auch heute weit und breit kein Tourist zu sehen. Gespannt werfe ich einen Blick auf die nordwestliche Ecke und stoße einen Freudenruf aus. Mein Freund, mit dem ich auf dem *camino* auf einsamen Etappen Zwiesprache gehalten, Freund Findling, der mich so manches Mal vor Hundeangriffen geschützt, mein drittes Bein, das mich auf glitschig-lehmigen Wegen gestützt, mein alter Freund steht dort nicht mehr, wo ich ihn einst im Regen abgestellt hatte. Eine Leere gähnt mich von der Ecke an, eine mich beglückende Leere. Wie froh bin ich darüber, dass

86 Galicische Kohlsuppe. Sie enthält neben Kohl und Kartoffeln viel Fleisch und Wurst.

sich mein alter Pilgerstab dort nicht mehr langweilt! Wahrscheinlich hat ihn ein Kind für sein Spiel oder ein Pilger für seinen Rückweg benötigt. Wie froh bin ich erst recht darüber, dass Freund Findling kein Denkmalsdasein fristen muss, wie unzählige Pilgerstäbe es im Treppenhaus des Pilgerbüros tun!

Entspannt, ein Lied summend, schlendere ich durch Prazas und Rúas und kaufe in einem Andenkenlädchen Ansichtskarten und, als Mitbringsel für zu Hause, *vieiras*. In alten Zeiten dienten diese handgroßen, fächerförmig gerippten, am nahen Atlantikstrand gefundenen Jakobsmuscheln als Nachweis einer erfolgreich beendeten Pilgerschaft. Mögen diese Andenken meinen Kindern oder Enkelkindern als Pilgerabzeichen dienen, wenn sie sich eines Tages auf den Weg zum Grab des Apostels aufmachen sollten.

Im Café Botafumeiro nehme ich mir viel Zeit, um bunte Ansichtskarten mit Grüßen an Freunde und Verwandte zu bekritzeln. Dabei versüße ich mir die Fronarbeit mit *tarta de Santiago*, einem für die Stadt des Apostels typischen Mandelkuchen, und mit *café con leche*, natürlich mit ganz, ganz wenig Kaffee und viel, viel Milch.

Zum dritten Mal an diesem Tag suche ich gegen sieben Uhr das Haus des Apostels auf. Selbst zu dieser Stunde lärmen hier noch viele Touristen. Allein in der durch eine Glastür vom nördlichen Seitenschiff schalldicht abgeschirmten Kapelle der Anbetung waltet wohltuende, himmlische Stille, die sich nach und nach auch in mir ausbreitet. Die Wochen des Pilgerns auf dem Silberweg, die reichen Erfahrungen, die vielen Pilgergesichter – alles fokussiert in einer Frage: Was bleibt von all dem?

Kein Pilger beendet den Weg so, wie er ihn begonnen. Bei jedem hinterlässt der Weg Spuren, wenn auch nicht so tiefe, wie bei der heiligen Birgitta. Birgitta und ihr Mann Ulf Gudmarsson, ein Ratgeber des schwedischen Königs, führten eine glückliche Ehe, die mit acht Kindern gesegnet war. Im Alter von neununddreißig Jahren pilgerte Birgitta gemeinsam mit ihrem Mann nach Santiago. Die Pilgerreise musste auf beide gewaltig gewirkt haben. Nach dreiundzwanzig Ehejahren beschlossen sie, sich zu trennen, um sich ganz dem geistlichen Leben zu widmen. In Valdestena gründete Birgitta ein nach der Regel des heiligen Augustinus geführtes Doppelkloster für Nonnen und Mönche. Die weltliche Leitung lag in den Händen einer Nonne, die geistliche in denen eines Mönchs. Der Erlöserorden, auch Birgittaorden genannt, breitete sich zwischen Finnland und Spanien rasch aus und verfügte bald über vierundsiebzig Klöster. Birgitta gilt als »ökumenische heilige Frau« und als »Prophetin der Neuzeit«. Eines ihrer Attribute ist – wie könnte es auch nach der durchschlagenden Wirkung ihrer Pilgerreise anders sein? – der Pilgerstab.

Und was hat der Pilgerweg in mir bewirkt? Ich kam nach Spanien als Pilger in der ursprünglichen Bedeutung dieses Wortes: als Fremder. Pilgernd habe ich erfahren, dass der Weg mir ein Zuhause wurde. Fremde wurden zu meinen Freunden. Mehr, viel mehr noch: Engel mit Menschengesichtern begleiteten mich, und ich spürte auf Schritt und Tritt die Nähe Gottes. Ich bin dreiunddreißig Tage zu Fuß unterwegs gewesen und habe dabei wie nie zuvor meinen Körper erlebt und über dieses physisches Erleben zur inneren Ruhe und Ausgeglichenheit gefunden. Der Weg hat mich verändert, vielleicht sogar verwandelt. Meine Sichtweise auf die Welt hat sich geändert. Nur allzudeutlich ist mir bewusst worden, wie meilenweit ich von der Reinheit des Herzens entfernt bin. Vieles habe ich mir für zu Hause vorgenommen. Aber wird mir im Alltag gelingen, es zu verwirklichen? Werde ich durchhalten? Das Wenigste, was ich machen sollte, ist, das zu befolgen, was Jesus von dem Mann aus Gerasa, den er geheilt hatte, forderte: »Kehr in dein Haus zurück, und erzähl alles, was Gott für dich getan hat.«

Beim Verlassen der Kathedrale gehe ich an einer Reihe von Touristen vorbei. Sie stehen Schlange vor einer knienden Figur, die Meister Mateo darstellen soll. Es ist Brauch, mit der eigenen Stirn am Kopf des Erbauers des Pórtico de la Gloria zu reiben. Allen voran tun das Schulkinder in der Hoffnung, dass sich etwas von dem guten Gedächtnis und dem Einfallsreichtum des genialen Maestros auf sie übertrage. Studenten hingegen holen sich Hilfe bei einer Figur im Kloster Santa María de Belvís. Vor Klausuren und mündlichen Prüfungen steigt der eine oder andere Studiker den Hügel zu dem Kloster hinauf, wohin mich auch jetzt mein Weg führt, grenzt doch die Pilgerherberge unmittelbar an das Dominikanerinnenkloster.

Vor mehr als fünf Jahrhunderten wurde Galiciens Stolz, die Universität von Santiago de Compostela, gegründet und auch das Dominikanerinnenkloster erbaut. Um für dessen Bau Platz zu schaffen, mussten alte Mauern niedergerissen werden. Dabei fanden Bauarbeiter eine Muttergottesfigur mit dem Jesuskind auf dem Arm. Nachdem das Kloster erbaut worden war, wurde die gotische Marienfigur über dem Tor aufgestellt. Eines Nachts beobachtete ein Priester, wie ein himmlisches Wesen vor der Marienfigur zwei Kerzen angezündet und diese vor Tagesanbruch wieder weggenommen hat. Das mysteriöse Ereignis wiederholte sich in den folgenden Nächten und führte schließlich dazu, dass die Galicier die Jungfrau vom Portal zu verehren begannen. Die Dominikanerinnen stellten daraufhin die anbetungswürdige Figur in der Kirche auf. Als sich die Nonnen am folgenden Morgen zum Gebet versammelten, fehlte die Marienfigur. Man fand sie oberhalb des Tores wieder. Nachdem sich auch dieser mysteriöse Vorgang wiederholt hatte, beschlossen die Dominikanerinnen, die Figur an der alten Stelle zu belassen und über dem Portal eine schlichte Kapelle zu bauen. Im Laufe der Jahre ereigneten sich mehrere Wunder und die Verehrung der Jungfrau vom Portal nahm mehr und mehr zu. Namentlich Studenten opfern der heiligen Jungfrau vom Portal Kerzen und bitten sie um deren Beistand.

Die riesige Pilgerherberge ist nahezu leer. Die Pilger feiern wohl in der Altstadt. So freue ich mich über die Stille im Schlafsaal und gehe früh zu Bett. Ich habe heute keinen langen Weg zurückgelegt, nichtsdestoweniger bin ich erschöpft und müde. Einschlafen kann ich dennoch nicht. Meine Gedanken kreisen um das von Generation zu Generation weiter übermittelte Mirakel von der Jungfrau vom Portal. Dieses Wunder ist, was seine Art und Weise betrifft, kein Einzelfall. Es hat archetypischen Charakter und ist an mehreren Orten nachweisbar. In dem sonnenreichen Lungau, in dem ich mit meiner Familie Sommer für Sommer Urlaub mache, wurde nach einem Vorkommnis, das nach dem gleichen Muster verlaufen war wie dasjenige in Santiago, die Leonhard Kirche gebaut. Die Gnadenstatue des heiligen Leonhard war nächtlich aus der Pfarrkirche in Tamsweg, obwohl sie in einer Truhe verschlossen und verriegelt war, wiederholt verschwunden und stets in einem Wacholderstrauch auf dem Schwarzenberg aufgefunden worden, bis man schließlich auf dem Berg eine Kirche baute. Über diese Art von Wundern habe ich so meine Bedenken. Die Mirakel machen nicht den Kern unseres Glaubens aus, dennoch tangieren sie ihn irgendwie. Mag sein, dass meine Schwierigkeiten damit zusammenhängen, dass in früheren Jahrhunderten Wundergeschichten und Lebensläufe von Heiligen so süßlich ausgeschmückt wurden, dass sie uns Heutigen unglaubwürdig erscheinen. Andrerseits zünde auch ich in Zeiten der Not vor Marienfiguren Kerzen an. Und das hat mir auch stets geholfen. Wie dankbar war ich dafür, dass meine Mutter an mich gedacht und für mich Kerzen angezündet hatte! Hatte mir das nicht bei Klausuren Ruhe und Sicherheit gegeben? Wirkt hierbei womöglich als Überbleibsel etwas Schamanenhaftes nach? Verläuft nicht auch bei mir die Grenze zwischen Glauben und Aberglauben fließend?

Was Wunder und Jakobuslegenden betrifft, so bleiben viele Fragen offen. Missionierte der Apostel in Spanien? Wurden seine Gebeine auf wunderbare Weise nach Galicien gebracht? Vielleicht messen wir der Frage nach der historischen Authentizität zu viel Bedeutung bei. Kommt es nicht viel mehr auf die Wirkung an? Ist nicht die Tatsache, dass Pilger auf dem Jakobsweg lebensnotwendige Erfahrungen machen, dass sie innerlich verwandelt und im Glauben gestärkt werden, ja, einige sogar zum Glauben erst finden – ist all das nicht viel wichtiger als die Antwort auf die Frage, ob die Gebeine des heiligen Jakobus tatsächlich in Santiago ruhen? Und doch frage auch ich immer wieder: Was war wirklich?

Stempel im Pilgerpass – Abdrücke in der Seele

35. Tag: Montag, 3. September 2007
Von Santiago de Compostela nach Paderborn

Jedes Mal, wenn ich um mich schaue,
sehe ich viele Engel, die meinen Weg kreuzen –
Engel mit Menschengesichtern,
Menschen mit Engelgesichtern.
(unbekannter Autor)

Zum letzten Mal heißt es: *Ultreya!* Weil es mir gestern im Café Botafumeiro gut gefallen hat, frühstücke ich heute auch da. Danach gehe ich in die Kathedrale, um mich vom Pilgerapostel zu verabschieden und Gott um einen guten Rückflug zu bitten. Nicht nur das Fortgehen von Zuhause sollte unter dem Segen des Herrn geschehen, auch das Heimkehren. Darum bat schon das Volk des Alten Bundes, wenn es in einem alten Wallfahrtslied sang: »Der Herr behüte dich, wenn du fortgehst und wiederkommst!«

Wie »segensreich« der Pilgerapostel die Taschen der Compostelaner Geschäftsleute füllt, fällt mir auf, als ich in einer Bar für ein Glas frisch gepressten Orangensaft nicht einen Euro, wie dies in der Extremadura der Fall war, sondern das Vierfache bezahle.

Auf dem Weg zur Rúa do Doutor Teixeiro, von wo aus der Bus zum Flughafen abfährt, lache ich plötzlich laut auf. Wenn Tante Martha verreiste, eilte sie Stunden vor der Zugabfahrt zum Bahnhof. In dieser Hinsicht beginne ich meiner Tante zu gleichen. Das Alter fordert seinen Tribut. Die viel zu frühe Ankunft am Flughafen hat auch etwas Erfreuliches für sich.

Ich habe Zeit in Fülle, um in Ruhe die Erfahrungen der letzten zwei Tage im Tagebuch wortreich auszumalen.

Die Boeing ist voll besetzt. Wie auf dem Hinflug steuert sie Palma de Mallorca zum Zwischenstopp an.

Eine Reise, heißt es, sei dann beendet, wenn sie dreimal gemacht wurde: vor dem Aufbruch, auf dem Weg und bei der Rückkehr. Ein Jahr benötigte ich für die Vorbereitung: Auffrischen der Spanischkenntnisse, Erlangen der Kondition, Studium der Wegekarten, Sammeln von Informationen über Pilgerherbergen und vielerlei Anderes mehr. Einen guten Monat lang dauerte das Pilgern selbst. Die Heimreise hingegen erfolgt innerhalb eines Tages.

Das ist viel zu kurz. Um die Menge der Wegerfahrungen verarbeiten zu können, müsste ich, wie es Pilger in alten Zeiten taten, auch den Rückweg zu Fuß gehen. Der eine oder andere Pilger tut es heute noch. Ich könnte indes meine dritte Reise verlängern und die Wegerfahrungen tiefer in der Seele einsickern lassen, wenn ich die im Tagebuch hingekritzelten Gedanken in eine angemessenere Form ausarbeitete. Das nehme ich mir vor.

Um die Flugzeit abwechslungsreich zu gestalten, schaue ich mir meinen Pilgerpass eingehend an. Allein die Namen der Dörfer und Städte zu lesen, die mir Gastfreundschaft gewährten, erfreut mich. Und wie beglückt mich das Betrachten der phantasiereichen, teils schwarzen, teils farbigen Stempel! Wecken die Wappen doch Erinnerungen an Pilger und *hostaleros*, die ich kennen- und schätzengelernt habe! Zu den sichtbaren Stempeln im Pilgerpass korrespondieren unsichtbare Abdrücke in meiner Seele.

Der Stempel der Sevillaner Freunde des Silberweges zeigt die Giralda, ehemaliges Minarett der Almohaden-Moschee und jetziger Glockenturm der Kathedrale. Vor meinem inneren Auge erscheint zugleich das Gesicht des freundlichen Polizisten, der mir am Flughafen von Sevilla einen Stadtplan geschenkt hatte. Der erste flügellose Engel auf meinem langen Weg.

In den Stempeln von Guillena und Castilblanco de los Arroyos sind Kronen erkennbar. Um welche Kronen es sich dabei handelt, weiß ich nicht. Für mich stehen sie stellvertretend für einen Pilger, dem ich in diesen Städten begegnete und der aus einem Land kam, das von einer Regentin mit Krone regiert wird: Peter, »mein Däne.«

Der Stempel von Fuente de Cantos trägt die Aufschrift »*Inspeccion de Policia*, EXCELENTISIMO AYUNTAMIENTO«. Ob die Behörde an sich so ausgezeichnet ist, weiß ich nicht, doch einer ihrer Polizisten, der sich redlich bemüht hat, mir eine Unterkunft zu verschaffen, und mir obendrein ein Büchlein geschenkt hat, ist wahrhaftig exzellent.

Im Stempel von Zafra ist ein Pilger zu sehen, der mit weiten Schritten ausschreitet. Prompt muss ich an die Menschen denken, die ich in der Herberge kennenlernte: an Jesús, den alten Pilger mit bandagierten Knien, der seit über einem Jahr unterwegs war, und an Magdalena, die freundliche *hostalera*, die mir bei der Aufnahme einen Kaffee gebrüht hatte, bevor sie meinen Pilgerpass sehen wollte.

Auf dem Stempel von Mérida, dem spanischen Rom, ist ein Tor dargestellt. Vor meinem inneren Auge hingegen erscheint das lachende Gesicht von Violeta, der Baskin aus Vitoria.

Ein großer Pfeil mit kleinen Blumen und Steinen ist auf dem Stempel von Aljucén zu sehen. So ein Pfeil hat uns, Ana, Irena und Wanda, den Polinnen aus Łódź, und mir, auf dem Weg von Mérida nach Aljucén gefehlt, wodurch wir fast auf der Autobahn gelandet wären.

Das vor dem Kloster der Brüder von Maria und den Armen stehende Pilgerkreuz ist auf dem Stempel von Alcuéscar abgebildet. Daneben hat sich mit Hieroglyphen der *hostalero* verewigt, der sich so herzlich dafür bedankt hatte, dass wir dem Kloster ermöglichten, Nächstenliebe zu praktizieren. Stärker sind in meinem Gedächtnis andere Worte haften geblieben. Mir ist, als hörte ich Nuria, die Mexikanerin, auf bairisch über Weiswurscht, Brez'n und Radi schwadronieren.

Die Krone im Wappen von Valdesalor erinnert mich an den liebenswürdigen Bürgermeister und meine Pathosstimmung, als ich zwischen den Landesfahnen Spaniens und Extremaduras nächtigte.

Außer Baum und Wasser schmückt ein mir unbekanntes Zeichen den Stempel der Freunde des Jakobsweges von Fuenterroble de Salvatierra. Könnte es eine Brücke sein? Für mich symbolisiert es eine Begegnung. Mir ist, als spürte ich auf meinem Kopf die Hand von Don Blas und hörte den Pfarrer, über mich den irischen Segen sprechen.

Im Stempel von San Pedro de Rozados ist ein römischer Meilenstein deutlich zu erkennen. Viele Meilen war ich mit Javier, dem Oberkellner aus Barcelona, gegangen, bevor wir zum letzten Mal in der Pilgerherberge von San Pedro de Rozados übernachteten. Während der zwei gemeinsam erlebten Pilgerwochen haben wir lange Gespräche geführt. Den stärksten Eindruck hinterließ indes auf mich eine Meile, die wir schweigend zurücklegten. Das Schweigen hat uns stärker verbunden als das viele Reden.

Eine Jakobsmuschel ziert den Stempel von Salamanca. Ein Hinweis auf das berühmte Muschelhaus, dessen Fassade unzählige Jakobsmuscheln schmücken? Die beiden Schalen einer Muschel versinnbildlichen die Liebe zu Gott und die Liebe zu den Menschen. Beides glückte mir in Salamanca. Wie leicht fiel mir das Beten in der Klosterkirche San Esteban! Und wie leicht die Zuneigung: zu Carlos, dem Madrilenen, mit dem mich der gemeinsam empfangene Pilgersegen verbannt; zu dem äußerlich rauh wirkenden, innerlich aber warmherzigen *hostalero*; zu Nadja, der Heidelbergerin, die sich vor meinem Schnarchen ängstigte und mir dennoch eine Kunstkarte schenkte; zu dem tschechischen Ehepaar aus Brno, dem mir vergönnt war, in der Nacht zu helfen!

Auf dem Stempel der Pilgerherberge von Valdunciel sind Pilgerutensilien abgebildet. Als Schutz gegen Stürze und Hunde: der Pilgerstab. Als Retter vor dem Verdursten: die Kalabasse. Als Abzeichen, das den Pilger als solchen kennzeichnet: die Muschel. Nicht abgebildet ist ein Gesicht, das diese Pilgerherberge zur Herberge der Herzen macht: Carmens Gesicht. Deutlich sehe ich die junge *hostalera* vor mir, wie sie lebt und leibt, wie sie singt und springt.

Der Engel mit den großen Flügeln im Stempel von El Cubo de la Tierra del Vino veranlasst mich, an die vielen Engel mit Menschengesichtern zu denken: Den Lokomotivführer am Bahnhof von Zafra, der mich auf den richtigen Weg lenkte; den hilfsbereiten Polizisten in Fuente de Cantos, der mir nicht nur ein sauberes Zimmer besorgte, sondern auch eine Broschüre mit Kurzgeschichten schenkte; die Radpilger hinter Cáppara, die mir Wasser, Kekse, Schokolade anboten und, was unvergleichlich hilfreicher war, mich mit gutem Zuspruch aus meinem Tief befreiten; und die vielen, vielen anderen flügellosen Engel.

Der heilige Jakobus auf dem Stempel von Montamarta scheint den Pilgern zuzurufen: *Ultreya*! Mir hingegen ist, als hörte ich eine andere Stimme, die Stimme Gottes, die mich im Traum nach meinem Glauben befragte.

Die meisten Stempel tragen den Namen einer Pilgerherberge oder Pfarrei, eines Rathauses oder Tourismusbüros. Nicht so der Stempel von Granja de Moreruela. Da steht schlicht und einfach das Wort: Pilger. Für mich trägt der Pilger von Granja einen Eigennamen: Eckhard. Unsere Begegnung dauerte nur wenige Stunden und erreichte dennoch eine Tiefe, die sich selbst im Verkehr mit meinem besten Freund auch nach Jahrzehnten nicht eingestellt hat. Wir gestanden uns unsere Schwächen und Stärken, unsere Ängste und Hoffnungen.

Die Stempel sind vorwiegend kreisförmig. So sticht die Dreiecksform des Stempels von Alija del Infantado besonders stark ins Auge. Innerhalb des Dreiecks ist eine romanische Brücke zu sehen. Über diese Brücke gelangten jahrhundertelang Pilger nach Alija. Über diese Brücke schleppten sich aber auch Juden, als sie aus der Stadt in alle vier Winde vertrieben wurden.

Der Stempel von La Bañeza zeigt konturenhaft den Berg Monte Urba. Es ist eine abstrakte Darstellung. Abstrakt ist auch das Bild, das ich mir von Katarzyna mache. Die Polin aus Warschau, die ich nie zu Gesicht bekam, steht stellvertretend für alle, die vor mir nach Santiago pilgerten und die sich nach mir auf den Weg dorthin noch aufmachen werden.

Der Stempel von Astorga zeigt eine stilisierte Muschel, Symbol des Pilgerweges schlechthin. Der Untergrund des quadratischen Stempels ist ein kräftiges Blau. Unter dem blauen iberischen Himmel bin ich zweiunddreißig Etappen gegangen. Werde ich unter diesem blauen Himmel noch einmal in meinem Leben pilgern, egal ob auf dem Silberweg, dem portugiesischen Weg, dem *camino* oder einem anderen spanischen Jakobsweg?

Den letzten Stempel habe ich im Pilgerbüro der Kathedrale von Santiago de Compostela erhalten. Der Stempel stellt wen denn sonst in der Stadt des Pilgerapostels als den heiligen Jakobus dar. Nicht minder aussagekräftig wäre der Stempel, enthielte er das vertauschte Christusmonogramm: Omega und Alpha.

Das waren viele Korrespondenzen. Noch einmal frage ich mich wie gestern im Haus des Pilgerapostels: Was bleibt von all dem? Meine Fußspuren im Gras der Meseta sind bereits vom Wind verweht worden. Die Stempel in meinem Pilgerpass werden nach und nach vergilben. Die Gesichter der mir liebgewonnenen Pilger und *hostaleros* hingegen werden in meinem Gedächtnis haften bleiben, solange ich auf Erden lebe, und darüber hinaus, wenn uns ein Wiedersehen bei Gott vergönnt sein sollte. Diese Gesichter sind in meiner Seele zu unauslöschbaren Spuren geworden.

Palma de Mallorca. Fiel mir beim Zwischenstopp auf dem Hinflug die hohe Hitze in den Hallen auf, so ist es heute der ohrenbetäubende, geistlähmende Lärm. Kegelschwestern grölen nicht minder laut wie Kegelbrüder. Ihr Alkoholpegel hat eine bedrohliche Höhe erreicht. Am liebsten würde ich den Lärmenden Kierkegaards Worte zurufen: »Der Zustand der

Welt ist krank. Wenn ich Arzt wäre und man mich fragte: Was rätst du? Ich würde antworten: Schaffe Schweigen.«

Im Flugzeug nach Paderborn geht es – dem Himmel sei's gedankt – gesitteter zu. Noch einmal lasse ich im Geiste Etappe für Etappe von Sevilla bis Santiago an mir vorüberziehen und versuche in Worte zu kleiden, was der Pilgerweg an sich ist und insbesondere was er mir bedeutet.

Wie soll ich dich nennen, Weg?
Römische Straße,
Silberweg,
mozarabischer Weg,
Jakobsweg des Südens
oder schlicht: mein Weg?

Womit beschenkst du, Weg, den Weger?
Mit Sonnenaufgängen,
Macchiadüften,
Schatten der Steineichen,
Freude am Gehen
oder unscheinbar: mit Quellen der Stille?

Wer bist du, Weg?
Abdruck der Geschichte,
Widerhall der Zeiten,
Richtschnur des Glaubens,
Sinnschenker
oder einfach: Wegweiser meines Lebens?

Was macht, Weg, deinen Reichtum aus?
Segen der Auszeit,
Begegnungen mit Weggefährten,
Spannung zwischen Diesseits und Jenseits,
Verspüren der Ewigkeit
oder unauffällig: meine Verwandlung?

Wohin führst du uns, Weg?
Zum Aufbruch in die Zukunft,
zum eigentlichen Zustand des Menschseins, dem Unterwegssein,
zur Begegnung mit unserem wahren Ich,
auf die Spur der Heiligen
oder zu unserer Vollendung: zu Gott?

Danke Weg, dass es dich gibt.

Ohne ersichtlichen Grund summe ich eine Melodie aus Schuberts Winterreise. Zu den über eine Oktave abwärts fallenden Tönen formen sich meine Lippen zu den Worten des ersten Liedes: »Fremd bin ich eingezogen, fremd zieh ich wieder aus.«

Das stimmt doch nicht, schmettert mein Gehirn dagegen. Das Gegenteil trifft auf mich zu: »Fremd bin ich eingezogen, beheimatet zieh ich aus.«

Müdigkeit übermannt mich. Halb wachend, halb schlafend, träume ich vor mich hin. Mir kommt es vor, als befände ich mich, von bekannten und unbekannten Jakobspilgern umgeben, im Himmel. Begeistert tauschen wir unsere Wegerfahrungen aus. Wie unterschiedlich sie sind! Hinter Cáppara, dort, wo ich einen Tiefpunkt hatte, erlebte ein Paar den Himmel auf Erden: Sie lernten sich dort kennen und lieben. Mitten in unser Geplauder platzt der Pilgerapostel herein. Alle stürzen sich auf ihn. Alle wollen wissen, ob seine Gebeine mit Sicherheit in der Kathedrale von Santiago de Compostela ruhen.

»Sicher«, antwortet Jakobus, »sicher allein ist, dass ich euch zu Gott geführt habe. Das andere«, fügt er lächelnd hinzu, »ist das noch wichtig?«

Aus meinem Halbschlaf weckt mich die Stimme der Stewardess: »Schnallen Sie sich bitte an!«

Eine halbe Stunde vor Mitternacht landet das Flugzeug in Paderborn und ich in den Armen meiner Frau.

Inhalt